新生代农民工
社会心态调研报告

Reports on Social Mentality
of Youth Migrant Workers

石向实 等◎著

ZHEJIANG UNIVERSITY PRESS
浙江大学出版社

前　言

一

　　中国进入 21 世纪以来,农民工问题越来越受到人们的关注,这个问题关系到中国的稳定和发展,涉及经济和社会生活的各个方面,是中国最重要的社会问题之一。

　　当代中国处在工业化和现代化进程中,亿万农民离开农村来到城市,从事工业和服务业,他们是现代城市里的工人,但是户籍依然在农村,享受不到城市市民的待遇,人们形象地称呼他们为"农民工"。农民工问题是中国特有的社会问题。在工业化和现代化进程中,发达国家虽然都经历了农村居民向城市居民、农业人口向工业人口转移的过程,但是它们没有城乡割裂的二元户籍制度,人口流动没有户籍身份的限制,所以它们没有"农民身份的工人"——农民工。

　　社会心态是人们在特定社会环境中形成的心理状态,反映了人们对所处社会环境的认知和态度。

　　农民工是一种不平等的现象,不平等现象必然会产生独特的社会心态。不是农民工的其他人群,很难知道农民工的愿望和诉求,很难体会农民工的情感和态度,很难感受农民工的社会心态。所以,让大家了解农民工的社会心态,为农民工争取应有的平等权利呼喊,为中国的社会进步出力,就是我们从事这项研究的目的和意义。

二

我已经进入花甲之年。我从自己的经历中体会到：研究农民工社会心态，不仅有重要的心理科学的价值和领导决策价值，而且有十分重要的历史学和社会学价值。

1972年1月，17岁的我进入呼和浩特市第二机械厂当工人。从进厂到1978年2月上大学，我在铸工车间里干了整整6年。我对工友从陌生、熟悉，到亲密和称兄道弟，不知不觉之间，从行为到心态都成了真正的工人。那时，报纸、广播整天在讲中国共产党是中国工人阶级的先锋队，工人阶级是领导阶级。虽然大家都穷，但是工人的收入与一般干部、普通教师相比并不少，比农民和知青强多了。我当时作为工人阶级的一分子，自我感觉还是较好的。

斗转星移，时过境迁。在21世纪的中国，中国的工人已经从昔日光荣和自豪的群体成了社会的底层，工人的主体已经由城里人变成了农民工。今天的农民工，没有城镇户口，享受不到与城市居民完全相同的权利和待遇，他们的心态和我当工人时的心态一样吗？

再过30年，当中国的城市化基本完成的时候，当"农民工"已经成为一个历史名词的时候，那时的工人，他们的心态同现在的农民工一样吗？

特殊的历史时期，人们的社会心态也是特殊的。不同时代工人的社会心态肯定是不同的。

人的心理是社会现实的反映。研究农民工的社会心态，可以使我们更深刻地认识当今中国社会现实，可以为政府制定有关政策提供科学依据，可以为历史留下社会变迁的心理学资料。

农民工是一个遍布全国的庞大群体。限于条件，我们只对杭州市下沙经济技术开发区的新生代农民工于2011年12月做了调查和研究。新生代农民工，通常指出生在20世纪80年代以后、年龄在16周岁以上、在异地以非农就业为主的农业户籍人口。

普遍性存在于特殊性之中。我们是在特定时代对特定人群的社会心理进行研究，我们不仅要客观地、准确地描述所调查的社会心理现象，更要努力探索现象背后的规律。希望我们的工作能够为了解人类的社会心理规律有所贡献。

三

　　本书作为一部学术专著,是在两项研究的基础上形成的,是课题组分工合作完成的研究成果,课题组成员共同参与了这两项研究。第一项研究是中国社会科学院社会学研究所杨宜音研究员和杭州师范大学城市学研究所石向实研究员联合主持的"杭州新老市民社会心态与家园认同感研究",编制了调查问卷,实施了实地调查,进行了数据处理,撰写了社区反馈报告和杭州新老市民社会心态与家园认同的调研报告。第二项研究是杭州师范大学城市学研究所石向实研究员主持的"新生代农民工社会心态调研报告",依据第一项研究获得的调查数据,对新生代农民工的社会心态从多方面展开了深入的专题研究,撰写了11篇调研报告。最后,课题组综合了两项研究的有关内容,经过多次讨论和后续研究,以"新生代农民工社会心态调研报告"为主题,形成了现在呈现给读者的这本书。

　　本书各部分的执笔者分列如下。

　　"前言":石向实;

　　"给当代中国城市化进程留下一份客观记录":石向实;

　　"理论框架与研究方法":石向实、杨宜音;

　　"主要调查结果":石向实;

　　"报告一　新生代农民工自尊研究":石向实、段志慧、任留燕;

　　"报告二　新生代农民工社会支持研究":石向实、段志慧;

　　"报告三　新生代农民工公私观研究":石向实、马晨曦、申腊梅;

　　"报告四　新生代农民工社会支配倾向研究":石向实、任留燕、申腊梅;

　　"报告五　新生代农民工幸福感研究":石向实、沈菲菲、申腊梅;

　　"报告六　新生代农民工身份认同研究":郑莉君、白文璐、向叶敏;

　　"报告七　新生代农民工城市融入研究":郑莉君、白文璐;

　　"报告八　新生代农民工生活满意度研究":石向实、崔晨星、张锦琳;

　　"报告九　新生代农民工心理健康研究":石向实、崔晨星;

　　"报告十　新生代农民工与老市民社会心态比较研究":杨宜音、张曙光;

　　"报告十一　新生代农民工与大学生社会心态比较研究":石向实、杨辉。

　　全书由石向实统稿和定稿,张锦琳、申腊梅对书稿做了校订。

　　本书在调查和研究过程中,得到了杭州市发展研究中心、中国社会科学院社会心理研究中心、杭州市哲学社会科学规划领导小组办公室、杭州师范大学城市学研究所、杭州市上城区湖滨街道、杭州市江干区白杨街道邻里社区的大力协助。得到了中共杭州市委副秘书长胡征宇先生、杭州市发展研究中心精神文明建设处处长孙颖女士、杭州师范大学城市学研究所所长张卫良教授、中共杭州市上城区湖滨街道党委书记毛素云女士、杭州市上城区湖滨街道办公室副主任丁春早女士、杭州市江干区白杨街道邻里社区主任张敏华女士的热情帮助,浙江大学出版社编辑蔡圆圆为本书出版做了大量的工作。在这里,向他们表示衷心的感谢!

石向实

2014 年 11 月于杭州

目　录

给当代中国城市化进程
留下一份客观记录

　　"城市化"是当今中国人民最关注的问题之一。

　　中国的城市化进程也引起了外国人的注意。2001 年,诺贝尔经济学奖得主、曾任世界银行副总裁和首席经济学家的美国哥伦比亚大学教授约瑟夫·尤金·斯蒂格利茨(Joseph Eugene Stiglitz)指出,有两件事情深刻地影响了 21 世纪人类社会进程,一是以美国为代表的新技术革命,二是中国的城市化。工业化创造供给,城市化创造需求。城市化是消费需求和投资需求的结合点,是未来经济发展的持久动力。

　　城市化是当代中国最重要的历史进程。我们正在亲身经历这个重大的历史进程。我们的研究工作,就是要给当代中国城市化进程留下一份客观记录。

一、当代中国的城市化进程

　　城市化(urbanization)又叫城镇化,是指居住在城镇地区的人口占总人口比例增长的过程。城市化是一个地区社会经济发展水平由不发达到发达的发展过程,也是社会文明发展的一个标志。一般把某地区城市人口占该地区总人口的比例,作为说明该地区城市化程度的指标。

　　城市化是工业化的必然产物,也是一个国家或地区社会现代化的重要标志。一般情况下,一个国家或地区的城市化程度越高,越能有效地利用资源,越能建立高效的社会服务体系,越能更好地发展生产力。社会经济的发展与城市化水平的提高有着高度的相关性。

　　然而,当代中国的城市化走过的却是一条曲折和艰难的道路。

1949 年 10 月 1 日,中华人民共和国宣告成立。此时中国的城镇人口为 5766 万人,城市化率为 10.6％,低于世界 28.8％的平均水平。

1949—1957 年,国家启动了 156 个重点工业项目,大量的农民进入城市,一批新兴工业城市建立起来,城市化率由 10.6％提高到 15.39％。

1958 年,国务院颁布了《户口管理条例》,将人口划分为农业户口和非农户口,严格控制农业人口迁往城市。尽管如此,在"大跃进"的推动下,1960 年城市化水平依然提高到 19.8％。

1961—1965 年,国家遭遇严重经济困难,被迫大力缩减城镇人口,动员部分职工和家属回乡务农,把一些已经进入城市的人口疏散回农村,压缩了 2600 万城市人口,城市化水平由 1960 年的 19.8％下降到 1964 年的 14.6％,回落到 1957 年以前的水平。之后,随着经济的好转,1965 年城镇人口比重回升到 16.8％。

1966 年,城镇人口比重上升到 17.9％。之后,中国经历了 10 年"文化大革命"。10 年期间,全国城镇知识青年下乡人数达 1400 万,中国城镇人口始终在 17.5％的低水平徘徊,1976 年城镇人口比重为 17.4％。"文化大革命"后,这种局面持续了两年,1978 年中国城市化水平为 17.9％。

1979 年以后,知识青年和下放干部陆续返城。1980 年全国城镇人口增加到 19140 万,占总人口的比重为 19.4％。到 1984 年,城镇人口增加到 30191 万,占总人口的比重为 23.01％。

1985—1992 年,乡镇企业迅速发展,许多城市建立了经济开发区,沿海地区新兴小城镇大量涌现。1985 年城镇人口比重为 23.7％,1992 年提高到 27.63％。

1993 年,国家取消了实行了 38 年的粮食统购统销和粮票制度。这一制度的取消,为农民离开农村进入城市生活创造了条件。千百万农民为了谋求更好的生活,离开农村到城市务工。1998 年中国城镇人口比例上升到 30.4％。

1999 年后,城市化对现代化的巨大推动作用逐渐为理论界和各级政府所认识,城市化从沿海向内地全面展开,1999 年城市化率提高到 30.9％,2001 年上升到 37.7％,2006 年为 43.9％,2010 年达到 47.5％。

2011 年中国城镇人口比例达到了 51.3％。[1] 这标志着中国数千年来城镇人口数量首次超过农村人口,中国越过了现代化进程中最重要的里程碑。

---

① 中国国家统计局.中华人民共和国 2011 年国民经济和社会发展统计公报,2012-02-22.

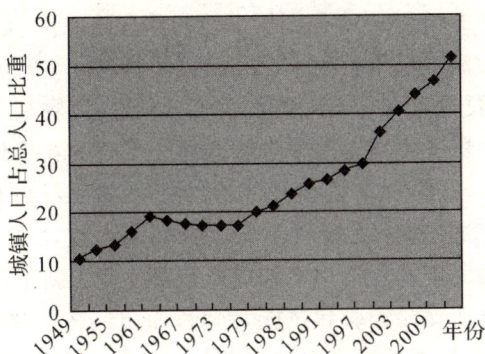

图 A-1　1949—2011 年中国的城市化进程

2008 年城市人口占总人口比重,世界平均水平是 49%,英国是 90%,澳大利亚是 89%,巴西是 86%,美国是 82%,加拿大是 80%,韩国是 81%,法国是 77%,德国是 74%,俄罗斯是 73%,意大利是 68%,日本是 66%,南非是 61%,巴基斯坦是 36%,印度是 29%。[①] 与发达国家相比,中国的城市化水平较低,有着巨大的发展空间,中国的城市化进程在未来几十年里仍将持续进行。

在高速发展的中国城市化进程中,农民工是中国城市化的动力和主力军。

二、新生代农民工

2010 年 1 月 31 日,在中央一号文件《关于加大统筹城乡发展力度进一步夯实农业农村发展基础的若干意见》中,首次采用了"新生代农民工"这一提法。

新生代农民工,是指出生在 20 世纪 80 年代以后、年龄在 16 周岁以上、在异地以非农就业为主的农业户籍人口。

2010 年,国家统计局在常规的农民工监测调查[②]的基础上,在 10 个省进

---

① 维基百科. 各国城市化比率, http://zh. wikipedia. org/zh/%E5%90%84%E5%9B%BD%E5%9F%8E%E5%B8%82%E5%8C%96%E6%AF%94%E7%8E%87, 2013-02-5.

② 农民工监测调查是一项基于输出地的农村劳动力调查, 涉及全国 31 个省(市、区)、857 个县、7100 个村和 68000 个农村住户, 采用季度和年度问卷的方式定期收集农民工相关统计信息。

行了新生代农民工专项调查①,得到了下面的调查结果。

全国新生代农民工总人数为 8487 万,占全部外出农民工总数的 58.4%。72.3% 的新生代农民工在东部地区务工。新生代农民工中女性比例为40.8%。新生代农民工主要是一个未婚群体。大部分新生代农民工群体要在外出务工期间解决从恋爱、结婚、生育到子女上学等一系列人生重要问题。

新生代农民工的平均受教育年限为 9.8 年,参加职业培训的比例为30.4%。新生代农民工就业集中于制造业和服务业。新生代农民工大多数人没有从事农业生产活动的经验和技能,因此,即使经济形势波动,就业形势恶化,新生代农民工也很少会返乡务农。新生代农民工脱离农业生产和向城市流动已经成为一个不可逆转的过程。

新生代农民工平均每天工作 8 小时的比例为 52.4%,平均每天工作 9~10 个小时的比例为 38.8%,另外有 6.4% 的新生代农民工平均每天需要工作11~12 个小时。

新生代农民工初次外出的年龄平均为 20.6 岁。在新生代农民工中,选择在地级及以上城市务工的比例为 67.4%。2009 年,在新生代农民工中,月收入水平在 800 元以下、801~1000 元、1001~1200 元、1201~1500 元、1501~2000 元和 2001 元以上的比例分别为 8.6%、13.4%、21.6%、21.1%、22.5%和 12.8%。

新生代农民工居住在单位宿舍的比例高达 43.9%,居住在工地工棚和生产经营场所的比例分别为 6.5% 和 8.2%,租房的比例为 36.8%,在务工地自购房的比例为 0.7%。在已婚的新生代农民工中,59.4% 的新生代农民工是夫妻一起外出的。在有子女的新生代农民工中,62.9% 的新生代农民工将子女留在老家。由于租不起房子,超过 40% 的新生代农民工夫妻分住在单位宿舍、工地工棚和生产经营场所。

上网和看电视成为新生代农民工的主要业余活动。在业余时间经常上网和看电视的新生代农民工的比例分别占到 46.9% 和 52.1%。网络已经成为新生代农民工获取信息的重要渠道。业余时间主要用于学习培训和读书看报的新生代农民工的比例分别为 5.5% 和 10.1%。

在新生代农民工中,54.4% 的人没有与单位或雇主签订劳动合同。单位或雇主为新生代农民工缴纳了养老保险、工伤保险、医疗保险和失业保险的比

---

① 新生代农民工专项调查在河北、辽宁、浙江、山东、河南、湖北、湖南、重庆、四川和陕西等 10 个省份进行,采用电话调查的方式共收集了 6000 多名新生代农民工在外工作和生活状况的详细信息。

例分别为 7.6％、21.8％、12.9％和 4.1％。如果遇到劳动纠纷,新生代农民工倾向于通过"劳资双方协商"来解决劳动纠纷的占 39.9％,倾向于通过"法律途径"和"政府"来解决劳动纠纷的分别占 25.1％和 19.8％。

新生代农民工感觉"工作压力很大"和"工作压力较大"的比例分别占到 7.2％和 28.1％。对于当前的工作环境,感到"不太满意"和"很不满意"的比例分别占到 24.1％和 1.4％。而对于当前的收入水平,感到"不太满意"和"很不满意"的分别占到 41.3％和 3.3％。

在身份认同上,新生代农民工对于"自己是老家的人"这一说法"非常同意"和"比较同意"的比例分别为 46.3％和 41.6％;对于"自己是农民"这一说法"非常同意"和"比较同意"的比例分别为 23.0％和 45.5％;对于"自己是城里人"这一说法"非常同意"和"比较同意"的比例分别为 4.3％和 18.5％。

新生代农民工感到"比较幸福"和"非常幸福"的比例分别只有 30.6％和 5％,而感到"很不幸福"和"不太幸福"的比例达到 3.2％和 7.7％。

新生代农民工表示"坚决不回农村"的占 8.1％,"尽量留在城市,实在不行再回农村"的占 37％。67.2％的新生代农民工认为"收入太低"是制约在城市定居的重要困难和障碍,63.2％的新生代农民工认为"住房问题"是制约在城市定居的重要困难和障碍。同时,认为"子女教育问题"、"老人无法照料"、"社会保障不完善"、"地位不平等"、"没有归属感,难以融入城市生活"是制约在城市定居的重要困难和障碍的比例分别为 16.0％、20.1％、24.0％、7.8％和 13.5％。[①]

2012 年 3 月 29 日,共青团杭州市委发布了《杭州市新生代农民工精神文化生活状况调查》调研报告。报告显示,杭州目前共有超过 300 万人的新生代农民工,年龄主要集中于 20～29 岁之间,多数未婚;就业领域相对集中,主要分布在工业和服务业,近 70％的人工资在 2000 元以上,有 2.6％的人月入过万元。他们当中,89.4％基本不会农活,37.9％甚至从来没有务农经验。只有 1％的新生代农民工有回农村务农的意愿,他们希望能够得到城市的认同,真正地融入所在城市里。

新生代农民工每天工作 9～10 小时的占 50％,工作 11～12 小时的占 22.4％,6％的受访者工作时间甚至在 12 小时以上。[②]

---

① 国家统计局住户调查办公室.新生代农民工的数量、结构和特点,http://www.stats.gov.cn/tjfx/fxbg/t20110310_402710032.htm,2012-12-5.

② http://www.hzgh.org/NewsView.aspx? ID=20535,2012-12-5.

　　农民工问题是当代中国亟待深入研究和解决的重大问题。研究和解决这一问题的价值和意义,无论怎样评价都不会过高。

三、农民工与杭州的城市化进程

　　杭州是浙江省省会和经济、文化、科教中心,国家历史文化名城和重要的风景旅游城市。

　　杭州是中国农民工最密集的城市之一。农民工大量涌入杭州,极大地改变了杭州的城市发展。外来人口流入已经成为杭州城市人口不断增加的主要原因。

　　有关部门的数据表明,2009年杭州市登记人口数量首次突破1000万人。与2000年相比,增加了311.24万人,增长31.02%,年平均增长率为3.45%。在增加的人口中,杭州市户籍人口增加61.80万人,外来人口增加249.44万人,外来人口占人口增加总数的80.14%。详细数据见表A-1。如果杭州市人口按照这个趋势和增长率发展,2020年杭州市人口数将超过1500万人,市区人口将超过1000万人。

表 A-1　2000—2009 年杭州市人口数①

单位:万人

年份	杭州市户籍总人口数	杭州市户籍中非农业人口数	登记外来人口数	合计
2000	621.58	227.00	70.60	692.18
2001	629.14	237.77	84.65	713.79
2002	636.81	252.02	119.28	756.09
2003	642.78	263.67	157.86	800.64
2004	651.68	282.58	187.56	839.24
2005	660.45	297.54	218.88	879.33
2006	666.31	309.78	249.33	915.64
2007	672.35	323.75	274.97	947.32
2008	677.64	340.76	293.10	970.74
2009	683.38	354.48	320.04	1003.42

---

　　① 数据来源:《2010 年杭州统计年鉴》和杭州市公安局年度报表。

图 A-2 是 2000—2009 年杭州市人口变化图，从图中可以看到，10 年间，杭州市户籍人口增长平稳，从 621.58 万人增加到 683.38 万人；外来人口增长迅速，从 70.60 万人增加到 320.04 万人；外来人口占杭州市人口的比重不断提高，从 11.35％增加到 31.89％。

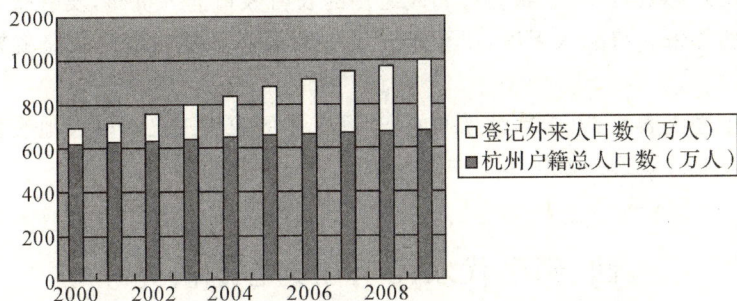

图 A-2　2000—2009 年杭州市人口变化

上面所说的外来人口仅仅是登记过的外来人口，还有大量的外来人口没有在居住地进行过登记，实际的外来人口数量要高于登记外来人口数量。现在的杭州市，大约 3 个人中就有 1 个是外来人口。在外来人口中，绝大多数是农民工和他们的家人。

2007 年 2 月 16 日，国务院批复了《杭州市城市总体规划（2001—2020年）》，在总体规划中，明确杭州未来的城市空间布局将从以旧城为核心的团块状布局，转变为以钱塘江为轴线的跨江、沿江网络化组团式布局，组团之间保留必要的绿色生态开敞空间。见图 A-3。

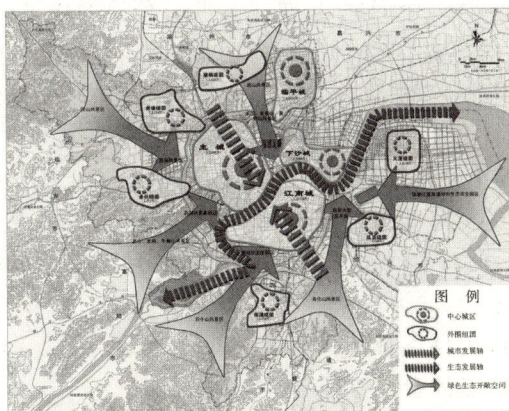

图 A-3　杭州市城市总体规划（2001—2020 年）

然而,在国务院批复《杭州市城市总体规划(2001—2020年)》仅仅10个月后,2007年12月下沙副城规划就进行了调整,调整后的下沙副城和主城区"无缝对接",下沙副城和主城区之间规划的"绿色生态开敞空间"被迫取消。规划调整的一个极其重要的原因,就是没有考虑到我国迅猛的城市化进程对城市发展的影响,没有想到会有如此之多的农村人口涌入杭州,没有想到会有那么多的外来人口涌入下沙,以至于建设中的第一条杭州地铁线路就要开通到下沙。

历史进程表明:万千默默无闻的、辛勤工作的农民工已经极大地改变了杭州城市发展的轨迹。农民工是中国城市化的动力和主力军。

四、新生代农民工社会心态研究

近年来,有越来越多的人关注和进行新生代农民工的研究。截至2013年5月,在"中国知网"(www.cnki.net)中收录的主题关于新生代农民工的文献有2709篇,内容涉及新生代农民工工作和生活的各个方面。其中,对新生代农民工社会心态的研究占相当大的比例。

社会心态,是社会存在的反映。新生代农民工的社会心态,反映了他们实际的社会地位,体现了他们内心的愿望和要求。因此,研究、展现和记录新生代农民工的社会心态,具有十分重要的历史价值、文化价值、学术价值和领导决策价值。

以往关于新生代农民工社会心态的研究,主要集中在幸福感、心理健康、身份认同、城市融入等几个问题,取得了一些有价值的成果。但是,多数研究涉及的问题单一、样本偏小、统计分析薄弱,难以从整体上反映当代青年农民工的社会心态。因此,科学地、全面地、深入地调查和研究当代青年农民工的社会心态,是一项社会需要而又十分艰巨的重大课题。

为了给中国城市化进程留下一份客观记录,为了让社会更清楚地了解新生代农民工的社会心态,我们组成了"新生代农民工社会心态研究"课题组,以在杭州工作和生活的新生代农民工为研究对象,从下列方面对新生代农民工社会心态展开研究:

1. 新生代农民工自尊研究;
2. 新生代农民工社会支持研究;
3. 新生代农民工公私观研究;

4. 新生代农民工社会支配倾向研究；

5. 新生代农民工幸福感研究；

6. 新生代农民工身份认同研究；

7. 新生代农民工城市融入研究；

8. 新生代农民工生活满意度研究；

9. 新生代农民工心理健康研究；

10. 新生代农民工与老市民社会心态比较研究；

11. 新生代农民工与大学生社会心态比较研究。

我们希望通过我们的研究工作，为展现和记录新生代农民工的社会心态提供一份有价值的研究成果。

这是一项有重要意义的研究工作。

深入地揭示新生代农民工的社会心态，反映群众需要、时代特点和历史进程，可以为国家关于改革与发展的决策提供科学依据。

准确地了解新生代农民工的社会心态，可以为城镇基层政权组织、社区加强和改善社会管理，做好社会稳定工作提供重要参考。

全面地把握新生代农民工的社会心态，有助于各级政府积极稳妥地推进城市化。

科学地调查新生代农民工的社会心态，可以为改善他们的生活质量和心理健康水平、提高他们的心理素质提供科学指导。

生动地说明新生代农民工的社会心态，对于充实和发展城市社会学、社会心理学理论有重要的价值。

理论框架与研究方法

　　本研究有 11 篇专题调研报告。虽然主题不同,但是它们来自同一个理论框架,从而构成了一个有机的整体。为避免重复并节省篇幅,本书对研究方法做统一的集中说明,各分报告不再详细介绍,分报告只做必要的提示和特殊情况的说明。

一、理论框架

　　社会心态是人们在特定社会环境中形成的心理状态,反映了人们对所处社会环境的认知和态度。社会心态,是社会存在的反映。新生代农民工的社会心态,反映了他们实际的社会地位,体现了他们内心的愿望和要求。

　　杨宜音将社会心态定义为:一段时间内弥散在整个社会或社群中的宏观社会心理状态,它包括社会的情绪基调、社会共识和社会价值观。它来自个体心态,又反过来影响和调节个体心态。[①] 从结构上看,个体社会心态包括价值观和基本生活信念、需求及其满足感、对社会状态的认知、社会情绪以及行为反应倾向(参见图 B-1)。

　　社会心理需求是一切行为的出发点。需求是否被满足,会在人的感受中反映出来。例如,生活压力感、社会信任感、社会支持感、社会公平感、社会归属感等。这些需求得到满足的情况,往往在生活总体的满意感中得到综合的体现。在这里,价值观和基本生活信念会对需求及其满足感进行定向和调节。

---

　　① 杨宜音. 个体与宏观社会的心理关系:社会心态概念的界定. 社会学研究,2006(4).

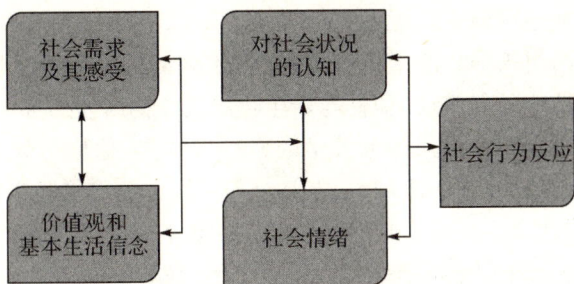

图 B-1　社会心态结构

例如,物质主义价值观很强的人,对物质的占有和享用需求会比较高;相反,物质主义价值观较弱的人,对物质的占有和享用需求会比较低。

人们在社会中生活,与他人进行比较,判断他人情况和自己情况之间的差别,也是人们是否满意的来源。同时,根据比较,人们也会调整自己的价值观和需求的类别和水平,从而改变自己的感受。例如,在向上进行社会比较之后,感到社会的不公,就会出现不满。如果这种比较是向下进行,也可能得到一定的安慰,从而比较满足。社会的许多情绪的形成都不能缺少这样反复的互动、比较、沟通,最终内化为个体的基本信念。

社会心理需求的满足与否,会引发人的社会行为。例如,城市归属感(城市人身份的获得),会影响人是否信任这一城市的人、政府、媒体,也会影响其是否参与城市的公共活动。所以,社会心态不仅包括基本需求的满足感,也包括情绪体验和对外在社会环境和其他群体的认知,包括自己在社会中的地位感知以及关联自己和社会的意愿。

不仅社会心态各结构要素是相互影响和相互调节的,而且,个体的社会心态通过与他人、社会的互动汇聚为整个社会的心态。其中,在科技水平不断发展的今天,大众传媒起到了汇聚心态和传递心态的中介作用。

在社会心态研究的理论框架下,我们针对新生代农民工社会心态做了相应的研究设计,包括研究对象、研究方法和研究内容。

二、研究对象和调查实施

本研究的主要研究对象是新生代农民工,即 1980 年以后出生、16~32 岁的外来务工人员。

为了更好地说明新生代农民工的社会心态，揭示社会心态的规律，课题组还另外选取了两组人群作为对照组，使用基本相同的问卷进行了调查。一组是长期生活在杭州的老市民，他们与新生代农民工同时生活在同一座城市，但是户籍不同。另一组是杭州师范大学的在校大学生，他们与新生代农民工年龄相同，且同时生活在同一座城市，但是身份不同。我们将新生代农民工与老市民、大学生的社会心态做了一些比较研究，通过比较，更有助于我们了解和理解新生代农民工的社会心态。样本量为各组 500 名被访者。

（一）新生代农民工

本研究调查的新生代农民工，均为杭州市下沙经济开发区白杨街道邻里社区的外来务工人员。邻里社区是浙江省最大的专门为外来务工者提供居住生活服务的新型社区，社区居民是来自全国 28 个省市的 9200 多名外来务工者，怀着追求幸福的梦想来到杭州，年龄大多在 28 周岁以下。他们都是周边工厂的工人，许多人工作时间三班倒，流动性很大。

图 B-2　邻里社区的新生代农民工

2013 年 5 月 5 日晚，邻里社区举行"五四才艺秀，我秀我自己"歌唱赛。歌唱者借着歌词传达青春梦想："我要一步一步往上爬，等待阳光静静看着它的脸，小小的天有大大的梦想，我有属于我的天。任风吹干流过的泪和汗，总有一天我有属于我的天。"①

正式调查前，课题组多次与社区领导协调，根据社区居民的特点，对调查时间、调查方式、调查组织做了认真的准备。课题组对调查员进行了培训，统

---

① http://www.hzbyjd.com/content.aspx? id=442435091979,2013-10-15.

一调查指导语和调查方法,做好调研的准备工作。

2011 年 11 月 17 日和 12 月 26 日,课题组在杭州市下沙经济技术开发区白杨街道邻里社区进行了配额方便抽样问卷调查。调查员在邻里社区上下班的道路上选取自愿配合调查的新生代农民工参与不记名的问卷调查,新生代农民工拿到问卷后,调查员认真讲解问卷指导语,在确定被调查对象理解指导语后,开始笔答问卷。遇到答题过程中有不理解题意的情况

图 B-3　课题组在邻里社区做问卷调查

时,由调查员说明题意。答题时间控制在 30 分钟以内。答题完毕后,检查问卷,当场收回问卷并赠送被调查对象一份礼物。调查共发放问卷 500 份。经数据清理剔除特异值和逻辑检验,共计 445 份有效问卷。问卷回收率为 96%。

(二)老市民

本研究调查的老市民为杭州市上城区湖滨街道东坡路社区、岳王路社区、吴山路社区、涌金门社区、青年路社区的长住居民,大多数居民长期生活和工作在杭州市。所谓"老市民",是与"新市民"相对而言的,并不是年龄处于老年阶段的市民。

调查前,课题组多次与街道和社区领导协调,根据社区居民的特点,对调查时间、调查方式、调查组织做了认真的准备。课题组对调查员进行了培训,统一调查指导语和调查方法,做好调研的准备工作。

2011 年 12 月 22 日,课题组在杭州市上城区湖滨街道东坡路社区、岳王路社区、吴山路社区、涌金门社区、青年路社区进行了方便抽样问卷调查。调查员在社区工作人员的陪同下,入户请自愿配合调查的市民参与不记名的问卷调查。市民拿到问卷后,调查员认真讲解问卷指导语,在确定被调查对象理解指导语后,开始笔答问卷。遇到答题过程中有不理解题意的情况

中国社会科学院
杭州师范大学

社会调查信息采集点

● 说出你的状况
● 表达你的意见
● 说明你的态度
● 反映你的要求

你提供的信息很重要,
它可以帮助社会了解你们,
它可以帮助政府制定合理的政策,
它是时代真实的声音!

请你参与调查活动

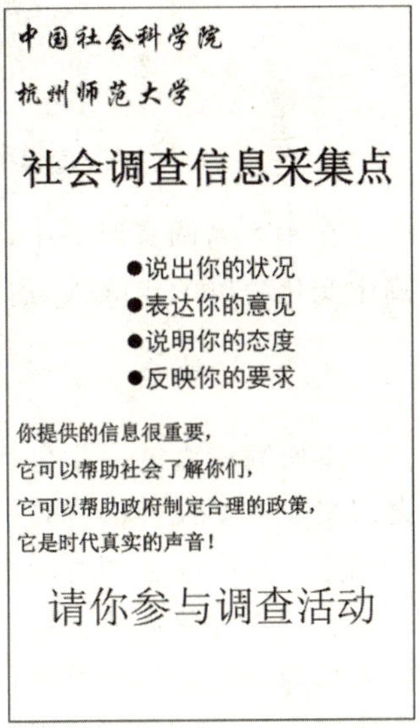

图 B-4　调查时摆放的宣传版

时,调查员说明题意。答题时间控制在 30 分钟以内。答题完毕后,检查问卷,当场收回问卷并赠送被调查对象一份礼物。调查共发放问卷 500 份,回收 500 份,问卷回收率为 100%。剔除 38 份无效问卷,获得 462 份有效问卷。

在 462 名调查对象中,有 15 人未勾选性别,因此按照 447 人统计性别。在 447 人中,男性 205 人,占总数 45.86%;女性 242 人,占总数 54.14%。

在 462 名调查对象中,本市城镇户口的 400 人,占 86.58%;本市农业户口的 12 人,占 2.60%;非本市城镇户口的 29 人,占 6.28%;非本市农业户口的 18 人,占 3.90%;其他户口的 3 人,占 0.65%。这个情况表明,被调查的五个社区的居民以本市城镇户口市民为主体,调查样本可以代表杭州老市民,见图 B-5。

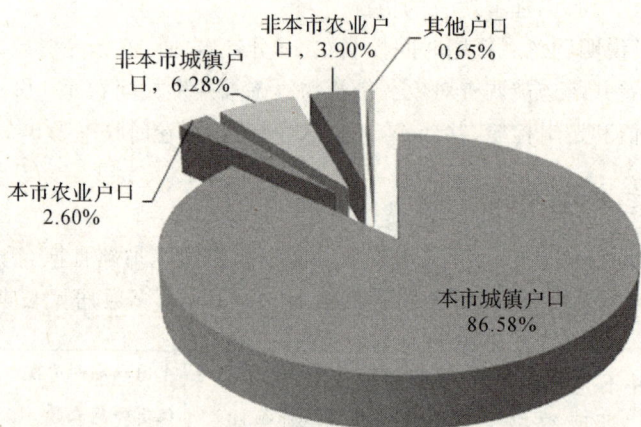

图 B-5　462 名调查对象户籍类型分布

在 462 名调查对象中,初中及初中以下文化程度的 159 人,占 34.42%;高中文化程度的 135 人,占 29.22%;大学文化程度的 168 人,占 36.36%。

(三)大学生

本研究调查的大学生均选自杭州师范大学的在校学生。2012 年 3 月,课题组采取方便抽样的方式,由经过培训的调查员在校图书馆进行了大学生问卷调查。自愿配合调查的大学生拿到问卷后,调查员认真讲解问卷指导语,在确定被调查对象理解指导语后,开始进行不记名的笔答问卷。遇到答题过程中有不理解题意的情况时,调查员说明题意。答题时间控制在 30 分钟以内。答题完毕后,检查问卷,当场收回问卷并赠送被调查对象一份礼物。调查发出问卷 510 份,回收 510 份,回收率为 100%。剔除 23 份无效问卷,获得 487 份有效问卷。

图 B-6　在图书馆学习的杭州师范大学学生

在 487 名调查对象中,男性 75 人,占总数 15.40%;女性 412 人,占总数 84.60%。与杭州师范大学学生的性别比基本吻合。

三、研究方法

(一)研究设计

新生代农民工社会心态,指 21 世纪初中国快速城市化进程中的"80 后"农村进城务工者的思想状态或心理倾向,它包含新生代农民工对自己经济地位、社会地位的感知,对自己身份的认知,自己自觉的自我意识,以及自己对社会的诉求。

研究新生代农民工社会心态,最重要和最困难的工作是确定具体的调查内容,就是要把"社会心态"这个抽象的、笼统的概念分解为具体的、可操作的调查内容。2011 年夏天,课题组数次前往杭州市下沙开发区邻里社区实地考察,参考国内外有关研究成果,结合中国现实情况,根据理论框架,确定了调查的主要内容:

(1)新生代农民工的需求及其满足感。包括：生活满意度、生活压力感、社会信任感（包括一般信任、机构信任、媒体信任、受骗经历）、社会支持感、城市归属感（身份认同感）、社区安全感、社会公平感。

(2)新生代农民工的社会价值观和基本生活信念。包括：社会支配取向、公私价值观、社会信任信念、身份信念。

(3)新生代农民工对社会状况的认知。包括：社会信任状况、自评社会地位、自评经济状况。

(4)新生代农民工的行为倾向。包括：新生代农民工的社区参与、对待不公平的反应。

(5)新生代农民工对未来的预期、他们的自尊水平、他们的心理健康水平。

(6)新生代农民工的人口学资料。包括：年龄、性别、教育程度、职业、收入、户籍、社区居住时间等。

我们根据以上调查内容编制了调查问卷。我们对调查员进行了调查规范的培训，要求调查员使用统一的方法进行调查。调查员使用调查问卷，对 500 名新生代农民工、500 名杭州市老市民、500 名杭州师范大学学生在规定时期内进行调查。使用计算机对调查得到的资料进行数据处理，分专题由课题组成员进行研究，形成阶段性成果。然后课题组对阶段性成果进行讨论修订，由课题组负责人整理加工，形成最终成果。

（二）问卷编制

本研究采用了自答式问卷调查法（self-administered questionnaire survey method），即调查者编制相应问卷，交由被调查者在不受研究者干扰的情况下自主作答，以收集相关数据的方法。

本研究所使用的调查问卷名为《杭州市民生活态度调查问卷》，为的是让被调查对象能够平和地对待和回答问卷。《杭州市民生活态度调查问卷》是一个集成性问卷，除指导语和人口学问题外，由若干社会心理学专业量表和自编问卷组成。这些社会心理学专业量表和自编问卷是：

1.《生活满意度问卷》(Satisfaction with Life Scale, SWLS)

《生活满意度问卷》由美国伊利诺伊州立大学心理学家爱德华·迪纳（Edward Diener）编制。问卷共有 5 个题项，采用 7 级评分（"不赞同"打 1～3 分；"不赞同也不反对"打 4 分；"赞同"打 5～7 分）。为了减少数据误差，本研究将问卷改成 5 级评分，从"1 分"至"5 分"分别对应选项"很不符合"、"不太符合"、"不确定"、"比较符合"与"很符合"。得分越高，表示对当前的生活满意度越高。该量表是国际上通用的测量生活满意度的问卷,跨文化研究表明,该问卷具有良好的信度和效度,量表的再测信度大于 0.80,内容效度 0.60,效标效度大于 0.50。

2.《生活压力感问卷》

《生活压力感问卷》来自"中国综合社会调查"(GSS)2006 年版。"中国综合社会调查"是中国社会科学院社会学研究所主持的调查项目。从 2006 年开始,每两年一次,对全国家庭中的个人进行调查。通过定期、系统地收集中国人与中国社会各个方面的数据,总结社会变迁的长期趋势,为国际比较研究提供数据资料。该问卷采用 5 级评分,从"1 分"至"5 分"分别对应选项"很不符合"、"不太符合"、"不确定"、"比较符合"与"很符合"。得分越高,表示感受到的生活压力越大。经检验,该问卷的克隆巴赫(Cronbach)α 系数为 0.86,各题项间均呈中度相关,问卷具有良好的信度。

3.《领悟社会支持量表》(Perceived Social Support Scale,PSSS)

PSSS 是由兹迈特(Zimet)编制、姜乾金修订的一种强调个体自我理解和自我感受的社会支持量表,用来测定个体社会支持情况。该量表包括 12 个自评项目,5 级评分,从"1 分"至"5 分"分别对应选项"很不符合"、"不太符合"、"不确定"、"比较符合"与"很符合"。得分越高,表示感受到的社会支持度越高。量表原作者通过因素分析将 PSSS 条目分为家庭支持、朋友支持和其他支持三类。在 275 例样本中(男 139,女 136),家庭支持、朋友支持、其他支持和全量表的克隆巴赫 α 系数分别为 0.87、0.85、0.91 和 0.88,重测信度分别为 0.85、0.75、0.72 和 0.85。能够反映个体感知到的社会支持水平。

4.《社会身份(市民/农民工)认同量表》(Social Identity Scale,SIS)

该问卷由中国社会科学院社会学研究所杨宜音研究员参照国家认同量表编制。该问卷共有 6 道题目,分为新市民身份认同和农民工身份认同两个维度,每个维度各有 3 道题目。问卷采用 5 级评分,从"1 分"至"5 分"分别对应选项"很不符合"、"不太符合"、"不确定"、"比较符合"与"很符合"。该问卷的克隆巴赫 α 系数为 0.764,符合心理测量学的要求。

5.《社会信任问卷》(Social Trust Scale,STS)

该问卷由中国社会科学院社会心理研究中心与美兰德信息公司合作编制,共 10 个题项,采用 5 级评分,从"1 分"至"5 分"分别对应选项"很不符合"、"不太符合"、"不确定"、"比较符合"与"很符合"。删除总相关系数小于 0.3 的 5 题,克隆巴赫 α 系数提升到 0.693。

6.《社区满意感问卷》

该问卷由 1 个题项构成。测量安全感的程度。采用 5 级评分,从"1 分"至"5 分"分别对应选项"很不安全"、"不太安全"、"不确定"、"比较安全"与"很安全"。

7.《社会公平感问卷》

该问卷由 2 个题项构成。测量公平感的程度和所受到的不公平对待的程度。采用 4 级评分,从"1 分"至"4 分"分别对应选项"非常不公平"("非常多")、"比较不公平"("比较多")、"比较公平"("比较少")和"非常公平"("根本没有")。

8.《社会支配倾向量表》(中文版,Social Dominant Orientation,SDO)

《社会支配倾向量表》(中文版)由张智勇在 2006 年修订,由 16 个题目构成,包含四个维度:反对社会平等(4 题)、支持优势群体的支配性(4 题)、支持劣势群体的服从性(5 题)、赞同群体等级差异(3 题)。量表采用 Likert 五点计分,从"很不符合"到"很符合"分别予以回答。量表前 8 项正向计分,后 8 项采用反向计分,最后得分为所有条目评分的均值,被试得分越高,表示社会支配倾向越高。该量表的克隆巴赫 α 系数为 0.857,分半信度为 0.772。各个分量表之间的内部一致性系数均达到了理想水平。

9.《公私观念问卷》

该问卷将传统与现代观念操作化为公私观念的两个维度:公私分明与公私不分,为公与为私。包含"明哲保身"、"为公忘私"、"公私不分"、"权衡公私"四个因子,采用五点计分法。对问卷的题目选择"很不符合"为 1 分,"不太符合"为 2 分,"不确定"为 3 分,"有点符合"为 4 分,"非常符合"为 5 分。得分越高,表示被试在这一方面的态度越积极。"为公忘私"因子得分越高,表明被试越倾向于国家集体利益至上。对《公私观念问卷》进行探索性以及验证性分析表明,该问卷结构清晰,问卷的信度系数为 0.712,符合统计学的要求。

10.《经济社会地位自评问卷》

《经济社会地位自评问卷》由中国社会科学院社会学研究所杨宜音研究员编制,用于调查被试的人口学资料和对自己经济社会地位的评价。该问卷有 3 个版本,A 版本用于杭州新生代农民工,B 版本用于杭州老市民,C 版本用于杭州大学生。问卷的克隆巴赫 α 系数为 0.728,符合统计学要求。《经济社会地位自评问卷》主要内容有:(1)自评经济收入水平;(2)自评社会地位水平。

11.《社会参与问卷》

该问卷由 5 个题项组成,是自编的问卷,用于考察新生代农民工对所在城市社会事件的关注和参与。采用五点计分法,从行为方面对被试的社会参与情况进行调查。删除总相关系数小于 0.3 的 1 题,克隆巴赫 α 系数提升到 0.476。表明信度尚可。

12.《一般健康问卷》(General Health Questionnaire, GHQ)

高尔伯格(Goldberg)编制的《一般健康问卷》是常用的心理问题测量工具,问卷最初的设计主要用于测量一般病人的非精神病症状。2000 年,李虹、梅锦荣将其修订成 GHQ-20。有研究表明,修订后的 GHQ-20 可以作为测量中国大学生心理健康问题的较为满意的工具。GHQ-20 包括三个分量表:GHQ-自我肯定(9 道题),GHQ-忧郁(6 道题),GHQ-焦虑(5 道题)。该量表采用"是"和"否"两点记分(选"是"记 1 分,选"无"记 0 分)。忧郁因子量表与焦虑因子量表的分数经过反向转换后,得分越高,代表着忧郁与焦虑情绪激发的程度越低。量表克隆巴赫 α 系数介于 0.77~0.82 之间,三个分量表的克隆巴赫 α 系数介于 0.60~0.75 之间,效标关联效度为 0.3~0.7。

13.《自尊量表》(The Self-esteem Scale, SES)

由罗森伯格(Rosenberg)于 1965 年编制,该量表共 10 个条目,由 5 个正向计分和 5 个反向计分的条目组成。本研究为减少随机误差,评分方式由四点评分改成五点评分。评分 1 代表"很不符合",2 代表"不太符合",3 代表"不确定",4 代表"比较符合",5 代表"很符合"。总分范围是 10~50 分。分值越高表明自尊程度越高。国内外许多学者的研究表明,该量表具有良好的信效度,研究者测定其克隆巴赫 α 系数为 0.88,两周后的重测信度为 0.85。与相关量表的聚合效度在 0.39 到 0.65 之间,是目前我国心理学界使用最多的自尊测量工具。基于本研究的数据分析结果,该量表的克隆巴赫 α 系数为 0.775,每个项目与自尊总分的相关系数范围在 0.443~0.661 之间,且相关显著性均达到 0.001 水平。

(三)数据处理

本研究收集到的问卷全部输入计算机,经过数据清理程序,剔除不符合要求的问卷和无效问卷后,使用 SPSS 18.0 统计软件进行分析。对于经过统计分析后得到的数据,课题组对使用范围和使用要求做了规定,确保科学、准确地使用有关数据。

主要调查结果

本研究由 11 篇调研报告组成,下面是主要调查结果。

报告一　新生代农民工自尊研究

新生代农民工的自尊水平总体偏低,与他们所处的较低的社会阶层有很大的关系,他们对自己社会地位的认知导致自尊水平偏低。

新生代农民工在自我价值的判断上偏向积极,对自己的认可程度大于对自己的否定程度。

新生代农民工自尊有这样几个特点:

1. 新生代农民工文化程度越高,自尊水平越高;
2. 收入较低和收入较高的新生代农民工,自尊水平较高;
3. 认为自己所处的社会阶层越高,自尊水平越高;
4. 对未来预期越乐观的新生代农民工,自尊水平越高;
5. 新生代农民工对自己印象越积极者,自尊越高。

报告二　新生代农民工社会支持研究

新生代农民工对自己的社会地位的评价总体不高,多数人认为自己处于社会中下层水平。新生代农民工的社会支持以亲友为主,缺乏来自社会和政府的社会支持。

新生代农民工社会支持有这样几个特点:

1. 新生代农民工收入水平越高,来自朋友的社会支持越高。
2. 新生代农民工对自己的社会地位评价越高,对来自其他人的社会支持的期待就越高。
3. 新生代农民工对自己和下一代生活的预期影响社会支持水平。总体来说,对未来预期越乐观,其社会支持的水平越高。

4. 新生代农民工对社会公平的评价,对社会支持的认同和期待有显著影响。认为社会比较公平的新生代农民工,其社会支持水平比较高。

报告三　新生代农民工公私观研究

多数新生代农民工对关系、熟人、人情等表示认同或者部分认同,倾向于"公私兼顾"。

多数新生代农民工对国家的感情是正向的,赞同"公私应该划分界限"、"国家利益至上"、"舍小家为大家的人值得敬佩"、"愿意为祖国做出牺牲"。

多数新生代农民工赞成"多管闲事会惹麻烦"和"不论什么情况下,保全自身最重要"。

杭州市新生代农民工的社会参与状况总体较好,他们对身边的、社区的事务比较愿意参与,对城市公共事务的参与意愿要差一些,这与他们城市边缘人的状况有关。

报告四　新生代农民工社会支配倾向研究

新生代农民工的社会支配倾向在性别、收入、职业上存在显著差异。从总体上看,男性的社会支配倾向水平显著高于女性。随着月收入水平的增加,新生代农民工的社会支配倾向呈上升趋势。

不同社会支配倾向水平的新生代农民工在社会经济地位、自尊上存在显著差异。高社会支配倾向个体的自尊水平,显著低于低社会支配倾向水平的个体,而新生代农民工的社会经济地位越高,其社会支配倾向水平也越高。

社会支配倾向、自尊与社会经济地位三者之间存在显著的相关关系,社会支配与社会经济地位呈正相关关系;社会经济地位越高的个体,其自尊水平也越高,二者之间存在显著的正相关。

报告五　新生代农民工幸福感研究

在新生代农民工群体中,女性幸福感较高。

新生代农民工的幸福感水平在不同月收入水平上存在极其显著的差异。认为自己收入在"中上水平"的新生代农民工与认为自己收入属于"中下水平"和"下等水平"的新生代农民工的生活满意度存在显著差异。认为自己处在社会"下层"的新生代农民工的幸福感低于认为自己处在社会"中层"和"中上层"的新生代农民工,差异显著。

社会信任与新生代农民工的幸福感之间有正相关。社会信任度较高的新生代农民工其幸福感水平较高,社会信任度较低新生代农民工其幸福感较低。

报告六　新生代农民工身份认同研究

新生代农民工对新市民身份的认同显著高于对农民身份的认同。

收入水平认知对新生代农民工身份认同有显著影响。

社会公平对新生代农民工新市民身份认同有显著影响。

社会参与对新生代农民工新市民身份认同有显著影响。社会参与态度积极的新生代农民工对新市民身份认同程度要显著高于社会参与态度不积极的新生代农民工。

生活满意度对新生代农民工新市民身份认同有显著影响。高生活满意度的新生代农民工,对新市民身份的认同显著高于低生活满意度和中等生活满意度的新生代农民工。但是,低生活满意度和中等生活满意度的新生代农民工在新市民认同上不存在显著性差异。

社会支持对新生代农民工新市民身份认同有显著影响。社会支持度高的新生代农民工,对新市民身份的认同程度要显著高于社会支持度中等和低的新生代农民工;社会支持度中等的新生代农民工的认同程度要显著高于社会支持度低的新生代农民工。

报告七　新生代农民工城市融入研究

新生代农民工择业倾向于有发展前途的职业,多数新生代农民工的职业技能和知识水平不适应市场需求。由于受教育程度和劳动素质的限制,目前只有大约30%的新生代农民工能够在城市长期稳定就业。

与杭州市区职工月平均工资相比,新生代农民工的收入水平偏低。那些月收入明显超过杭州本地居民人均月收入的新生代农民工也倾向于认为自己的经济地位处在中等及中下水平。这种情况与新生代农民工的生活开支较大有一定关系。新生代农民工的居住支出,一般要高于市民。

在遇到不公平待遇时,仅有少部分新生代农民工向社区和政府部门求助,大部分的新生代农民工会选择离职、忍气吞声、私下解决等逃避或消极的处理方式。这表明,中国的城市化进程,不是简单的增加城市人口比重的问题,而是经济和社会的变革,公民的权利、政府的职责、社会的结构都要变革和进步。

报告八　新生代农民工生活满意度研究

新生代农民工生活满意度总体水平不高。

男性新生代农民工的生活满意度低于女性新生代农民工。

初中以下文化程度的新生代农民工的生活满意度高于高中以上文化程度的新生代农民工。

不同收入水平的新生代农民工,生活满意度并没有显著差异。对自己收入水平评价不同的新生代农民工,生活满意度存在显著差异。这表明,生活满意度是一种心理体验,是个人对自己生活状态的认知和评价。

对自己社会地位评价不同的新生代农民工,他们的生活满意度有显著差异。新生代农民工的生活满意度随着对自己社会地位评价的提高而提高。

报告九 新生代农民工心理健康研究

新生代农民工心理健康水平总体不高。

新生代农民工心理健康水平与文化水平之间存在正相关。提高新生代农民工的文化水平,是增进新生代农民工心理健康的有效途径。

新生代农民工的不公平遭遇对他们的心理健康有着明显的负面影响。新生代农民工在城市打工过程中遭遇较多的是工作中的薪酬或福利上的不公平,不公平待遇遭受得越多,他们的公平感就会越低,因此而产生的焦虑情绪就会增多,进而影响他们的心理健康水平。

报告十 新生代农民工与老市民社会心态比较研究

新老市民的生活压力感有明显差异:老市民生活压力较低,主要承受着来自"社会道德风气"、"医疗支持问题"、"住房条件"、"不敢信任他人"等方面的压力。新市民生活压力较高,主要承受着来自"社会道德风气"、"自己或家庭收入"、"子女教育费用"、"婚姻"等方面的压力。

新老市民的社会支持均主要来自私人领域,其中家庭支持感相对最强,朋友支持感其次,重要人物支持感相对最弱。

新市民所居住的社区具有较高的人口流动性,其安全感弱于老市民。

老市民在政府组织信任感与社会组织信任感上均显著高于新生代农民工。新生代农民工和老市民对政府组织的信任感均显著高于社会组织。老市民对中央媒体和地方媒体的信任感均显著高于新生代农民工。

老市民的生活满意度显著高于新生代农民工。

生活满意度与工作压力对新生代农民工的身份认同有显著影响。

报告十一 新生代农民工与大学生社会心态比较研究

低龄新生代农民工的自尊水平低于大学生。

新生代农民工的生活满意度显著低于大学生。

新生代农民工社会支持显著低于大学生。

新生代农民工遭遇不公平待遇的频率高于大学生。

新生代农民工的社区安全感普遍低于大学生。

新生代农民工的心理健康水平明显低于大学生。

　　新生代农民工的社会地位感普遍低于大学生。25.5％新生代农民工认为自己属于社会的下层，而认为自己属于社会下层的大学生的比例仅为3.3％。由于新生代农民工的社会地位感普遍低于大学生，所以，其自尊水平也普遍低于大学生。

　　新生代农民工对个人未来生活预期普遍低于大学生。新生代农民工普遍较低的未来生活预期对自尊产生负面影响作用。

　　详细情况，请见各篇调研报告。

新生代农民工自尊研究

自尊是一个人对自己的价值和作用所做的整体情感评价和体验,是对自我价值的判断。其一般的含义是一个人珍视、赞许或喜欢自己的程度。自尊作为个体自我系统的核心成分,其状况不仅与人的心理健康有直接的联系,而且对整个人格的发展有重要影响。同时,自尊又对人的认知、动机、情感和社会行为均有着广泛的影响。

新生代农民工是当代中国产业工人的主力军,然而他们的社会地位与其职业贡献却相距甚远,成为城市的边缘人群。这种情况必然对他们的自尊产生作用,对他们的生活带来深刻的影响。因此,关注新生代农民工的自尊状况,对他们的自尊状况进行调查研究,是一件很有意义的工作。

一、研究综述

(一)自尊的概念

自尊(self-esteem)一词来源于拉丁语 aestimare,是指个体对自身价值的估计。① 自尊的概念,最早由美国心理学家詹姆斯(William James)1890 年在《心理学原理》中正式提出。他认为自尊可以用一个公式来表述:自尊=成功/抱负,其含义为,自尊不仅是由个体获得的成功决定,而且还受到所获得的成功对自身的意义大小的影响,这意味着增大成功或者降低抱负水平都可以

---

① 丛晓波.自尊的本质研究.东北师范大学硕士学位论文,2006.

提升自尊水平。[①]

美国心理学家罗杰斯(Rogers)认为,自尊是自我态度中的情绪和行为成分。[②] 美国心理学家史密斯(Cooper Smith)1967 年在《自尊的前提》中提出,自尊是个体对自己所持有的一种肯定或否定的态度,表明个体在多大的程度上相信自己是有能力的(capable)、重要的(significant)、成功的(successful)和有价值的(worthy)。[③] 美国心理学家罗森伯格(Rosenberg)在《社会和青少年的自我形象》一书中指出"自尊是个体对自我本身的一种积极或者消极的态度"[④]。美国心理学家斯蒂夫哈芬(Steffenhafen)认为,自尊是个体对自我知觉的综合,其中包括自我概念(心理的)、自我意象(身体的)和社会概念(文化的)。[⑤]

国内的学者也提出了关于自尊的观点。朱智贤认为,自尊是社会评价与个人的自尊需要的关系的反映。林崇德认为,自尊是自我意识中具有评价意义的成分,是与自尊需要相联系的、对自我的态度体验,也是心理健康的重要指标之一。[⑥]

在本研究中,我们将自尊定义为:自尊是个体在社会实践中逐渐形成的对自我价值的积极与消极的感知和评价。

(二)自尊的分类

自尊从内容上,可以分为理想自尊(ideal self-esteem)和现实自尊(real or actual self-esteem)。美国学者比尔斯(R. E. Bills)和麦克兰(E. L. Mclean)认为,现实自尊来自个人的成功的、已实现的那部分,而理想自尊来自个人期望达到的抱负部分。两种自尊之间的差距越大越焦虑,差距太大,个人无法协调两者之间的关系时,就会产生不同程度的心理障碍,乃至心理疾病。

自尊从来源方式上,可以分为内在自尊(inner self-esteem)和外在自尊(outer self-esteem)。美国学者哈尔斯(Hales)认为,自尊由内源和外源两个因素组成,其中内源因素指能力感或效能感,外源因素指他人的赞扬。

---

① [美]威廉·詹姆斯. 心理学原理. 田平,译. 北京:中国城市出版社,2010:151.
② 张静. 家庭因素对大学生自尊及人际信任的影响研究. 华东师范大学硕士学位论文,2010.
③ 丛晓波. 自尊的本质研究. 东北师范大学硕士学位论文,2006.
④ 吕莹. 大学生自恋、自尊和成就动机的相关研究. 天津师范大学硕士学位论文,2012.
⑤ 魏运华. 自尊的概念、结构及其测评. 社会心理科学,1997(3):55-57.
⑥ 孙凤华,沈慧娟. 少年儿童自尊发展特点与自身因素关系探微. 通化师范学院学报,2006(3):143-147.

自尊从结构上,可以分为整体自尊(global self-esteem)和具体自尊(specific or differentiated self-esteem)。整体自尊是对待自我的总的态度,而具体自尊则是整体自尊表现的局部或部分,如学业自尊、容貌自尊、社交自尊等。

(三)自尊的测量

学者们对于自尊的理解各有不同,因此产生了各种关于自尊评定的测量工具。对于自尊的测量,主要采用自我报告法进行测量。据统计,有关自尊的测量工具多达 2080 种。[①]

据文献研究统计[②],心理学家测量自尊时使用最频繁的几个量表依次是:罗森伯格的《自尊量表》,库伯史密斯(Coppersmith)的《自尊调查量表》,泰尼斯(Tennessee)的《自我概念量表》,皮尔斯和哈里斯(Piers & Harris)的《自我概念量表》,拜伦(Barron)的《自我强度量表》,詹尼斯和菲尔德(Janis & Field)的《自卑感量表》。我国很多学者对罗森伯格的自尊量表进行了修订。有些学者根据特定的研究对象自行编制了自尊量表,如魏运华编制了《儿童自尊量表》(简称 CSES),该量表适合于年龄为 10 到 15 岁的少年儿童。[③] 黄希庭等人也针对青少年编制了《青少年价值感量表》等。[④]

(四)关于自尊的研究

1. 社会比较

社会比较是对自我的认识的途径之一,它包括比较自己与他人的个性品质、观点和行为。从詹姆斯的自尊公式可以看出,"下向比较"可以获得高自尊,而"向上比较"容易导致低自尊或者自卑。还有研究表明,低自尊者在社会比较中力求自我保护,而不是力求提高自己的自尊。低自尊者在得到成功反馈后,才寻求较大量的社会比较;而高自尊者则在失败后,才进行大量的社会比较,以寻求失败的补偿。总体来说,在社会比较中,低自尊者倾向于采用自我保护的策略,而高自尊者则倾向于采用自我提升的策略。

我国学者袁冬华认为,人们倾向于从自我价值保护的角度来保护自尊。

---

① Greenwald, A. G., Banaji. M. Implicit Social Cognition Attitude. Self-esteem and Stereotypes. *Psychological Review*, 1995(102): 4-27.

② [美]约翰·鲁宾逊(John P. Robinson)等主编. 性格与社会心理测量总览. 杨中芳等, 译校. 台北:远流出版事业公司,1997:165.

③ 魏运华. 自尊的概念与结构. 社会心理科学,1997(1):35-39.

④ 黄希庭,杨雄. 青年学生自我价值感量表的编制. 心理科学,1998(4):289-292.

此外，人们还常常会使用自我妨碍，避免使自己被看作是无能或失败的，从而保护自尊。

2. 自我觉知

自我觉知是个体了解自己的过程，是对自己心理特征的认识。个体对自己的认识与评价是一个复杂的过程，除了认知这一重要因素外，还会受到其动机、需要、愿望等其他心理因素的影响。而自我觉知中的自我服务偏向，对个体的自尊具有保护和提升的作用。积极的自我觉知，使人能够客观地、全面地、发展地看待自我，从而产生积极的自我体验。

自我觉知一致性理论的代表是美国心理学家哈特（Harter）。他认为，个体对自己在某一领域重要性的自我评价，与其对自己的能力评价之间的一致性越高，个体的自尊水平就越高。反之，个体自我觉知的一致性越低，其自尊水平也越低。

其他学者对此也有类似的观点。斯蒂夫哈芬认为，自尊是指个体对自我的知觉的总和。马什（Marsh）认为，自尊是知觉到的现实自我的特征和自我评价标准之间的比较结果。

3. 归因风格

归因是个体对导致自己或他人行为结果的原因的知觉和推断。显然，积极的归因能够提升自尊，消极的归因会减损自尊。归因方式会影响个体对自己的认识和今后的行为，不恰当的归因容易对个体发展产生不良影响。罗斯（Roese）和奥尔森（Olson）的研究发现，高自尊和低自尊的人在成功和失败后的归因方式不同。成功后，高自尊者比低自尊者更有可能改变自己的行为；失败后，低自尊者比高自尊者更有可能改变自己的行为。刘明对高中生的研究表明，高自尊的学生更多地将学业成败归因为自己的能力和努力，将人际成败更多地归因为自己的努力；低自尊学生更多地将学业成败归因于自己的能力，将人际成败归因为外在、不可控制的因素。

4. 社会支持

库勒（Cooley）的"镜中自我"理论指出，社会支持低的个体其自尊低，社会支持高的个体其自尊高。但是"支持的条件性"影响青少年的自尊，即无论是高水平自尊还是低水平自尊，只要支持附加的条件越多，一个人的自尊就越低。我国学者彭欣等人的研究，证明了大学生自尊与社会支持呈显著相关。另外，范欣华等人的研究，从友伴支持的角度证实了社会支持与大学生自尊呈显著相关。

5. 应对方式

应对方式是个体面对挫折或压力时所采用的认知和行为方式。大量的研究表明，有良好自尊的人更倾向于采用良好的应对方式，善于处理各类事物，有较强的适应能力。朱莉娅(Zurilia)等人的研究发现,低自尊与发怒和敌意有联系,低自尊的个体会更少采用积极问题定位,更多采用消极问题定位、冲动以及逃避。研究表明,自尊与社会问题解决能力显著相关,低自尊是攻击的"预报器"。我国学者岑延远和郑雪的研究证明,自尊水平越高的个体,越倾向于采用问题解决和求助的应对方式;而自尊越低的个体,越倾向于采用自责、幻想和退避的方式。

(五)农民工自尊研究

关于农民工自尊的研究主要集中在自尊与心理健康、幸福感、孤独感之间关系的研究。曹运华、牛振海等人对337名农民工进行调查后发现,农民工的自尊与自我效能感正相关。[①] 杨青、崔捷等人对284名农民工进行调查后发现:自尊、自我效能感对孤独感有显著的预测作用。[②]

目前我国新生代农民工在城市中难以获得"同城待遇",仍处于边缘化境遇。一些学者对新生代农民工的尊严问题做了研究。尊严与自尊的区别在于,尊严不仅指自我的情感体验,还包括他人对自我存在价值的肯定和认可。[③] 伍敏的研究认为,新生代农民工存在尊严缺失。[④] 朱媛媛通过自编的新生代农民工尊严量表进行调查后认为,新生代农民工的尊严水平偏低,并且受到性别、年龄、收入水平、工作稳定性、外出务工目的、父母是否外出打工等因素的影响。

二、研究目标与研究假设

(一)研究目标

考察新生代农民工自尊的特点,分析社会心态对自尊的影响作用。本研究对新生代农民工自尊的考察主要从三方面来进行:新生代农民工对当前生

① 曹运华,牛振海,张丽宏.农民工心理健康与自尊、自我效能的相关研究.齐齐哈尔医学院学报,2010(12):1933-1935.

② 杨青,崔捷,梁晓.新生代农民工孤独感与其自尊、自我效能感的关系.中国健康心理学杂志,2011(10):1229-1231.

③ 朱媛媛.心理学视野下的新生代农民工尊严研究.安徽师范大学硕士学位论文,2011.

④ 伍敏.新生代农民工尊严缺失问题研究——一个社会公正的分析视角.湖南师范大学硕士学位论文,2011.

活状况的感知与满意程度,新生代农民工对未来生活状况的预期,新生代农民工对当前社会生活与环境的认知。

（二）研究假设

假设一:新生代农民工的自尊水平与性别、年龄、文化程度、收入水平相关。

假设二:新生代农民工对生活状况的感知对其自尊有影响作用。

三、研究方法

（一）研究对象

居住在杭州市下沙经济开发区白杨街道邻里社区的新生代农民工。

（二）研究工具

1.《自尊量表》(SES);

2.《经济社会地位自评问卷》A 版本。

（三）数据处理

所有数据均使用 SPSS 18.0 统计软件进行分析。

四、研究结果

（一）新生代农民工的自尊现状

我们考察了被调查的新生代农民工在自尊总分、自我肯定以及自我否定上的得分情况。结果见表 1-1。

从表 1-1 可知,新生代农民工的自尊总分(M＝33.40)超过中间值 30,在维度上,自我肯定(M＝17.71)和自我否定(M＝16.09)的得分均超过中间值 15。其中,自我肯定的得分较高。

表 1-1　新生代农民工自尊得分

	N	M	SD
自我肯定	356	17.71	3.57
自我否定	354	16.09	4.02
自尊总分	372	33.40	5.66

（二）新生代农民工自尊在人口学变量上的特点

我们考察了不同性别、年龄、文化程度、月收入的新生代农民工在自尊水平上的差异状况。

1. 新生代农民工自尊在文化程度上的差异

我们采用单因素方差分析方法,考察新生代农民工自尊在不同文化水平上的差异状况,结果见表 1-2。

表 1-2　不同文化程度新生代农民工自尊水平的差异

	文化程度	N	M	SD	F	p
自我肯定	小学毕业及以下	3	17.33	2.52		
	初中毕业	60	17.45	3.03		
	高中(技校、职高、中专)毕业	219	17.57	3.62	0.717	0.581
	大专(含在读)	58	18.31	3.56		
	大学本科(含在读)	16	18.38	4.94		
自我否定	小学毕业及以下	3	17.67	0.58		
	初中毕业	61	16.10	3.82		
	高中(技校、职高、中专)毕业	219	15.77	4.09	3.141	0.015
	大专(含在读)	56	16.36	3.73		
	大学本科(含在读)	15	19.40	3.87		
自尊总分	小学毕业及以下	3	35.00	2.65		
	初中毕业	66	33.02	5.5		
	高中(技校、职高、中专)毕业	229	32.96	5.57	2.640	0.034
	大专(含在读)	58	34.50	5.36		
	大学本科(含在读)	16	36.94	7.51		

从表 1-2 中可以看出,不同文化程度的新生代农民工在自我肯定上没有显著差异($p>0.05$),自我否定以及总分有显著差异($p<0.05$)。经过 LSD

事后检验发现,这种显著差异主要体现在大学本科学历的新生代农民工在自我否定以及自尊总分上要相对高一些。其他不同程度教育水平的新生代农民工,在自尊总分以及各维度上没有显著的差异($p>0.05$)。

2. 新生代农民工自尊的月收入水平差异

我们采用单因素方差分析方法,考察新生代农民工自尊在不同月收入的差异状况,结果见表1-3。

表 1-3　月收入不同水平的农民工在自尊方面的差异

		M	SD	F	p
自我肯定	1000 元以下	17.50	4.64		
	1001～2000 元	17.04	3.56		
	2001～3000 元	17.61	3.31	3.30	0.001
	3001～4000 元	19.30	3.81		
	4001～5000 元	16.50	5.63		
	5001 元以上	20.00	1.83		
自我否定	1000 元以下	18.50	4.37		
	1001～2000 元	15.27	3.95		
	2001～3000 元	16.12	4.00	1.94	0.087
	3001～4000 元	17.02	4.37		
	4001～5000 元	17.00	1.91		
	5001 元以上	17.33	2.34		
自尊总分	1000 元以下	36.00	8.25		
	1001～2000 元	32.13	5.04		
	2001～3000 元	33.24	5.60	3.87	0.002
	3001～4000 元	35.96	6.15		
	4001～5000 元	32.13	5.36		
	5001 元以上	36.71	3.55		

从表1-3中可以看出,不同收入水平的新生代农民工在自我肯定以及自尊总分上呈现显著差异。但进一步分析可以看到,自尊并不随着收入水平的提高而升高。我们发现,1000 元以下收入水平、3001～4000 元收入水平以及5001 元以上的收入水平的新生代农民工的自尊水平相对较高。而1001～3000 元和4001～5000 元收入水平阶段的自尊水平相对较低。

(三)影响新生代农民工自尊的因素

我们考察了不同地位感、个人预期、污名认可程度的新生代农民工在自尊水平上的差异。

1. 不同地位感的新生代农民工在自尊上的差异

先考察新生代农民工认为自己在社会中所处的阶层位置状况,接着分析不同地位感的新生代农民工在自尊上是否有差异,结果见表1-4和表1-5。

表1-4　新生代农民工的地位感分布比例

地位感	下层	中下层	中层	中上层	上层	合计
百分比	25.5	39.7	29.9	3.5	1.4	100.0

从表1-4可以看出,认为自己属于社会阶层的"上层"的新生代农民工比例最小,占1.4%;认为自己属于"中下层"的比例最大,占39.7%;认为自己属于"中层"及以下的比例占95.1%。

表1-5　不同地位感的新生代农民工在自尊上的差异

		N	M	SD	F	p
自我肯定	下层	89	17.82	3.96	0.237	0.870
	中下层	142	17.59	3.27		
	中层	105	17.95	3.19		
	中上层	11	18.00	5.48		
自我否定	下层	89	15.49	4.29	2.708	0.045
	中下层	141	15.82	3.62		
	中层	105	16.70	4.07		
	中上层	11	18.18	5.38		
自尊总分	下层	94	32.74	6.39	2.122	0.097
	中下层	146	33.07	4.87		
	中层	110	34.34	5.56		
	中上层	13	35.31	7.32		

以新生代农民工的地位感作为自变量,以自尊分数为因变量,采用单因素方差分析方法,考察不同地位感的新生代农民工在自尊上的差异状况。由于选择"上层"的新生代农民工人数比例非常少,因此在进行数据分析前剔除了

选择该选项的数据。从表1-5可以看出,新生代农民工的自我否定在地位感上有显著差异($p<0.05$),自我肯定和自尊总分上没有显著差异($p>0.05$)。经 LSD 事后检验发现,认为自己在社会中属于"下层"的新生代农民工自我否定分数显著低于认为自己属于"中层"以及"中上层"的新生代农民工($p<0.05$)。

我们还考察了大学学历的新生代农民工自尊水平在性别、年龄段上的差异情况,结果均未有显著差异($p>0.05$)。

2. 不同生活预期的新生代农民工在自尊上的差异

先考察新生代农民工对自己五年后生活状况的预期,接着分析有不同生活预期的新生代农民工在自尊上是否有差异,结果见表1-6和1-7。

表1-6 新生代农民工的未来五年生活预期分布比例

未来预期	差很多	差一点	变化不大	好一点	好很多	说不清	合计
百分比	2.4	13.0	17.3	23.6	30.8	12.9	100.0

从表1-6可知,认为自己未来五年生活要比自己当前"好很多"的新生代农民工比例最多,占30.9%;认为"差很多"的比例最低,只占2.4%;其他对未来生活预期的比例依次为"好一点"、"变化不大"、"差一点"、"说不清"。

表1-7 不同生活预期的新生代农民工在自尊上的差异

		N	M	SD	F	p
自我肯定	差很多	9	16.11	4.76		
	差一点	48	14.78	2.95		
	变化不大	63	16.69	4.18	2.921	0.013
	好一点	85	17.60	3.23		
	好很多	110	18.30	3.72		
	说不清	44	17.52	3.02		
自我否定	差很多	8	16.00	4.24		
	差一点	50	15.70	2.83		
	变化不大	65	13.32	4.44	4.306	0.001
	好一点	81	15.55	3.65		
	好很多	108	16.88	3.94		
	说不清	46	16.59	4.40		

		N	M	SD	F	p
	差很多	9	31.78	7.51		
	差一点	49	29.91	4.57		
自尊总分	变化不大	64	29.74	4.36	5.690	0.000
	好一点	82	32.84	4.61		
	好很多	109	34.80	5.91		
	说不清	48	33.58	6.44		

以新生代农民工对个人未来五年生活预期为自变量,以自尊分数为因变量,采用单因素方差分析方法,考察不同预期的新生代农民工的自尊差异。从表 1-7 可以看出,不同预期的新生代农民工在自尊总分($p<0.001$)、自我肯定($p<0.05$)以及自我否定($p<0.01$)的得分上有显著差异。

经过 LSD 事后检验发现,在自我肯定维度上,认为"差一点"的新生代农民工群体得分,显著低于认为"变化不大"、"好一点"、"好很多"以及"说不清"的新生代农民工群体($p<0.05$);认为"变化不大"的新生代农民工群体,得分显著低于认为"好很多"的新生代农民工群体($p<0.05$)。

在自我否定维度上,认为"变化不大"的新生代农民工群体,得分显著低于认为"好一点"、"好很多"、"说不清"的新生代农民工群体($p<0.05$);认为"好一点"的新生代农民工群体,得分显著低于认为"好很多"的新生代农民工群体($p<0.05$)。

在总分上,认为"差一点"的新生代农民工群体,得分显著低于认为"好很多"和"说不清"的新生代农民工群体($p<0.05$);认为"变化不大"的新生代农民工群体,得分显著低于"好一点"、"好很多"、"说不清"的新生代农民工群体($p<0.05$)。

总体来说,除了认为"差很多"和"说不清"的新生代农民工群体,其他群体的自尊水平呈现随着对未来生活预期的提高而上升的关系。

3. 对农民工的印象与自尊的关系

在《经济社会地位自评问卷》A 版本中,有这样一道关于新生代农民工印象的题目,左侧为消极印象,右侧为积极印象。要求被调查者对认同程度做出选择,选择 1 表示认同消极印象,选择 5 表示认同积极印象。

E21. 您对您自己这一代年轻外来务工人员的印象是(请选择一个数字)

懒惰　　　　　　1——2——3——4——5　勤劳

衣服脏破　　　　1——2——3——4——5　衣服干净

语言不文明	1——2——3——4——5	语言文明
观念落后	1——2——3——4——5	观念先进
教育水平低	1——2——3——4——5	教育水平高
笨手笨脚	1——2——3——4——5	聪明伶俐
不适应城市生活	1——2——3——4——5	适应城市生活

我们对新生代农民工的自我印象与自尊的关系进行了统计分析,结果见表 1-8。

表 1-8　对农民工的印象与自尊的关系

| 印象 | \multicolumn{5}{c}{评价等级} | 印象 |

印象	1	2	3	4	5	印象
懒惰	15.22	15.73	15.95	16.78	16.01	勤劳
衣服脏破	17.00	16.40	16.34	15.85	15.93	衣服干净
语言不文明	15.18	16.26	16.20	15.91	16.55	语言文明
观念落后	14.43	16.72	16.22	16.05	15.95	观念先进
教育水平低	15.76	15.77	16.16	16.44	15.97	教育水平高
笨手笨脚	16.20	17.22	16.17	16.10	15.35	聪明伶俐
不适应城市生活	13.42	16.95	16.06	16.32	15.98	适应城市生活

从表 1-8 中可以看出,对新生代农民工印象的认知存在一个趋势,评价越积极,自尊水平越高。

经过进一步的统计分析发现,"言语不文明"、"教育水平低"和"笨手笨脚"对自我肯定的影响更加显著,分别见表 1-9、表 1-10 以及表 1-11。

表 1-9　语言文明与自尊的关系

		M	SD	F	p
	1	16.97	4.80		
	2	17.27	3.72		
自我肯定	3	17.32	2.82	3.00	0.019
	4	17.93	3.29		
	5	19.02	4.00		

续表

		M	SD	F	p
自我否定	1	15.18	4.73		
	2	16.26	3.34		
	3	16.20	3.81	0.71	0.587
	4	15.91	3.87		
	5	16.55	4.64		
自尊总分	1	32.18	6.94		
	2	33.08	5.23		
	3	33.11	5.02	2.31	0.058
	4	33.30	5.47		
	5	35.34	6.39		

表 1-10　教育与自尊的关系

		M	SD	F	p
自我肯定	1	15.75	5.19		
	2	17.74	3.18		
	3	17.66	3.10	3.30	0.011
	4	17.78	3.53		
	5	19.08	4.01		
自我否定	1	15.76	3.84		
	2	15.77	3.50		
	3	16.16	3.99	0.32	0.863
	4	16.44	3.97		
	5	15.97	5.09		
自尊总分	1	31.38	6.63		
	2	33.23	5.41		
	3	33.51	5.39	1.24	0.295
	4	33.68	5.76		
	5	34.44	5.80		

从表 1-9、表 1-10 可以看出,对"言语文明"、"教育水平"项目认知不同的新生代农民工群体,其自尊的自我肯定分数呈显著差异。新生代农民工认为

自己语言文明程度、受教育水平较高的,其自尊水平一般都较高。

表 1-11 对"笨手笨脚"的认知与自尊的关系

		M	SD	F	p
自我肯定	1	20.15	5.44		
	2	16.57	4.62		
	3	17.64	3.20	2.56	0.038
	4	17.61	2.91		
	5	18.12	4.07		
自我否定	1	16.20	5.17		
	2	17.22	4.31		
	3	16.17	3.68	1.08	0.365
	4	16.10	3.98		
	5	15.35	4.31		
自尊总分	1	35.80	6.84		
	2	33.61	6.98		
	3	33.33	5.01	0.74	0.556
	4	33.19	5.77		
	5	33.35	5.61		

从表 1-11 可以看出,对"笨手笨脚"项目的认知,在自尊的自我肯定分数上呈显著差异。但进一步分析发现,除了评定为 1 的等级之外,评定等级越高,自我肯定的分数就会越高。

五、研究结论

(一)讨论

1. 新生代农民工的自尊

总体来看,新生代农民工的自尊水平超过中间值 30,说明新生代农民工在对自我价值的判断上偏向积极。其中,自我肯定得分比自我否定得分高,意味着新生代农民工对自己的认可程度大于对自己的否定程度。

2. 新生代农民工不同群体的自尊特点

（1）不同文化程度的新生代农民工自尊特点

本研究结果显示，大学本科学历的新生代农民工在自我否定和自尊总分上显著高于其他文化程度的新生代农民工。具有本科学历的新生代农民工在经过本科的四年教育之后，积累了丰富的知识技能，视野比较开阔，他们相信自己做事可以和别人一样好，因此自尊水平比较高。大学本科的文化程度是新生代农民工群体自尊水平的一个分界点。

（2）不同月收入水平的新生代农民工自尊特点

不同月收入新生代农民工的自尊存在显著差异。根据研究结果，可以看出，收入 3000 元和 5000 元是两个重要分界点。在收入 3001～5000 元这个阶段出现了两种不同的自尊水平，分别是收入 3001～4000 元者（以下简称前者）的高自尊水平和收入 4001～5000 元者（以下简称后者）的低自尊水平。对此现象，我们的解释是：前者与 3000 元收入水平以下的人群相比，他们已经超越了 84.3％的人，自尊水平相应较高。后者自尊水平的下降，可能与他们处于不上不下的中间状况有关，当前的工作岗位或其工作能力限制其达到更高的收入水平，因而出现了自尊水平的回落。我们还可以看到，5001 元可以作为更高收入水平的象征。5001 元的收入甚至超越了很多杭州本地人的收入，他们已经具备了扎根城市、融入城市的条件，因此自尊水平较高。

3. 影响新生代农民工自尊的社会因素

（1）社会地位感对新生代农民工自尊的影响

研究结果表明，新生代农民工的自我否定分数随着他们地位感的提高而上升。也就是说，有更高社会地位感的新生代农民工群体，他们在自我否定上的倾向更低。认为自己在社会中属于较高阶层的新生代农民工，他们的心态更好，比较满意自己的收入和在城市生活的环境，并且把自己满意的生活现状归因于自身的努力，因此他们不会轻易地否定自己的能力和价值。

（2）未来生活预期对新生代农民工自尊的影响

新生代农民工对自己未来五年的生活状况预期不同，其自尊水平有显著差异。除了认为未来生活与现在相比"没有变化"和"说不清"的新生代农民工群体之外，其他新生代农民工的自尊水平呈现这样一个趋势：对未来生活预期的积极程度越高，其自尊水平越高。

新生代农民工与老一代农民工最大的差别就在于，他们渴望融入城市、扎根于城市，而不是挣钱后再回农村养家糊口，他们对自己的职业期待要比老一代农民工群体更高。越来越多的新生代农民工拒绝走入"血汗工厂"，他们更看重职业发展空间和个人价值的实现,因此他们"对个人未来五年生活状况是否比现在好"持非常肯定而自信的态度。对未来生活预期越乐观的新生代农民工,对自我的肯定倾向程度越高,越相信自己的价值有更大的发挥空间,他们的自尊水平也更高。

本研究发现一个特别的现象,认为自己未来五年的生活和现在相比没有变化的新生代农民工,自尊分数最低;而对自己未来生活预期"说不清"的新生代农民工,自尊分数相对高一些,处于中等水平。对此,我们的看法是,新生代农民工认为自己未来生活与现在相比没有变化,反映出他们对自己缺乏自信,他们对自我价值的肯定非常低。而对未来生活状况"说不清"的新生代农民工,他们对前途的判断比较保守,自我价值的判断比较中立,不会夸大自我价值,也不会轻易否定自己的缺点,因此自尊分数处于中等水平。

(3)对新生代农民工的印象与自尊

新生代农民工群体对自我的感知是偏向积极的,这正是新生代农民工与其父辈第一代农民工不同的地方。他们受教育程度比较高,从学校毕业后直接进城打工,也不再像父辈那样仅仅为了赚钱养家,他们对未来有着更高的期望,渴望在城市生活和发展,他们的思维方式、行为习惯逐渐城市化了。

在 7 个对新生代农民工印象的判断中,只有"言语不文明"、"受教育程度低"和"笨手笨脚"对新生代农民工的自尊造成了影响。

语言文明程度是一个人素质的重要指标,受教育的程度很多时候代表一个人的能力大小。一个人对自身的素质或者能力评价比较高的话,对自我的肯定与认同就比较多,会认为自己是一个有价值的人,相应的自尊水平也就比较高。

新生代农民工对"笨手笨脚"印象的认可程度越低,他们对自我价值的肯定程度就越高。

(二)结论

1. 新生代农民工的自尊水平总体偏低,与他们所处的较低的社会阶层有很大的关系。他们的社会地位与他们的社会贡献很不相称,他们对自己社会地位认知低导致自尊水平偏低。

2. 新生代农民工文化程度越高,自尊水平越高。大专及大学本科文化群体的自尊水平,显著高于较低文化水平群体的自尊水平。

3. 收入较低和收入较高的新生代农民工,其自尊水平较高。

4. 认为自己所处的社会阶层越高,其自尊水平越高。

5. 对未来预期越乐观的新生代农民工,其自尊水平越高。

6. 对新生代农民工印象越积极者,其自尊越高。

参考文献

[1] 曹运华,牛振海,张丽宏.农民工心理健康与自尊、自我效能的相关研究.齐齐哈尔医学院学报,2010(12):1933-1935.

[2] 杨青,崔捷,梁晓.新生代农民工孤独感与其自尊、自我效能感的关系.中国健康心理学杂志,2011(10):1229-1231.

[3] 安明龙.新生代农民工服刑劳教人员自尊、应对方式与攻击的关系研究.哈尔滨工程大学硕士学位论文,2011.

[4] 朱媛媛.心理学视野下的新生代农民工尊严研究.安徽师范大学硕士学位论文,2011.

[5] 伍敏.新生代农民工尊严缺失问题研究——一个社会公正的分析视角.湖南师范大学硕士学位论文,2011.

[6] 魏运华.自尊的概念与结构.社会心理科学,1997(1):35-39.

[7] 黄希庭,杨雄.青年学生自我价值感量表的编制.心理科学,1998(4):289-292.

[8] 孙凤华,沈慧娟.少年儿童自尊发展特点与自身因素关系探微.通化师范学院学报,2006(3):143-147.

[9] [美]约翰·鲁宾逊(John P. Robinson)等主编.性格与社会心理测量总览.杨中芳等,译校.台北:远流出版事业公司,1997:165-166.

[10] 王春光.新生代农村流动人口的社会认同与城乡融合的关系.社会学研究,2001(3):63-76.

[11] 张颖倩.大学生职业价值观与自尊、成就动机的相关研究.吉林大学硕士学位论文,2007.

[12] 刘丽.自我价值感初探.社会心理研究,1993(4):28.

[13] Greenwald, A. G., Banaji. M. Implicit Social Cognition Attitude, Self-esteem and Stereo-types. *Psychological Review*, 1995,102:4-27.

新生代农民工社会支持研究

　　由于我国目前城乡二元结构和户籍制度的限制,新生代农民工"留不下城,又不愿意回到农村,也回不了农村",导致了该群体巨大的流动性。农民工流动的过程,本身就是一个不断寻求社会支持、建构新的社会联系和社会关系网的过程。① 本研究主要探讨新生代农民工的社会支持问题,描述他们对自己社会支持的感知状况,分析他们的生活条件和工作环境对社会支持的影响及其影响机制。

一、研究综述

(一)社会支持的概念

　　国外学者普遍认为,社会支持是指个体获得的来自他人(包括家庭、朋友、同事等的)以及来自社会各方面的心理上、物质上的支持或援助。② 目前,国内学者普遍从社会心理刺激与个体心理健康之间关系的角度来界定社会支持,认为社会支持是个体通过社会联系所获得的能减轻心理应激反应、缓解精神紧张状态、提高社会适应能力的影响。③

---

　　① 李培林. 中国进城农民工的经济社会分析. 北京:社会科学文献出版社,2003:256-257.
　　② Bishop GD. Health Psychology-integrating Mind and Body. Allyn and Bacon, 1994:170-173.
　　③ 李强. 社会支持与个体心理健康. 天津社会科学,1998(1):67.

　　从来源上来看,社会支持可分为家庭支持、朋友支持以及其他人支持三个方面。卡特纳(Cutrona)和拉赛尔(Russell)在 1990 年的研究中指出,社会支持可划分为四个维度:(1)情绪支持(emotional support):对个人表示关怀、同情、理解等,使其情绪上获得安慰与鼓励;(2)评价性支持(appraisal support):给予肯定,称赞;(3)信息支持(informational support):提供建议、反馈、忠告、咨询、经验来帮助个人解决问题;(4)工具性支持(instrumental support):提供物质或行动上的帮助。[1]

　　目前有许多学者认为社会支持可以分为实际社会支持与领悟社会支持两类。其中,实际社会支持是指个体在遇到挫折、面临困境时,得到他人实际提供的帮助与支持;[2]领悟社会支持则是指个体对社会支持的期待和评价,是对有可能收到的实际社会支持的信念。[3] 领悟社会支持与个人的主观感受密切相关,是一种相对稳定的类特质特征,是在个体属性的影响下,在长期应对压力情境中形成的,它与个体的成熟和应对技能的发展紧密相连。[4] 许多研究者认为,相对于实际社会支持,领悟社会支持对个体更重要。[5] 研究表明,个体得到实际的社会支持越多并不一定越有益于幸福感的提升,甚至有可能成为个体的负担。[6]

　　本研究中使用的社会支持概念是广义的社会支持,既包括实际社会支持,也包括领悟社会支持。由于本研究是社会心理学研究,因此本研究的社会支持在内容上更偏重于领悟社会支持。

(二)社会支持的测量

　　经过多年研究,社会心理学家已经编制出多种社会支持的测量工具。其

---

　　[1] Cutrona C. E. , Russell, D. W. Type of Social Support and Specific Stress: Toward a theory of optimal matching. *Social Support: An interactional view*. New York: John Wiley, 1990:136-137.

　　[2] Barrera M. Distinctions between Social Support Concepts Measures and Models. *American Journal of Community Psychology*, 1986,14:413-445.

　　[3] Dunkel-Schetter C. , Bennett TL. Differentiating the Cognitive and Behavioral Aspects of Social Support. In Sarason IG, Sarason BR, Pierce GR. *Social Support: An interactional view*. New York: Wiley, 1990:267-296.

　　[4] 叶俊杰.大学生领悟社会支持的影响因素研究.心理科学,2005(6):1468-1471.

　　[5] 刘礼艳,刘电芝,任璐,疏德明,胡美娟,王金生.农民工社会支持感知概念的提出及其情境问卷的编制.中国临床心理学杂志,2011(5):615-618.

　　[6] Norris, F. H. , Kaniasty, K. Received and Perceived Social Support in Times of Stress: A test of the social support deterioration deterrence model. *Journal of Personality and Social Psychology*, 1996(71):498-511.

中在我国较有影响的有以下一些。

1.《社会支持问卷》

马特德(Matud)于1998年编制的社会支持问卷,包含12个项目,主要从情感支持、经济、劳动、家庭、娱乐、劝导等方面测量领悟社会支持,采用四点计分。

2.《社会支持问卷》(Social Support Questionnaire,SSQ)

萨拉森(Sarason)等在1981年编制的社会支持问卷,共有27个条目,分为两个维度:一是社会支持的数量,即在需要的时候能够依靠别人的程度,主要涉及客观支持;二是对所获得的支持的满意度,评定的是对支持的主观体验。

3.《社会支持评定量表》(SSRS)

肖水源于1986年编制的社会支持评定量表,先在小范围内试用,1990年又根据使用情况进行了小规模的修订。该量表共有10个条目,包括客观支持、主观支持和对社会支持的利用度等三个维度,总分的重测一致性为0.92,该量表设计合理,具有较好的信度和效度。

4.《领悟社会支持量表》(Perceived Social Support Scale,PSSS)

由兹迈特(Zimet)等编制,这个量表强调个体自我理解和自我感受,分别测定个体感受到的各种社会支持源,如家庭、朋友和其他人的支持程度,同时以总分反映个体感受到的社会支持总程度。最初的PSSS共包含24个项目,采用五点计分。从"最不同意"至"最同意"。后来,重复因素分析发现,这些项目不能突出测出领悟社会支持的能力,因而变为12个项目的版本,每个子因素包括四个项目,计分方式改为七点计分。

姜乾金对兹迈特《领悟社会支持量表》进行了修订。该量表有12个条目,包括三个分量表,分别为家庭支持(4个条目)、朋友支持(4个条目)和其他人支持(4个条目),采用七级评分(从1～7,1="极不同意",7="极同意")。社会支持总分由三个指标的分数相加而成,分数越高,得到的总的社会支持程度越高。

5.《领悟社会支持量表》

由普热西拉罗(M. Procidano)和海勒(K. Heller)于1983年编制,此量表共有20个题目,也有七个题项的简化版。包括两个因素:对家庭和朋友社会支持的领悟。研究表明原始的20个题目和简化的7个题目均能有效测量对社会支持的领悟。

(三)领悟社会支持的研究

1. 领悟社会支持对个体影响作用的研究

许多研究表明,领悟社会支持对个体的心理健康有重要的意义,并表现出对个体心理健康的增益性功能。

领悟社会支持是心理幸福感的重要影响因素。刘霞等人 2007 年对初中留守儿童的研究发现,主观支持对于初中留守儿童的违法、欺骗和违纪行为均具有显著的负向预测作用,即高领悟社会支持的初中留守儿童的违法、欺骗行为和违纪行为会逐渐减少。连伟利的研究发现,留守儿童的领悟社会支持与幸福感之间存在显著正相关,其中朋友和家庭支持对幸福感的影响最大。

良好的领悟社会支持能提高个体对压力的应对能力,促进个体的自尊,并在一定程度上减少焦虑抑郁情绪。有研究发现,领悟社会支持与自我效能感存在显著的正相关,与抑郁水平呈显著负相关。布里斯特(Brissette)等在 2002 年的研究表明,领悟社会支持通过对压力、抑郁的调节,可以提高个体的主观幸福感和心理健康水平。

2. 领悟社会支持的干预性研究

在连伟利的研究中,通过对留守儿童领悟社会支持进行团体心理咨询发现,团体心理咨询有利于留守儿童领悟社会支持与主观幸福感水平的提高。

3. 影响个体领悟社会支持的因素研究

相关研究表明,影响个体领悟社会支持的因素比较多,涉及环境、人际、人格等多个方面。皮尔利(Pieree)等人的研究发现,影响个体社会支持的个人因素包括内外倾、神经质、焦虑水平、控制源、自尊、耐性以及社会交往倾向性等。叶俊杰在 2005 年以 371 名大学生为被试,采用结构方程模型的分析方法,研究了领悟社会支持与个体的幸福感、控制感和压力等的关系。结果显示:个体属性和情境因素都对社会支持有着直接或间接的影响,而且个体属性的影响相对比较重要。领悟社会支持是在个体特征的影响下,个体在持续应对日常生活中的应激事件的过程中形成与发展的。[①]

4. 领悟社会支持的群体研究

领悟社会支持的最初研究对象是针对病患者群体的,研究方向主要是考察病患者的领悟社会支持状况以及相关的影响因素。近五年来,领悟社会支持研究开始朝向更广泛的人群,如学生群体以及教师、法官等各种职业群体

---

① 叶俊杰.大学生领悟社会支持的影响因素研究.心理科学,2005(6):1468-1471.

等。领悟社会支持研究群体的正常化与广泛化说明,领悟社会支持作为重要的影响心理健康的应对资源,如果得到有效的利用,不仅有利于改善健康状况,更有利于提高学生的学业情况以及个体的全面发展的质量。

社会学、心理学等领域关于新生代农民工社会支持的研究比较丰富,然而关于新生代农民工的领悟社会支持的研究并不多。刘礼艳、刘电芝等人结合新生代农民工实际情境,编制了信度效度较好的新生代农民工感知社会支持情境问卷,但目前还没有被广泛使用。

二、研究目标与研究假设

(一)研究目标

考察新生代农民工的社会支持的总体特点,了解不同群体的新生代农民工的社会支持特征,分析这些社会心态对社会支持的影响作用。

本研究对新生代农民工社会支持的考察主要从三方面来进行:新生代农民工对自己当前的生活状况的感知与满意程度,新生代农民工对自己未来生活状况的预期,新生代农民工对当前社会生活与环境的认知。

(二)研究假设

假设一:新生代农民工的社会支持水平与性别、年龄、文化程度、月收入相关。

假设二:新生代农民工对自己当前社会生活状况的感知因素对社会支持具有影响作用。

三、研究方法

(一)研究对象

本研究调查的新生代农民工,均为杭州市下沙经济开发区白杨街道邻里社区的外来务工人员。

（二）研究工具

1.《领悟社会支持量表》(PSSS)；

2.《经济社会地位自评问卷》A 版本。

（三）数据处理

本研究的所有数据均使用 SPSS 18.0 统计软件进行分析。

四、研究结果

（一）新生代农民工社会支持状况

新生代农民工社会支持状况见表 2-1。

表 2-1 新生代农民工社会支持状况

	M	SD
家庭支持	14.73	3.25
朋友支持	14.54	3.18
其他人支持	13.55	3.44
社会支持总分	42.55	8.14

本研究的题目采用五点计分，3 作为中间值代表着"一般、不确定"，大于 3 的值代表个体更倾向于认为自己得到或已经得到了社会支持，小于 3 则代表没有。

从表 2-1 来看，农民工的社会支持总分超过中间值 36，"家庭支持"、"朋友支持"、"其他人支持"这三个维度的分数均超过了中间值 12，表明新生代农民工对自己的社会支持状况持积极肯定的态度。其中，"家庭支持"维度得分最高，"朋友支持"维度的分数次之，"其他人支持"的最低。

（二）新生代农民工的社会支持与年龄、收入的关系

新生代农民工的社会支持与人口学变量存在着一定的相关关系，下面分别加以叙述。

1. 新生代农民工的社会支持与年龄的关系

新生代农民工的社会支持与年龄的关系如表 2-2 所示。

从新生代农民工的不同年龄段来看，领悟社会支持中的"家庭支持"维度的得分有显著差异（$p < 0.05$），其余变量均没有显著差异（$p > 0.05$）。经过 LSD 事后检验分析发现，高年龄段（28～32 岁）和中年龄段（23～27 岁）的新生代农民工的"家庭支持"分数显著高于低年龄段（小于 22 岁）的新生代农民工群体（$p < 0.05$）。从得分趋势来看，年龄越高的新生代农民工，越认同来自家庭的社会支持。

表 2-2　新生代农民工社会支持与年龄的关系

		N	M	SD	df	F	p
家庭支持	高年龄段	33	15.79	3.43			
	中年龄段	108	15.19	3.28	2	4.417	0.013
	低年龄段	224	14.36	3.15			
朋友支持	高年龄段	32	14.16	3.69			
	中年龄段	107	14.89	3.24	2	1.003	0.368
	低年龄段	221	14.43	3.08			
其他人支持	高年龄段	32	13.59	4.27			
	中年龄段	110	13.73	3.37	2	0.229	0.796
	低年龄段	225	13.46	3.36			
社会支持总分	高年龄段	33	43.42	8.98			
	中年龄段	112	43.36	8.34	2	1.213	0.299
	低年龄段	227	42.03	7.90			

2. 新生代农民工的社会支持与月收入的关系

新生代农民工的社会支持与月收入的关系如表 2-3 所示。

表 2-3　新生代农民工社会支持与月收入的关系

		M	SD	F	p
家庭支持	1000 元以下	14.50	3.21		
	1001～2000 元	14.39	3.52		
	2001～3000 元	14.67	3.01	1.395	0.225
	3001～4000 元	15.13	3.55		
	4001～5000 元	15.25	3.28		
	5001 元以上	17.43	2.82		

续表

		M	SD	F	p
朋友支持	1000 元以下	11.83	1.47	2.837	0.016
	1001—2000 元	14.06	3.28		
	2001—3000 元	14.52	3.07		
	3001—4000 元	15.40	3.24		
	4001—5000 元	15.88	3.14		
	5001 元以上	16.67	2.94		
其他人支持	1000 元以下	12.00	3.03	1.210	0.304
	1001—2000 元	13.57	3.62		
	2001—3000 元	13.49	3.28		
	3001—4000 元	13.44	3.64		
	4001—5000 元	14.13	3.68		
	5001 元以上	16.29	2.63		
社会支持总分	1000 元以下	38.33	5.09	1.908	0.092
	1001—2000 元	41.73	8.82		
	2001—3000 元	42.46	7.48		
	3001—4000 元	43.47	8.67		
	4001—5000 元	45.25	9.56		
	5001 元以上	49.57	8.42		

　　从表 2-3 可见,新生代农民工的"朋友支持"水平在不同收入水平上有着显著的差异,其他维度没有显著差异。经过 LSD 事后检验发现,收入水平为 1000 元以下的新生代农民工的"朋友支持"维度得分显著低于 2000 元以上收入水平的新生代农民工。收入为 3001～4000 元的新生代农民工的"朋友支持"得分显著高于收入为 1001～2000 元以上的新生代农民工,且显著低于收入为 5001 元以上的新生代农民工群体。这说明,收入水平对新生代农民工的"朋友支持"有显著影响作用,并结合图 2-1 来看,随着收入水平的增加,新生代农民工的"朋友支持"得分越高。

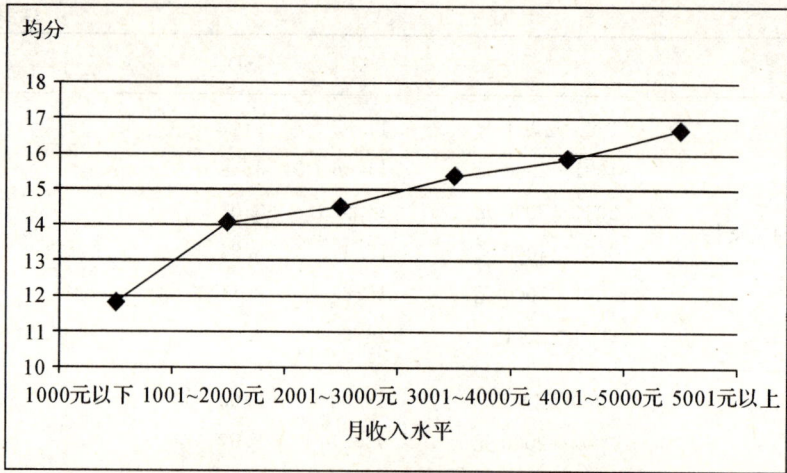

图 2-1　新生代农民工收入水平与"朋友支持"的关系

(二)影响新生代农民工社会支持的因素

通过数据分析,我们发现,影响新生代农民工社会支持的因素主要有下面几个。

1. 地位感

新生代农民工对自己社会地位的评价对其社会支持的影响如表 2-4 所示。

表 2-4　新生代农民工社会支持与地位感的关系

		M	SD	F	p
家庭支持	下层	14.76	3.31	0.776	0.541
	中下层	14.81	3.24		
	中层	15.04	3.00		
	中上层	15.14	3.21		
	上层	12.60	4.67		
朋友支持	下层	14.42	3.02	0.648	0.628
	中下层	14.84	3.01		
	中层	14.53	3.34		
	中上层	14.46	3.48		
	上层	13.00	4.53		

续表

		M	SD	F	p
其他人支持	下层	12.76	3.70		
	中下层	13.82	3.16		
	中层	14.00	3.35	3.580	0.007
	中上层	15.29	2.23		
	上层	11.60	4.83		
社会支持总分	下层	41.70	7.67		
	中下层	43.19	7.94		
	中层	43.39	8.17	1.526	0.194
	中上层	44.43	8.05		
	上层	37.20	12.87		

对自己社会地位评价不同的新生代农民工,在社会支持的"其他人支持"维度的得分有显著差异。从图 2-2 中可以看出,新生代农民工的"其他人支持"随着地位感评价的提高而上升;但是认为自己属于"上层"的新生代农民工的"其他人支持"分数却急剧下降。经事后检验发现,认为自己属于"下层"的新生代农民工在"其他人支持"维度的得分显著低于认为自己属于"中下层"、"中层"和"中上层"的新生代农民工,但显著高于认为自己属于"上层"的新生代农民工。

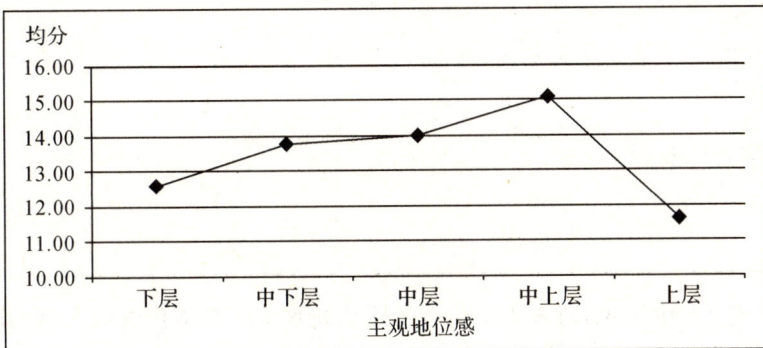

图 2-2 新生代农民工地位感与"其他人支持"关系图

2. 对个人生活的预期

本研究考察了新生代农民工对自己未来 5 年生活的预期与社会支持的关

系,如表 2-5 所示。

表 2-5　不同生活预期的新生代农民工与社会支持的关系

		M	SD	F	p
家庭支持	差很多	14.40	2.27	3.910	0.002
	差一点	12.91	2.66		
	变化不大	12.65	3.24		
	好一点	15.01	2.97		
	好很多	15.14	3.32		
	说不清	15.18	3.16		
朋友支持	差很多	14.00	3.24	3.428	0.005
	差一点	12.90	2.02		
	变化不大	12.58	3.32		
	好一点	14.75	2.85		
	好很多	14.97	3.31		
	说不清	14.52	2.98		
其他人支持	差很多	11.90	3.11	3.841	0.002
	差一点	11.55	2.58		
	变化不大	12.41	3.58		
	好一点	13.96	3.06		
	好很多	14.10	3.50		
	说不清	12.71	3.63		
社会支持总分	差很多	39.70	5.87	4.838	0.000
	差一点	36.82	5.10		
	变化不大	37.56	8.31		
	好一点	43.46	7.17		
	好很多	43.85	8.71		
	说不清	42.38	7.09		

　　从表 2-5 中可见,对未来生活有不同预期水平的新生代农民工,在社会支持总分以及三个维度分数上均有显著差异($p<0.01$)。经过 LSD 事后检验发现,认为自己未来 5 年生活会"差很多"、"差一点"、"变化不大"的新生代农民工,其社会支持分数(三个维度以及总分)均没有显著差异($p>0.05$),而认为自己未来 5 年生活"差很多"、"差一点"的新生代农民工的社会支持分数(三个

维度以及总分)显著低于预期为"好一点"、"好很多"的新生代农民工($p <$ 0.05)。另外,"说不清"自己未来生活状况的新生代农民工,在"家庭支持"维度、"朋友支持"维度和"社会支持"总分上显著高于评价为"差一点"、"变化不大"的新生代农民工;而在"其他人支持"维度上显著低于预期"好一点"的新生代农民工,并且显著高于预期"差一点"的新生代农民工。

我们从不同生活预期的新生代农民工与社会支持三个维度关系图(图2-3)中可以看出,社会支持三个维度分数均呈现S左转90度的图形,且以"变化不大"为拐点。其中,"家庭支持"维度与"朋友支持"维度的均分趋势图形较一致。

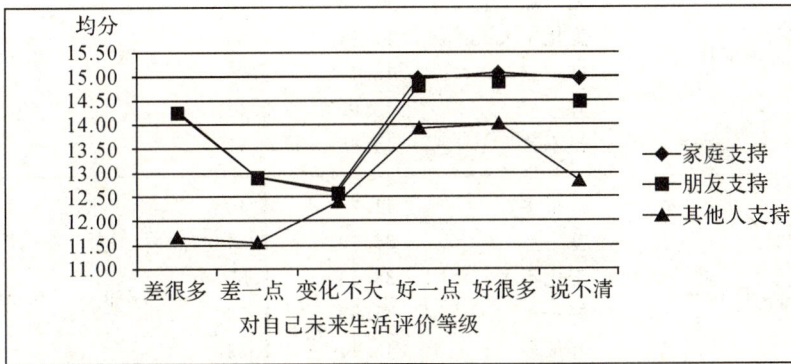

图2-3　不同生活预期的新生代农民工与社会支持三个维度关系

3. 对下一代生活的预期

本研究考察了新生代农民工对自己下一代生活的预期与社会支持的关系,如表2-6所示。

表2-6　新生代农民工对自己下一代生活的预期与社会支持的关系

		M	SD	F	p
家庭支持	差很多	14.58	1.93	5.221	0.000
	差一点	12.60	3.07		
	变化不大	13.76	3.40		
	好一点	14.13	3.15		
	好很多	15.08	3.22		
	说不清	16.09	2.75		

续表

		M	SD	F	p
朋友支持	差很多	14.18	2.79		
	差一点	11.87	3.27		
	变化不大	12.88	3.84	4.845	0.000
	好一点	14.52	3.29		
	好很多	14.69	2.96		
	说不清	15.59	2.85		
其他人支持	差很多	13.00	3.02		
	差一点	12.25	3.19		
	变化不大	11.94	2.86	2.723	0.020
	好一点	13.41	3.29		
	好很多	13.69	3.42		
	说不清	14.65	3.52		
社会支持总分	差很多	41.25	5.40		
	差一点	36.19	7.34		
	变化不大	38.59	7.65	5.879	0.000
	好一点	41.83	7.96		
	好很多	43.24	7.83		
	说不清	45.89	7.79		

从表 2-6 中可见,对下一代生活有不同预期的新生代农民工,在社会支持总分以及三个维度分数上均有显著差异($p<0.01$)。经过 LSD 事后检验发现,认为下一代要比自己生活状况"差很多"、"差一点"、"变化不大"的新生代农民工,其社会支持分数(三个维度以及总分)均没有显著差异($p>0.05$)。

从"家庭支持"、"朋友支持"和"社会支持"总分来看,认为下一代比自己的生活状况"差一点"的新生代农民工在这三方面的得分显著低于评价"好一点"、"好很多"和"说不清"的新生代农民工($p<0.05$)。但是,在"家庭支持"维度上,评价为"差一点"与"好一点"的没有显著差异($p>0.05$)。评价"说不清"的新生代农民工在这三个维度的得分显著高于"差一点"、"变化不大"、"好一点"和"好很多"的新生代农民工($p<0.05$)。

从"朋友支持"维度来看,"说不清"自己下一代未来生活状况的新生代农民工的得分显著高于评价为"差一点"、"变化不大"、"好一点"和"好很多"的新生代农民工,评价为"好一点"的新生代农民工的得分显著高于认为"变化不大"的新生代农民工。

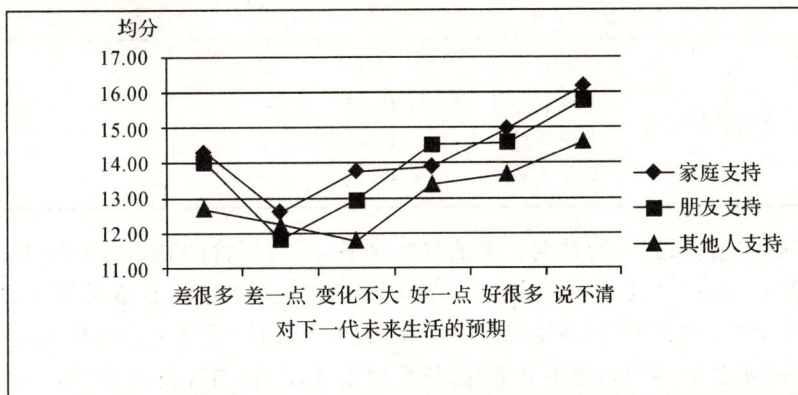

图 2-4　新生代农民工对下一代生活的预期与社会支持关系

从均分趋势图(图 2-4)中可以看出,社会支持三个维度分数均呈现 V 形,其中,"家庭支持"与"朋友支持"的分数以"差一点"的评价为拐点,之后均分呈上升趋势;"其他人支持"的分数以"好一点"为拐点,之后均分呈上升趋势。

4. 公平感

本研究考察了新生代农民工的公平感与社会支持的关系,如表 2-7 所示。

表 2-7　新生代农民工的公平感与社会支持上的关系

		M	SD	F	p
家庭支持	非常不公平	14.62	3.62	0.435	0.728
	比较不公平	14.76	3.16		
	比较公平	15.07	2.97		
	非常公平	14.82	2.79		
朋友支持	非常不公平	13.95	3.27	1.494	0.216
	比较不公平	14.65	2.98		
	比较公平	14.86	3.18		
	非常公平	14.64	3.35		
其他人支持	非常不公平	12.71	3.74	5.136	0.002
	比较不公平	13.27	3.21		
	比较公平	14.36	3.23		
	非常公平	14.09	3.99		

续表

		M	SD	F	p
社会支持总分	非常不公平	40.90	8.08		
	比较不公平	42.45	7.55	2.989	0.031
	比较公平	44.03	8.12		
	非常公平	43.55	8.77		

从新生代农民工对社会公平的判断来看,不同评价的新生代农民工在社会支持总分以及"其他人支持"方面有显著的差异。经过 LSD 事后检验发现,评价社会"比较公平"的新生代农民工在"其他人支持"维度上得分显著高于评价"比较不公平"和"非常不公平"的新生代农民工,但与评价社会"非常公平"的新生代农民工的得分没有显著差异。认为社会"比较公平"的新生代农民工的社会支持的总分显著高于认为"非常不公平"的新生代农民工。

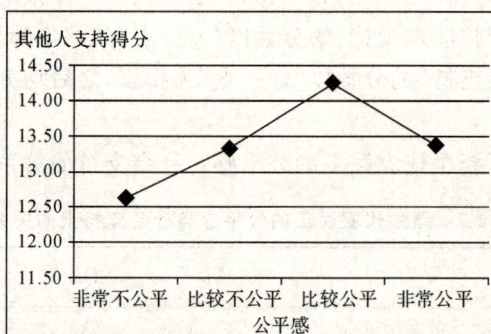

图 2-5　新生代农民工的公平感与"其他人支持"关系

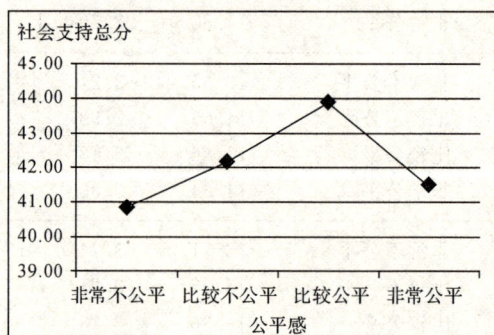

图2-6　新生代农民工的公平感与"社会支持"总分关系

从得分趋势来看,"其他人支持"与"社会支持"总分均呈现倒 V 形。均以"比较公平"为拐点。

5. 新生代农民工印象

(1)对"言语不文明"看法不同的新生代农民工与社会支持的关系

本研究考察了对"言语不文明"看法不同的新生代农民工与社会支持的关系,如表 2-8 所示。

表 2-8　对"言语不文明"看法不同的新生代农民工与社会支持的关系

		N	M	SD	df	F	p
家庭支持	1	34	14.41	2.96	4		
	2	58	14.71	2.67	4		
	3	121	14.53	3.23	4	0.767	0.547
	4	83	14.61	3.85	4		
	5	58	15.36	3.04	4		
朋友支持	1	34	13.74	3.93	4		
	2	60	13.93	2.80	4		
	3	116	14.56	2.99	4	2.626	0.035
	4	83	14.77	3.12	4		
	5	55	15.51	2.92	4		
其他人支持	1	33	12.70	3.02	4		
	2	60	13.10	2.77	4		
	3	119	13.46	3.64	4	1.786	0.131
	4	84	13.75	3.67	4		
	5	59	14.39	3.20	4		
社会支持总分	1	34	40.74	7.62	4		
	2	61	41.39	6.99	4		
	3	122	42.20	8.31	4	2.068	0.085
	4	84	43.08	8.79	4		
	5	59	44.80	7.37	4		

从表 2-8 可以看出,对"言语不文明"看法不同的新生代农民工在"朋友支持"上有着显著差异($p < 0.05$),在其他维度和总分上没有显著差异($p > 0.05$)。随着对"言语不文明"看法否认程度的提高,新生代农民工感知到的"朋友支持"越来越高。

（2）对"观念落后"看法不同的新生代农民工与社会支持的关系

本研究考察了对"言语不文明"看法不同的新生代农民工与社会支持的关系，如表 2-9 所示。

表 2-9　对"观念落后"看法不同的新生代农民工与社会支持的关系

		N	M	SD	df	F	p
家庭支持	1	24	14.58	3.40	4		
	2	41	13.90	3.13	4		
	3	121	14.60	3.20	4	1.825	0.123
	4	112	14.76	3.48	4		
	5	56	15.63	2.62	4		
朋友支持	1	24	14.13	3.54	4		
	2	41	13.34	2.89	4		
	3	121	14.67	3.04	4	2.762	0.028
	4	109	14.67	3.17	4		
	5	55	15.38	2.93	4		
其他人支持	1	23	13.48	3.27	4		
	2	40	12.68	3.08	4		
	3	122	14.00	3.14	4	1.206	0.308
	4	114	13.56	3.53	4		
	5	57	13.44	3.86	4		
社会支持总分	1	24	42.00	7.52	4		
	2	41	39.88	7.33	4		
	3	124	43.02	7.89	4	1.733	0.142
	4	114	42.68	8.42	4		
	5	58	43.97	7.99	4		

从表 2-9 可以看出，对"观念落后"看法不同的新生代农民工在"朋友支持"上存在显著差异（$p < 0.05$），在其他维度和总分上没有显著差异（$p > 0.05$）。随着对"观念落后"看法否认程度的提高，新生代农民工感知到的"朋友支持"越高。

五、研究结论

(一)讨论

1. 新生代农民工社会支持整体状况分析

在社会支持各个维度的得分的先后顺序中,新生代农民工在"家庭支持"维度上的得分最高,这表明新生代农民工即使在外地打工,但仍然觉得来自家庭的支持会更多和更可靠,其次才是来自朋友和其他人的支持。这与国内一些学者的观点有相似之处。李培林认为,以血缘、地缘关系为纽带的亲缘关系网络在农民工社会生活中发挥着重要作用。[①] 虽然新生代农民工与老一代农民工在心理、行为和价值观上已经有了明显的差别,但他们对人际关系的认识或依靠程度依然有着相似之处。

2. 不同年龄新生代农民工社会支持的特点

从新生代农民工的年龄层次来看,年龄较大(23—32岁)的新生代农民工与年龄较小(18—22岁)的新生代农民工相比,更倾向于认为来自家庭方面的社会支持更多。而且随着年龄的增长,这种倾向有所增强。23岁是新生代农民工对家庭支持认识的一个转折点。23岁以下的新生代农民工,他们刚刚踏入城市,对城市生活和工作还处于探索和适应阶段,来自同事或同龄的朋友支持对他们帮助更多。随着年龄的增长,他们面临的问题越来越多,特别是留城意愿较大的群体,他们会面临更多现实的问题,如住房、子女教育、医疗,等等,此时,来自家庭方面的支持就显得更为重要了。

3. 不同收入水平的新生代农民工社会支持特点

不同收入水平的新生代农民工的社会支持差异主要表现在"朋友支持"维度上,新生代农民工的收入水平会影响其对来自朋友的精神与物质支持的期待与评价。并且收入水平越高,这种期待与评价水平越高。根据马斯洛需求层次理论,个体成长发展的内在需要由五种从低到高的需要组成,分别为:生理需要、安全需要、社交需要、尊重需要、自我实现需要。当新生代农民工来到异乡城市后,他们最先需要得到生理需要和安全需要的满足,其次才可能考虑社会交往的需求。因此,对于较低收入水平的新生代农民工来说,只有收入达

---

① 李培林.流动民工的社会网络和社会地位.社会学研究,1996(4):42—52.

到一定水平、满足了基本需求之后，才会对归属与爱的需要产生较高期待。

在本研究中，2000 元的收入水平是新生代农民工开始注重朋友支持的关键点，2001 元以上的收入水平对新生代农民工的"朋友支持"产生显著影响，能够让他们更加重视社会交往，尤其是更加重视自己朋友圈的建立和与朋友的交往。而 3001—4000 元的收入水平与 5000 元以上的收入水平，使新生代农民工更提高了对"朋友支持"的预期。

本研究除了考察收入水平对社会支持的影响之外，还考察了新生代农民工对自己收入水平的主观感觉对社会支持的影响。结果发现，收入水平感觉对社会支持没有显著影响作用。这或可以表明，无论新生代农民工感觉自己在社会中的经济地位如何，他们更关注自己的收入是否能满足自己的物质需要和精神需要。

4. 不同地位感的新生代农民工的社会支持特点

新生代农民工认为自己属于社会哪个阶层并不会影响到自己与家人、朋友之间的关系，然而，除了家人朋友之外的其他人之间的关系就会受到显著的影响。这说明，新生代农民工对自己社会支持系统中的人际关系有一个大致的划分，即将家人与朋友视为"自己人"。因此新生代农民工无论认为自己属于社会的哪个阶层，都不会影响他们对"自己人"的人际关系的期待与判断。

但是，新生代农民工作为城市的"外来人员"，他们比较在意他人对自己的看法，尤其是有人对他们持否定印象的时候，他们的自尊会受到很大的影响。所以，当新生代农民工自认为属于较低的社会阶层时，他们的自尊水平是比较低的，所以也不会对"自己人"的人际关系有更多期待，因此他们的"其他人支持"维度得分比较低。反之，当新生代农民工认为自己的社会地位较高时，相应地也会提高对"其他人支持"的期待和认同。

另外，本研究中的图 2-2 还有一个特殊的现象，自认为属于社会上层的新生代农民工，他们对"其他人支持"的期待反而滑落到最低点。经过进一步的数据筛查发现，这些认为自己处于社会上层的新生代农民工，他们的收入水平均在 3000 元以下，显然他们的经济水平与地位感之间是相矛盾的。对此，我们认为，出现这种情况有两种可能性：一是新生代农民工自我保护的心理防御机制，他们不愿认可自己的现状；二是与他们比较的对象有关，他们与自己在农村的境遇相比，自认为现状已经得到很大的改善，反而更加认可自己的现状，不免夸大自己的社会地位。当然这种特殊情况只属于个别新生代农民工，并不能代表新生代农民工群体的心理特点。

5. 不同个人预期对新生代农民工社会支持的影响

新生代农民工对自己未来五年生活的预期在其社会支持中有复杂的影响作用。

第一，从"家人支持"和"朋友支持"两个维度来看，认为自己未来5年生活变化不大的新生代农民工，他们对来自家庭和朋友支持的期待和评价是最低的。这可能是因为他们对现实的生活没有太多期望，没有更大的奋斗动力，因此对家人和朋友支持的期待和评价不高。对未来预期更差或更好的新生代农民工，他们更需要或者更期待家人和朋友的帮助，帮助他们摆脱生活困境或让生活过得更好。而对未来持"说不清楚"的态度的新生代农民工内心比较迷茫，更加需要从社会支持中汲取力量来为生活奋斗。因此其社会支持的得分相对比认为"变化不大"的新生代农民工的更高。总体来说，对自己未来五年生活预期评价积极的新生代农民工，其家人和朋友的社会支持得分，均要高于对未来预期评价消极的新生代农民工。这可能是由于对未来预期比较悲观的新生代农民工，内心更自卑一些，因此与朋友和家人的互动会相对欠缺一些，导致社会支持得分稍低一些。

第二，从其他人社会支持维度来看，除了对自己未来五年生活状况"说不清"的新生代农民工之外，新生代农民工对自己未来五年的预期越好，"其他人支持"得分越高（认为"差很多"与"差一点"的新生代农民工的"其他人支持"没有显著差异）。前面提到，新生代农民工的主要人际关系集中在"自己人"上，而对"非自己人"的"其他人支持"并没有更高的期待或认可。因此，只有当他们对未来预期积极时，才会以开放的心态与其他人进行沟通和互动，才能够从"其他人支持"中得到更多的帮助。

6. 对下一代预期对新生代农民工社会支持的影响

本研究表明，新生代农民工认为自己下一代生活比自己好的，对自己社会支持期待和评价都要相对高一些。总体来说，对自己下一代生活预期积极的新生代农民工，其社会支持要高于对自己下一代生活预期悲观的新生代农民工。

相对于老一代农民工，新生代农民工对城市有着更多的憧憬，他们不仅希望自己能够融入城市生活，在城市中实现自己的价值，也希望自己扎根于城市，为自己下一代的生存和发展提供更广阔的平台。当新生代农民工对自己下一代的生活有信心时，无论自己当前在城市中的境遇如何，他们都相信社会发展一定是越来越好的，并且努力为自己的下一代能在城市中有更好的生活条件和教育环境创造更多的可能性，因此会有意无意地与更多的人交往，从中得到并能够感受到来自家人、朋友,尤其是其他人的支持与帮助。

7. 公平感对新生代农民工社会支持的影响

新生代农民工认为自己所处的社会越公平,他们对"其他人支持"的期待或认可就越多。这是因为,如果社会是比较公平的话,他们在城市中的奋斗就不需要过分依赖家人或朋友,他们相信自己的积极努力,终会得到理想的回报。在公平竞争环境中,新生代农民工自然会更接受其他人的社会支持。我们看到,对家人和朋友的社会支持的期待与认可程度没有受到公平感的影响,这些社会支持始终是新生代农民工在城市打拼的坚实后盾。

8. 新生代农民工负面印象对新生代农民工社会支持的影响

(1)语言不文明

新生代农民工越是认为自己在城市中的形象是语言文明的,而不像某些城里人给他们贴的负面标签那样,他们感知到的"朋友支持"就会越多。这是因为,在城市中,新生代农民工除了与工作单位的同事交往之外,交往最多的就是他们的朋友。新生代农民工认为自己的语言是文明的,他们在城市中与朋友的交往就会顺畅,对社会支持的感受与评价就比较高。相反,如果认为自己的语言不文明,与朋友交流就没有底气,不利于他们与朋友之间的沟通,感受到的帮助和社会支持就会降低。

(2)观念落后

新生代农民工越是否认自己观念落后,他们对来自朋友的社会支持就越高。新生代农民工与老一代农民工最大的区别,就在于个人观念的差别,他们大都渴望融入城市,渴望改变自己的农民工身份,消费方式也比较前卫。在这样的背景下,如果新生代农民工认为自己的观念比较过时,往往会形成自卑心理,融入不到朋友的圈子中,使"边缘人"的境遇更加明显,影响与朋友的沟通与交流。因此,他们在感受朋友的社会支持上会相对低一些。

(二)结论

新生代农民工社会支持总体超过中等水平,其中对"家庭支持"的感知和期待水平最高,其次为"朋友支持"和"其他人支持"。

23岁以下的新生代农民工,对"家庭支持"的感知程度显著低于23岁以上的新生代农民工。

新生代农民工收入水平越高,来自朋友的社会支持越高。

新生代农民工对自己的社会地位的评价总体不高,大部分认为自己处于社会中下层水平。他们对自己的社会地位评价越高,对来自其他人的社会支持的期待就越高。

新生代农民工对自己和下一代生活的预期是否乐观影响社会支持水平。总体来说,对未来预期越乐观,其社会支持的水平越高。

新生代农民工对社会公平的评价,对社会支持的认同和期待有显著影响。认为社会比较公平的新生代农民工,其社会支持水平比较高。

新生代农民工对社会关于他们的负面印象的认同程度普遍较低,这种认同对他们的社会支持产生影响,其中,"言语不文明"和"观念落后"的负面印象,对他们的社会支持有显著的影响作用。新生代农民工认同这些负面印象的程度越低,其社会支持分数越高。

参考文献

[1] 李培林.中国进城农民工的经济社会分析.北京:社会科学文献出版社,2003:256-257.

[2] [西]华金·阿朗戈主编.移民研究的评析.黄为蔚,译.国际社会科学杂志(中文版),2011(25):35-48.

[3] 李强.社会支持与个体心理健康.天津社会科学,1998(1):67.

[4] 毅杰,童星.流动农民社会支持网探析.社会学研究,2004(2):42-48.

[5] 叶俊杰.大学生领悟社会支持的影响因素研究.心理科学,2005(6):1468-1471.

[6] 刘礼艳,刘电芝,任璐,疏德明,胡美娟,王金生.农民工社会支持感知概念的提出及其情境问卷的编制.中国临床心理学杂志,2011(5):615-618.

[7] 武燕,疏德明,刘电芝.农民工感知社会支持与宜人性外向性关系.苏州科技学院学报(社会科学版),2012(2):74-78.

[8] 李培林.流动民工的社会网络和社会地位.社会学研究,1996(4):42-52.

[9] 朱春雷.多元化与非均衡性:"内陆型"农民工的社会支持——以武汉市农民工为分析个案.新疆社科论坛,2007(3):39-43.

[10] 姜乾金.领悟社会支持量表.中国行为医学科学,2001(10):41-43.

[11] 刘霞,范兴华,申继亮.初中留守儿童社会支持与问题行为的关系.心理发展与教育,2007(3):98-102.

[12] 连利伟.留守初中生领悟社会支持与主观幸福感的关系研究.西南大学硕士学位论文,2009.

[13] Zimet G. D., Dahlem N. W., Zimet S. G., et al. The Multidi-

mensional Scale of Perceived Social Support [J]. *Journal of Personality Assessment*，1988，52：30-41.

[14] Bishop G. D. *Health Psychology-integrating Mind and Body*. Allyn and Bacon，1994：170-173.

[15] Barrera M. Distinctions between Social Support Concepts Measures and Models. *American Journal of Community Psychology*，1986，14：413-445.

[16] Dunkel-Schetter C. ，Bennett TL. Differentiating the Cognitive and behavioral aspects of social support. In Sarason IG，Sarason BR，Pierce GR. *Social Support：An interactional view*. Wiley，1990：267-296.

[17] Norris，F. H. ，Kaniasty，K. Received and Perceived Social Support in Times of Stress：A test of the social support deterioration deterrence model. *Journal of Personality and Social Psychology*，1996，71：498-511.

[18] Pierece，GR. ，Lakey，B. ，Sarason，I. G. ，Sarason，B. R. ，JosePh，H. J. Personality and Social Support Processes：A conceptual overview[M]. *Sourcebook of Social Support and Personality*. Plenum Press，1997，7：238-239.

新生代农民工公私观研究^①

我国传统道德一直提倡公而不私、立公去私、崇公抑私、大公无私。这些道德观念激励了一代又一代的仁人志士,为了国家和人民的利益,不惜牺牲个人的利益甚至生命。但是,我们还可以看到,一些掌握公权的人利用手中的权力谋取个人私利,损公肥私。从社会管理的视角来看,正确地认识公与私的关系,建立正确的公私观是国家稳定、社会发展的重要基础。

公私观是人们对公与私关系的看法和态度。不同社会制度、不同阶级的人有着不同的公私观。^② 公与私通常有三种相互对应的含义。一是指经济领域中的所有制概念:公是指公共所有,私是指私人所有;二是指经济领域中的物质利益概念:公是指社会的、集体的公共利益,私是指个人利益,即个人的物质利益;三是指社会意识形态领域中的道德概念:公是指"为公"的思想和行为,"私"是指自私自利的思想和行为。^③ 本文侧重对第三种含义即道德概念的研究,对新生代农民工如何看待公与私的关系以及如何处理公私利益进行调查。

① 本调研报告参考了高文珺博士的有关研究,感谢高文珺博士的诚挚支持。
② 朱贻庭.伦理学大辞典.上海:上海辞书出版社,2002:62.
③ 杜金亮.对公私观的理性思考.石油大学学报(社会科学版),1992(3):41-44.

一、研究目标与研究假设

（一）研究目标

了解杭州市新生代农民工的公私观现状，探讨新生代农民工公私观的群体特征，分析其行为背后的原因。

（二）研究假设

假设一：新生代农民工的公私观基本符合社会主流价值观。
假设二：新生代农民工的社会参与积极性较高。
假设三：人口学变量对新生代农民工的公私观影响不大。
假设四：新生代农民工与青年市民的公私观存在差异。

二、研究方法

（一）研究对象

本研究调查的新生代农民工，均为杭州市下沙经济开发区白杨街道邻里社区的外来务工人员。

本研究调查的青年市民为杭州市上城区湖滨街道东坡路社区、岳王路社区、吴山路社区、涌金门社区、青年路社区的居民。

（二）研究工具

1.《公私观调查问卷》；
2.《社会参与调查问卷》。

（三）数据处理

本研究的所有数据均使用 SPSS 18.0 统计软件进行分析。

三、研究结果

（一）新生代农民工公私观的现状

1. 新生代农民工公私观问卷的得分情况

新生代农民工在公私观因子上得分及总分情况如表 3-1 所示。

表 3-1　杭州市新生代农民工公私观因子得分情况

因子	N	Min	Max	M	SD
公私不分	301	1.00	5.00	3.58	0.78
权衡公私	301	1.00	5.00	2.95	0.93
明哲保身	301	1.00	5.00	3.17	0.82
为公忘私	301	1.00	5.00	3.33	0.66
公私观总分	302	2.00	4.47	3.33	0.42

表 3-1 显示，新生代农民工的公私观在总体上较为积极，公私观四个因子得分除了"权衡公私"因子较低之外，其他因子得分都高于 3 分，"公私不分"因子平均得分达到了 3.58 分。

下面是被调查者对《公私观调查问卷》的回答情况，包括选择各选项的人数和比例。通过百分比分析，我们可以看出多数新生代农民工在公私观问题上的看法。

（1）"公私不分"因子调查分析

"公私不分"因子有 4 道题目，下面是我们对被调查者回答每道题目的分析。

如图 3-1 所示，对于"只要不违反大原则，在公务中做点私事也无妨"一题，被调查者中 36.7% 的人认为"非常符合"，25.7% 的人认为"有点符合"，5.7% 的人认为"很不符合"，25.7% 的人没有表明自己的态度。可见大多数人（超过 50%）认可不违反大原则的情况下适当做点私事的做法。

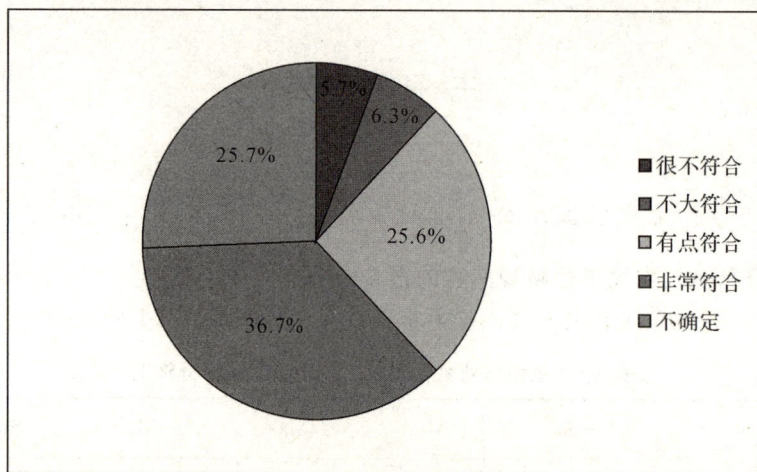

图 3-1 "只要不违反大原则，在公务中做点私事也无妨"答题情况

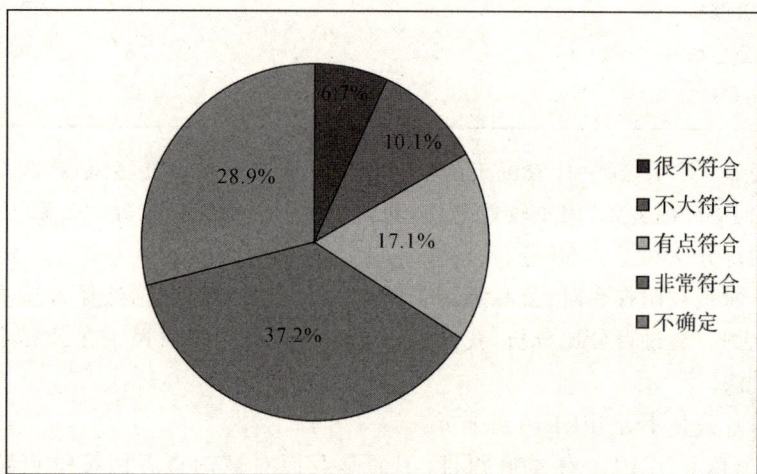

图 3-2 "只要有熟人，合同就那么回事儿"答题情况

图 3-2 显示，37.2％的人表示"非常符合"，17.1％的人认为"有点符合"，持完全反对态度的人仅占 6.7％，认为"不大符合"的人占 10.1％，28.9％的人选择"不确定"。

图 3-3 显示，认为"完全公事公办的人有点不近人情"是"非常符合"的人占 32.1％，31.7％的人认为"有点符合"，14.0％的人选择"不确定"，认为"不大符合"的人占 14.0％，而只有 8.2％的人完全反对这样的说法。大多数人

（超过 60％）认为完全公事公办是有点不近人情的。

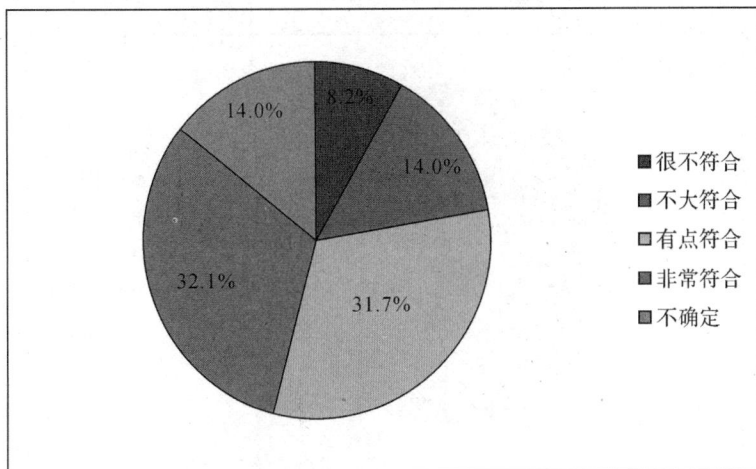

图 3-3　"完全公事公办的人有点不近人情"答题情况

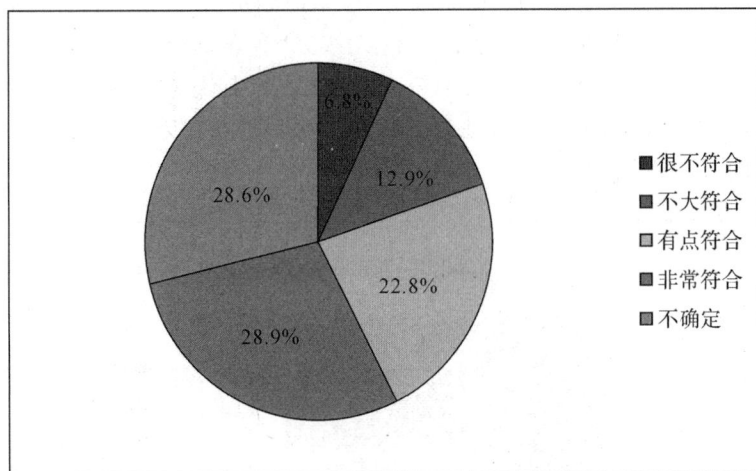

图 3-4　"合同都是装样子,只要有关系什么都好商量"答题情况

图 3-4 显示,对于"合同都是装样子,只要有关系什么都好商量",28.9%
的人认为"非常符合",22.8%的人认为"有点符合",认为"很不符合"的人只占
6.8%,12.9%的人认为"不大符合",28.6%的人选择了"不确定"。总体来看,
持赞成态度的人比例仍然占多数。

（2）"为公忘私"因子调查分析

"为公忘私"因子有 5 道题目,下面是我们对被调查者回答每道题目的分析。

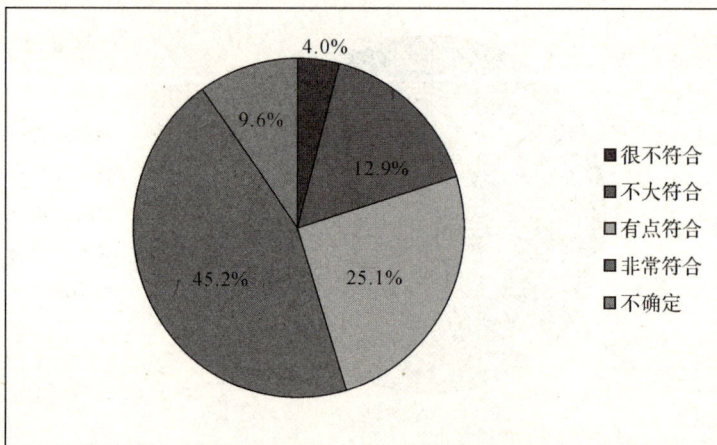

图 3-5 "公事是公事,私事是私事,两者应划分界限"答题情况

如图 3-5 所示,48.1％的人认为"公与私应划分界限"是"非常符合"的,27.1％的人认为"有点符合",25.1％的人认为"有点符合",16.1％的人认为"不大符合",4.0％的人认为"很不符合",9.6％的人认为"不确定"。可以看出,大多数人(超过 70％)对清楚划分公私界限是持赞同态度的,完全反对公私分清的人不到 5％。

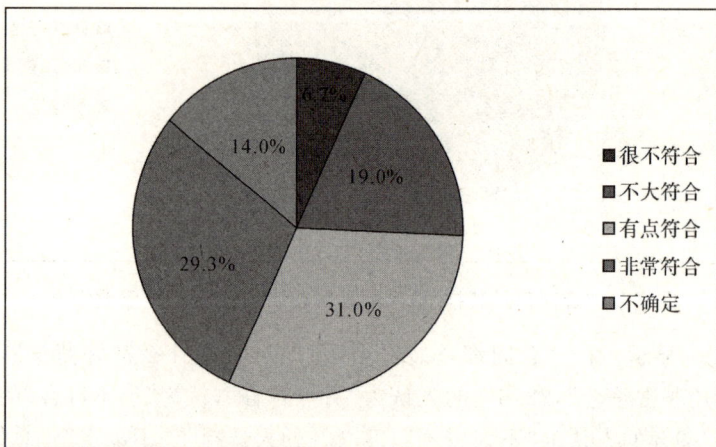

图 3-6 "祖国给了我最重要的东西,我愿意为她付出一切"答题情况

如图 3-6 所示,近 29.3% 的人完全赞同"祖国给了我最重要的东西,我愿意为她付出一切"这一说法,31.0% 的人表示"有点符合",19.0% 的人认为"不大符合",仅有 6.7% 的人认为"很不符合",14.0% 的人选择了"不确定"。可以看出,多数人(超过 60%)对祖国持有积极正向的看法,愿意为国家做出牺牲。

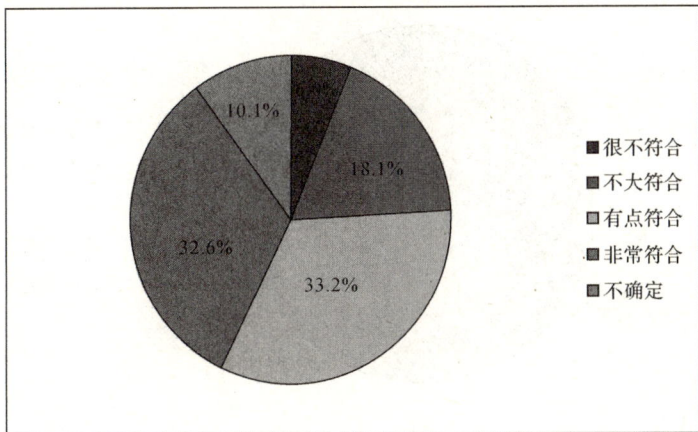

图 3-7 "在国家利益面前,个人利益再大也是小的"答题情况

如图 3-7 所示,32.6% 的人认为"在国家利益面前,个人利益再大也是小的""非常符合",33.2% 的人认为"有点符合",仅有 6.0% 的认为"很不符合",认为"不大符合"的占到了 10.1%,18.1% 的人认为"不确定",多数人(超过 65%)都赞成国家利益大于个人利益。

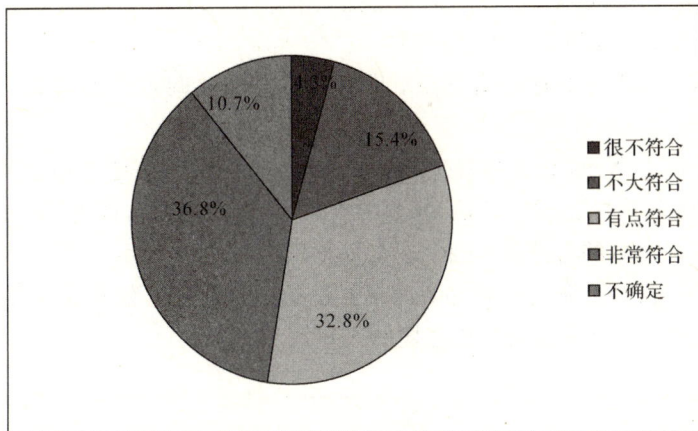

图 3-8 "舍小家为大家的人值得敬佩"答题情况

　　如图 3-8 所示,54.6％的人完全同意"舍小家为大家的人值得敬佩",27.0％的人认为有点符合,选择"不确定"的占到了 8.8％,6.9％的人认为不大符合,2.7％的人认为"很不符合"。

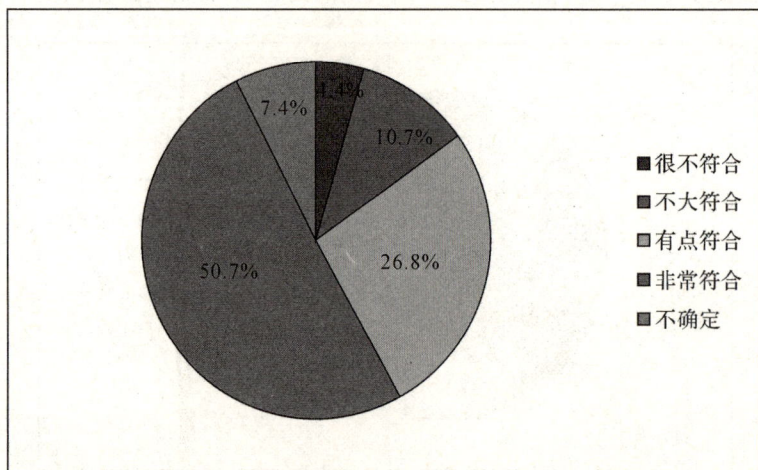

图 3-9　"只要是国家的事情,个人都应该义不容辞"答题情况

　　如图 3-9 所示,50.7％的人认为"只要是国家的事情,个人都应该义不容辞"是"非常符合"的,26.8％的人认为"有点符合",10.7％的人认为"不大符合",7.4％的人认为"不确定",4.4％的人认为"很不符合",可见大多数人对国家的感情是非常积极正向的,对题目中观点持赞同态度的人占 77.5％,足见新生代农民工对祖国的责任感是非常强烈的。

　　(3)"权衡公私"因子调查分析

　　"权衡公私"因子有 5 道题目,下面是我们对被调查者回答每道题目的分析。

　　如图 3-10 所示,对题目"公事与私事冲突,不见得总是应该公事优先",19.1％的人认为"完全符合",40.6％的人认为"有点符合",认为"不大符合"的占 21.1％,6.4％的人选择"不确定",12.8％的人认为"很不符合"。多数的人(超过 50％)认为公事与私事冲突时不必总是公事优先。值得注意的是,事实上真正对这一观点持完全赞成态度的人只占 19.1％。

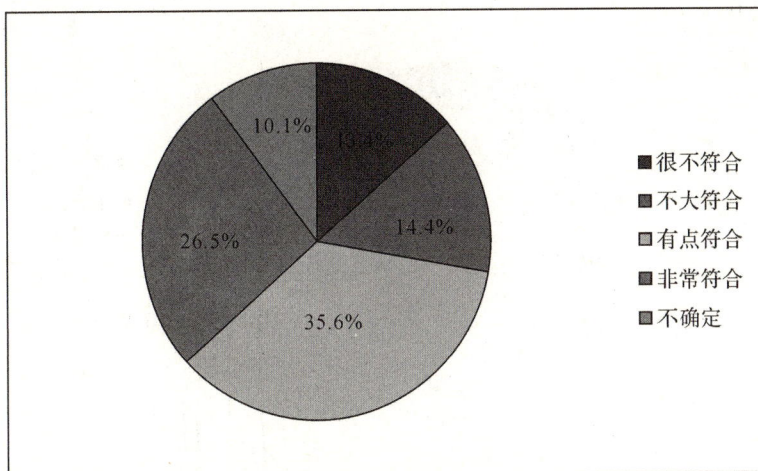

图 3-10　"公事与私事冲突，不见得总是应该公事优先"答题情况

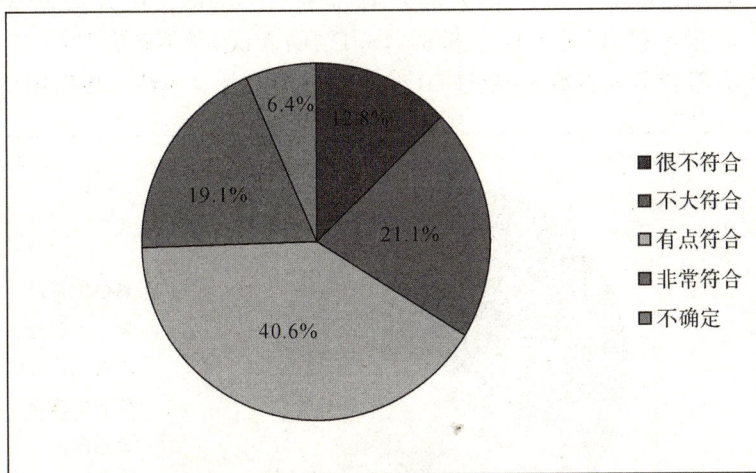

图 3-11　"没必要总是为了公事而不顾个人利益"答题情况

如图 3-11 所示，完全赞同"没必要总是为了公事而不顾个人利益"这一说法的人占 26.5%，而认为"有点符合"的占 35.6%，认为"很不符合"的人占 13.4%，认为"不大符合"的人占 14.4%，多数人对这一说法给出了赞同的态度

（4）"明哲保身"因子调查分析

"明哲保身"因子有 3 道题目，下面是我们对被调查者回答每道题目的分析。

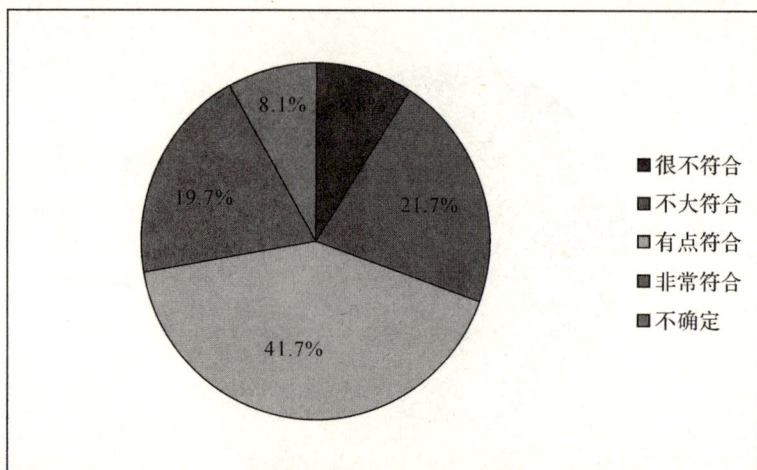

图 3-12　"在公共场合，多管闲事会惹麻烦"答题情况

如图 3-12 所示，19.7％的人认为"非常符合"，41.7％的人认为"有点符合"，表示"很不符合"的人仅占 8.8％，8.1％的人认为"不确定"，21.7％的人认为"不大符合"，大多数人（超过 60％）认为在公共场合不应该多管闲事。

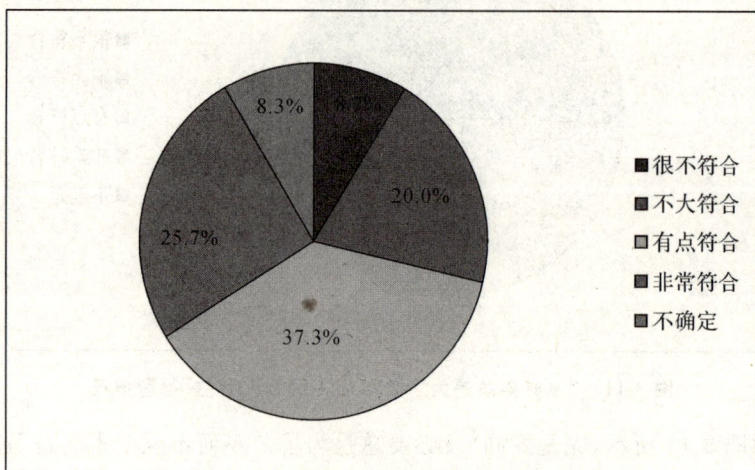

图 3-13　"不论什么情况下，保全自身最重要"答题情况

如图 3-13 所示，有 25.7％的人认为"非常符合"，37.3％的人认为"有点符合"，只有 8.7％的人非常反对此观点，认为不大符合的人占 20.0％，8.3％的人认为不确定，多数人（超过 60％）是赞成"不论什么情况下，保全自身最重要"这一观点的。

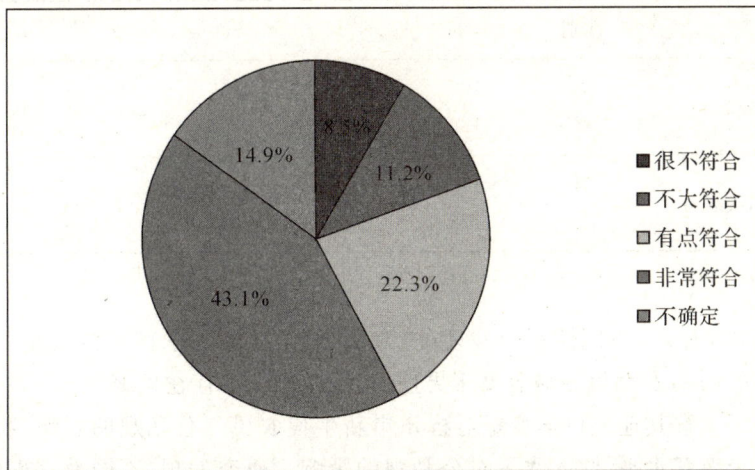

图 3-14　"在国家利益面前,个人利益再大也是小的"答题情况

　　如图 3-14 所示,43.1%的人认为"非常符合",22.4%认为"有点符合",8.5%的人认为"很不符合",认为"不确定"的占到了 14.9%,有 11.2%的人认为"不大符合",多数(超过 60%)的人认为国家利益要重于个人利益,而持完全赞成态度的人占到了 43.1%,国家利益高于个人利益的观点已经深入人心。

2. 性别与新生代农民工公私观的关系

　　在当前我国,性别对就业、工资待遇有很大影响,这种影响也许会对新生代农民工的公私观产生影响。因此,我们进行了性别与公私观各因子及总分的独立样本 t 检验,结果如表 3-3 所示。

表 3-3　不同性别的人公私观的差异检验

	性别	N	M	SD	t	p
公私不分	男	198	3.54	0.82	−0.38	0.705
	女	187	3.57	0.81		
权衡公私	男	203	3.03	0.92	1.59	0.113
	女	190	2.89	0.92		
明哲保身	男	195	3.19	0.84	0.91	0.361
	女	192	3.11	0.85		

续表

	性别	N	M	SD	t	p
为公忘私	男	199	3.26	0.67	$-2.89**$	0.004
	女	188	3.45	0.66		
公私观总分	男	182	3.29	0.44	-1.23	0.219
	女	172	3.35	0.43		

注：$* P<0.05$；$** P<0.01$；$*** P<0.001$。

表 3-3 显示，不同性别的人只在"为公忘私"这一因子存在极其显著的差异（$p<0.01$），女性得分显著高于男性；其他因子均不存在显著差异。

为了了解其他人口学变量对杭州市新生代农民工公私观的影响，我们还分析了受教育水平、收入水平对公私观的影响。研究发现，不同教育程度、收入水平的人公私观不存在显著差异，说明这两个因素对新生代农民工公私观的影响不大。

3. 身份对公私观的影响

为了探讨身份对新生代农民工公私观的影响，我们将杭州市青年市民与新生代农民工进行了对比，考察身份对公私观是否有影响，研究结果如表 3-4 所示。

表 3-4　新生代农民工与杭州市老市民公私观的差异检验

	人群	N	M	SD	t	p
公私不分	新生代农民工	284	3.58	0.78	1.01	0.313
	青年市民	110	3.49	0.87		
权衡公私	新生代农民工	295	2.95	0.93	-0.66	0.512
	青年市民	110	3.01	0.91		
明哲保身	新生代农民工	289	3.17	0.82	0.22	0.827
	青年市民	110	3.15	0.91		
为公忘私	新生代农民工	292	3.33	0.66	-0.57	0.573
	青年市民	106	3.38	0.72		
公私观总分	新生代农民工	257	3.33	0.42	0.26	0.793
	青年市民	105	3.31	0.47		

表 3-4 显示,新生代农民工与杭州市青年市民相比,两个群体的公私观各因子及总分均不存在显著差异,说明身份对公私观影响不大。

(二)新生代农民工的社会参与状况

新生代农民工的社会参与状况可以作为公私观的一个行为指标,反映被调查人的公私观水平。

1. 新生代农民工的社会参与状况

新生代农民工回答社会参与状况题目的情况如图 3-15、图 3-16、图 3-17、图 3-18 和图 3-19 所示。

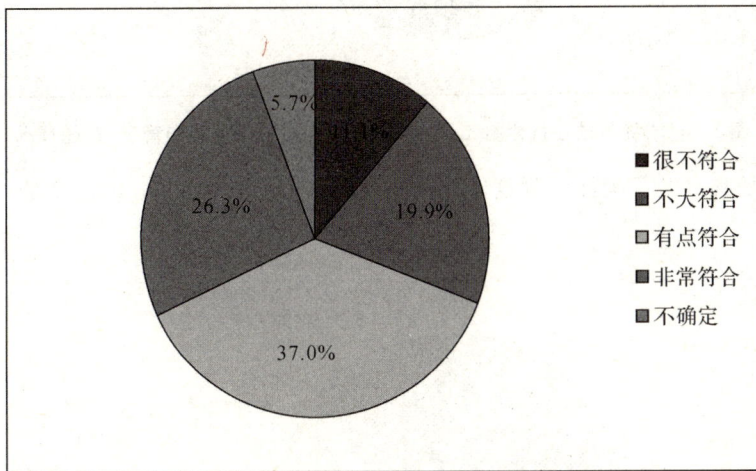

图 3-15 "我喜欢参加杭州电视台或报刊组织的一些了解杭州的活动"答题情况

如图 3-15 所示,26.3%的人对"喜欢参加电视台或报刊组织的一些了解杭州的活动"表示"非常符合",37.0%的人认为"有点符合",19.9%的人认为"不大符合",11.1%的人认为"很不符合",认为"不确定"的人占 5.7%,大多数人乐于参加一些了解杭州的活动。

如图 3-16 所示,47.7%的人对"我不过在杭州打工,没必要过多关注城市发展和管理"选择"非常符合",21.1%的人认为"有点符合",10.4%的人认为"不大符合",而认为"很不符合"与"不确定"的人分别为 4.7%与 16.1%,可见多数新生代农民工对自己"打工者"的身份较认同。他们赞同"没有必要过多关注城市发展和管理",说明新生代农民工处于城市边缘的地位并未改变。值得注意的是,本题目选择"非常符合"的新生代农民工,并不是反对关注城市发

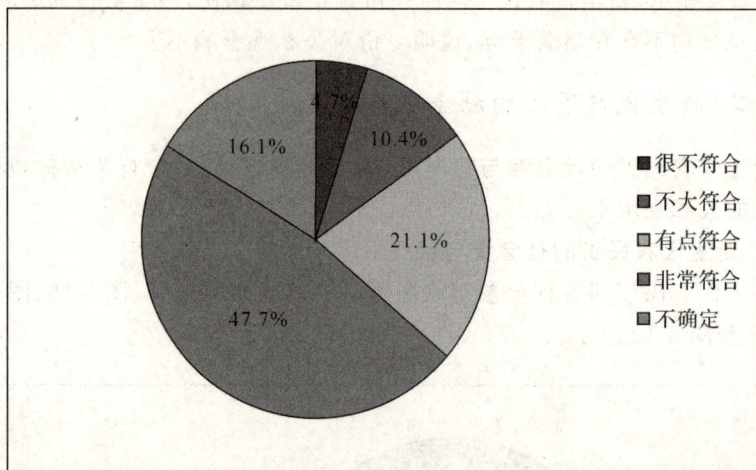

图 3-16 "我不过在杭州打工，没必要过多关注城市发展和管理"答题情况

展，而是其对城市关注的程度较低而已，他们反对的是"过多关注"而非"关注"本身。

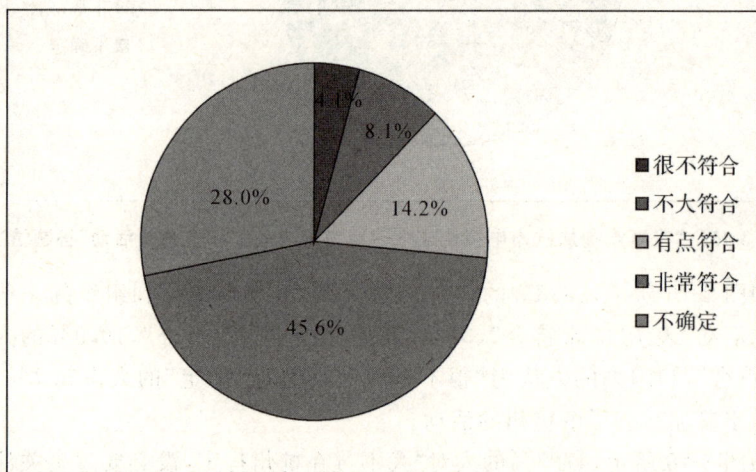

图 3-17 "我遵守社会的各种规范和要求，因为这是公民的基本素质"答题情况

如图 3-17 所示，新生代农民工对公民要遵守社会规范的认同率较高，其中 45.6% 的人认为"非常符合"，14.2% 的人认为"有点符合"，8.1% 的人认为"不大符合"，28.0% 的人认为"不确定"，认为"很不符合"的人占 4.1%。可见，多数人赞成遵守社会规范，对自身的公民身份认同度较高，但是选择不确定的人人数也占很大比例,这一现象值得关注。

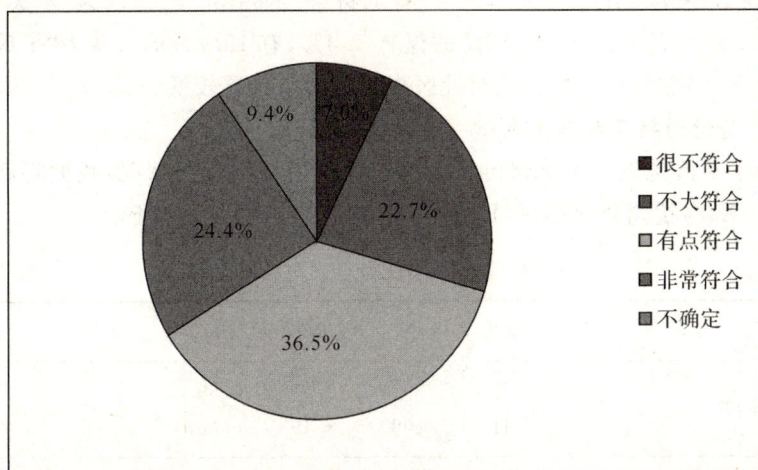

图 3-18 "我遇到城市中的问题,会积极给市政府提建议"答题情况

如图 3-18 所示,认为"有点符合"的人为 36.5%,认为"非常符合"的人为 24.4%,可见多数人对这一观点是持肯定态度的。认为"不太符合"的人占 22.7%,7.0%的人认为"很不符合",9.4%的人认为"不确定",说明多数人表示愿意给政府提出建议以解决城市中出现的问题。

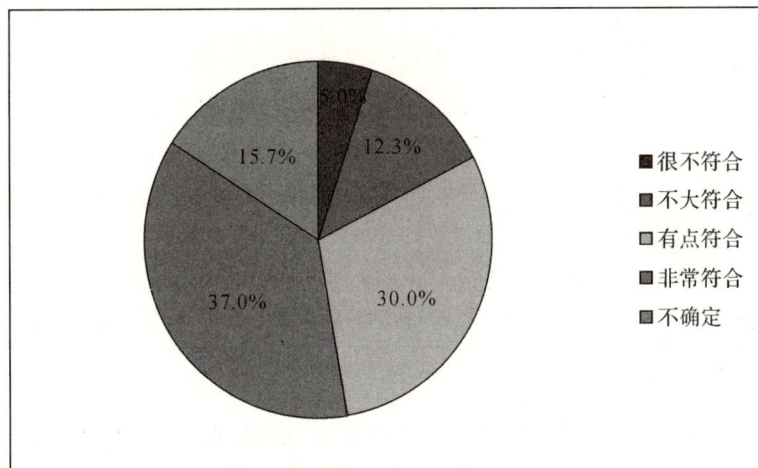

图 3-19 "社区里的事情有人管,我不必操心"答题情况

如图 3-19 所示,新生代农民工对"社区里的事情有人管,我不必操心"持"非常符合"看法的占 37.0%,认为"有点符合"的占 30.0%,认为"不大符合"的占 12.3%,而认为"很不符合"的仅有 5.0%,有 15.7%的人认为"不确定"。可以看出,多数新生代农民工对社区事务的参与意愿较低。

2. 身份对社会参与的影响

为了更清楚地了解杭州市新生代农民工的社会参与情况,我们将新生代农民工(X)与杭州青年市民(H)进行了对比,结果如表 3-5 所示。

表 3-5　不同群体人社会参与状况比较

变量	身份	N	M	SD	t	p
社会参与	X	291	3.39	0.59	−1.51	0.131
	H	108	3.49	0.66		
我喜欢参加杭州电视台或报刊组织的一些了解杭州的活动	X	297	2.96	1.066	−4.00***	0.000
	H	108	3.44	1.061		
我不过是杭州的小人物/在杭州打工,没必要过多关注城市发展和管理	X	298	3.60	1.027	0.83	0.410
	H	109	3.50	1.077		
我遵守社会的各种规范和要求,因为这是公民的基本素质	X	296	3.85	1.046	−2.15*	0.032
	H	109	4.10	.952		
我遇到城市中的问题,会积极给市政府提建议	X	299	3.06	1.062	−1.08	0.283
	H	110	3.20	1.164		
社区里的事情有人管,我不必操心	X	300	3.46	1.055	2.05*	0.041
	H	110	3.22	1.070		

注:* $p<0.05$;** $p<0.01$;*** $p<0.001$。

如表 3-5 所示,新生代农民工的社会参与状况较好,五个方面的得分从高到低依次为遵守社会规范、关注杭州市发展与管理、参与社区事务、向政府献计献策、参加媒体组织的了解杭州的活动。新生代农民工在遵守社会规范上得分较高,表明他们规则意识较强,赞同遵守规则是公民的基本素质。将新生代农民工与杭州青年市民进行比较,新生代农民工与青年市民的社会参与总分不存在显著差异,但是在社会参与的部分题目上存在显著差异。如,在参加了解杭州的活动、遵守社会规范、参与社区事情上,新生代农民工与杭州青年市民之间存在显著差异。其中,在参加了解杭州的活动方面,青年市民的得分显著高于新生代农民工($p<0.001$),表明杭州青年市民更愿意参与一些了解杭州的活动。在遵守社会规范方面,青年市民得分显著高于新生代农民工($p<0.05$),表明青年市民更乐于遵守社会的各种规范。在社区事情参与方面,新生代农民工的得分显著高于青年市民($p<0.05$),表明新生代农民工对社区的事情更积极一些。

四、研究结论

(一)讨论

1. 新生代农民工的公私观

杭州新生代农民工的公私观呈现出多面性,有的甚至呈现出彼此矛盾的倾向。多数人对关系、熟人、人情等表示认同或者部分认同,倾向于"公私兼顾"。在"为公忘私"因子上,多数人赞同"公私应该划分界限"、"国家利益至上"、"舍小家为大家的人值得敬佩"、"愿意为祖国做出牺牲",这与社会的道德观念相一致,多数人的反应是积极的,对国家的感情是正向的。在"明哲保身"因子上,多数人赞成"多管闲事会惹麻烦"和"不论什么情况下,保全自身最重要"。可以看出,新生代农民工在公私观上态度暧昧、矛盾,既主张没必要总是为了公事而不顾个人利益,又支持公私应该划分界限;既赞成公事公办,同时又觉得完全公事公办缺少人情味儿;既认同舍己为人,又主张遇事保全自身最重要。

通过对社会参与状况的考察,可以看出杭州市新生代农民工的社会参与状况总体较好,但是其社会参与积极性比杭州青年市民稍低。而在参与社区事务上,新生代农民工则表现得更积极一些。在参加了解杭州的活动方面,青年市民得分更高的原因,可能是他们的家园归属感更强一些,通过关注或参加了解杭州的活动来表达对家乡的热爱。

2. 中国人的公私观文化

我国自古以来就是一个人治大于法治的社会,受古代宗法制度和"熟人社会"等因素的影响,我国社会成为一个典型的人情社会,所谓人情社会是与法治社会相对立的概念,主要是指由人与人之间的关系而构成的一定利益集团的社会关系。① 由人情维系起来的各种社会关系,是中国社会文化的重要特征。费孝通先生曾对中国传统社会结构做过分析,他认为中国传统社会结构是一种"差序格局",与西方国家"团体格局"不同。为了更形象说明二者的差异,他打了个比方,西方社会以个人为本位,人与人之间的关系,好像是一捆柴,几根成一把,几把成一扎,几扎成一捆,条理清楚,成团体状态。中国乡土社会以宗法群体为本位,人与人之间的关系,是以亲属关系为主轴的网络关系,是一种差序格局。在差序格局下,每个人都以自己为中心结成网络。这就像把一块石头扔到湖水里,以这个石头(个人)为中心点,在四周形成一圈一圈的波纹,波纹的远近可以标示社会关系的亲疏。② 在这种社会中,人际关系靠人情来维系,普遍的道德和法律标准常常不发挥作用,人们会因为别人与自己关系远近的不同而使用不同的标准。费先生还指出中国传统社会的特点:(1)公私群己的相对性。在这种格局中,站在任何一圈中,向内看可以说是公,是群;向外看就可以说是私,是己。两者无清楚的界限。(2)特殊主义伦理。中国的道德和法律都得看所施加的对象与自己的关系而加以程度上的伸缩,一切普遍的标准并不发生作用。(3)人治社会,用于维持秩序时所使用的力量不是法律而是人际关系的历史传统。③ 在差序格局里,公和私是相对而言的,站在任何一圈里,内向看也可以说是公的。④

儒家思想也对民众的公私观产生了深远的影响。儒家思想提倡"亲亲"。由"仁者人也,亲亲为大"、"亲亲,仁也"可以看出亲亲是仁的主体内容,而所谓"仁"即爱人,是指维系人群关系基本纽带的人类所特有的道德情感。⑤ 这种由"亲亲"之爱而推及对他人的爱,也造成了人们在资源有限或"亲亲"与他人出现利益冲突时,就必然把"爱"施与亲亲之人,时间长了必然导致公与私的混乱,让亲亲之爱侵犯公共利益。我国目前正处于从传统的人情社会向现代化法治社会转变的时期,人们的法治观念相对淡薄,大众心中虽然有依合同办事

---

① http://zhidao.baidu.com/question/284430926.html,2012-11-6.

② 费孝通.乡土中国.北京:北京大学出版社,2012:28.

③ http://www.hudong.comwiki%E5%B7%AE%E5%BA%8F%E6%A0%BC%E5%B1%80,2012-11-6.

④ 费孝通.乡土中国.北京:北京大学出版社,2012:33.

⑤ 陈继红,辛晓红.从"亲亲"之爱到路人之爱——儒家"亲亲"思想与现代慈善伦理通约的可能性进路.江海学刊,2012(3):208-213.

的意识,有着公事公办的美好愿景,但是人情大于法理的观念在人们的心目中依然根深蒂固,致使很多人仍然愿意遵循人情规则来行为,渴望获得人情所能够带来的特殊利益。

3. 新生代农民工与青年市民的公私观

本研究发现,新生代农民工与青年市民在公私观总分及因子分上不存在显著差异。新生代农民工在"公私不分"、"明哲保身"等因子和公私观总分上的得分要稍高于青年市民。而在"为公忘私"和"权衡公私"因子上,青年市民的得分略高于新生代农民工。对此,我们做如下分析。

新生代农民工与青年市民处于同一年龄段,他们共同的特点是阅历尚浅,社会经验相对不足,多数人刚刚走出校园不久,对社会上的"潜规则"了解较少。本研究发现,同一年龄段的人公私观具有极大的相似性,尽管分属新生代农民工与青年市民这两个群体,但是由于其思维水平、人生阅历等具有相似性,导致两个群体在公私观上做出相似的选择。可见年龄是影响公私观的重要因素。

新生代农民工较少接触到高层人物,也较少面临与人拉关系等情况,人际关系相对单纯,对社会上一些权钱交易、公私不分的行为只是有所耳闻,还未对其价值观产生深刻影响。新生代农民工多数来自农村,农村的生活环境相比大城市会显得安逸、平和许多,十几年的农村生活在新生代农民工的心中留下了深刻的印象,使他们对社会的印象也相对停留在宁静平和的田园生活中。但是尽管相对于青年市民,新生代农民工的公私观相对单纯,但是也不能忽视新生代农民工价值观显现出的多元化倾向。新生代农民工对国家的认同度不如老市民高,与他们自身的境遇有关。新生代农民工的公私观不可能游离于社会的影响。

(二)结　论

本研究得出如下结论。

(1)虽然受历史文化与社会现实的影响,新生代农民工公私观有一定的模糊性,与社会提倡的主流价值观有一定差距,但是从整体来看,新生代农民工的公私观还是基本符合社会主流价值观的。

(2)杭州市新生代农民工的社会参与状况总体较好,他们对身边的、社区的事务比较愿意参与,对城市公共事务的参与意愿要差一些,这与他们城市边缘人的状况有关。在参加了解杭州的活动方面,青年市民更积极的原因,可能是他们的家园归属感更强一些,通过关注或参加了解杭州的活动来表达对家乡的热爱。

（3）人口学变量对新生代农民工公私观的影响不大，不同性别、年龄、收入水平的新生代农民工的公私观没有显著差异。

（4）新生代农民工与青年市民在公私观上存在差异。与青年市民相比，新生代农民工的公私观更倾向于公私分明，青年市民对"为公忘私"比新生代农民工有更多的认同度。

参考文献

[1] 刘娜，钱波，章文川等. 杭州下沙新生代农民工生活满意度调查——基于有序 Probit 模型的实证研究. 经济研究导刊，2012(6):124-125.

[2] 全国总工会. 关于新生代农民工问题研究报告. http://www.chinanews.com/gn/news/2010/06-21/2353233.shtml，2012-12-5.

[3] 朱贻庭. 伦理学大辞典. 上海:上海辞书出版社，2002:62.

[4] 杜金亮. 对公私观的理性思考. 石油大学学报（社会科学版），1992(3):41-44.

[5] 何瑞鑫，傅慧芳. 新生代农民工的价值观变迁. 山东省青年管理干部学院学报，2005(6):69-71.

[6] http://zhidao.baidu.com/question/284430926.html，2012-12-3.

[7] 费孝通. 乡土中国. 北京:北京大学出版社，2012:28.

[8] 百度百科. http://www.hudong.comwiki％E5％B7％AE％E5％BA％8F％E6％A0％BC％E5％B1％80，2012-12-3.

[9] 费孝通. 乡土中国. 北京:北京大学出版社，2012:33.

[10] 陈继红，辛晓红. 从"亲亲"之爱到路人之爱——儒家"亲亲"思想与现代慈善伦理通约的可能性进路. 江海学刊，2012(3):208-213.

[11] 于海. 价值观的多元化与道德教育的多层次——从中国改革和世界文化演变看大学生思想政治工作. 复旦教育论坛，2005(3):11-14.

新生代农民工社会支配倾向研究

本研究对新生代农民工的社会支配倾向进行研究,探讨和分析农民工的社会支配倾向、社会经济地位和自尊三个变量间的关系,具有重要的科学价值和现实意义。

一、研究综述

(一)社会支配倾向的概念

社会支配倾向(Social Dominance Orientation)是社会支配理论(Social Dominance Theory)的重要概念。它是指个人在多大程度上渴望并支持基于群体的等级划分和"优势"群体对"劣势"群体的支配,反映了个体期望内群体优于和支配外群体的程度。杜克特(Duckitt)等人认为社会支配倾向越高,个体就越追求支配和优越、忽视平等和利他行为。[1]

李琼和郭永玉认为,高社会支配倾向者偏好于扩大不同群体间的阶层差异,并期望优势群体更多地支配劣势群体。低社会支配倾向者偏好缩小不同群体间的阶层差异以增加社会平等,并期望优势群体更少地支配劣势群体。[2]

---

[1] Duckitt. J., Wagner. C., du Plessis. I., Birum. I. The Psychological Bases of Ideology and Prejudice: Testing a dual process model. *Journal of Personality and Social Psychology*. 2002,83,75-93.

[2] 李琼,郭永玉.社会支配倾向研究述评.心理科学进展,2008(16):644-650.

西丹斯（Sidanius，J.）和普拉多（Pratto，F.）的研究表明，社会支配倾向适用于特定社会情境中的任何群体，这些群体可以通过生物性别、社会性别、种族、社会阶级、国籍、地区、宗教、社会地位、语言群体、体育团队或实质上任何可能的人类群体区分。[①] 由此可见，社会支配倾向是一种非常普遍的个体差异倾向，它注重社会等级结构下的平等关系。

（二）社会支配倾向的相关研究

普拉多等人在 1994 年编制了《社会支配倾向量表》，用以测量个体对政治和经济的态度。对《社会支配倾向量表》的探索性分析和验证性分析，证明具有良好的内部一致性和重测信度，能够预测个体的某些社会认知和态度。后来，普拉多对该量表进行了多次修订，对《社会支配倾向量表》第六版（SDO 6）的分析发现，两个维度的模拟程度更好，这两个维度分别是"基于群体的平等主义"，用于测量人们对社会平等性的反映倾向，以及"基于群体的支配性"，用于测量人们接受和支持基于群体的支配倾向。[②]

中国学者张智勇选取北京大学本科生为研究对象，对《社会支配倾向量表》进行了修订，结果显示，中文版的《社会支配倾向量表》的维度与西方不同，总共包含四个独立的结构：赞同优势群体的支配性、反对社会平等、赞同维护等级差异和赞同劣势群体的较低地位。[③] 李峥、王垒对中国人的社会支配取向的研究显示，中国人的社会支配倾向维度总共分三个维度：基于群体的支配、基于群体的平等、优势群体的排他性。[④] 另外，西丹斯等人在 1996 年测量了《社会支配倾向量表》与性别歧视、爱国主义、文化精英主义、种族歧视等之间的关系，结果显示社会支配倾向与这些变量之间均存在显著的正相关。[⑤] 普拉多和周杜里（Choudhury）在 1998 年的研究发现，无论群体地位是按性

---

① Sidanius J., Pratto, F. *Social Dominance*: *An intergroup theory of social hierarchy and oppression*. Cambridge University Press，1999：48.

② Pratto, F., Sidanius, J., Stallworth, L. M., Malle, B. F. Social dominance orientation：A personality variable predicting social and political attitudes. *Journal of Personality and Social Psychology*，1994，67：741-763.

③ 张智勇，杨慧娟. 社会支配取向量表在中国的信度和效度研究. 西南师范大学学报（人文社会科学版），2006（32）：17-21.

④ 李峥，王垒. 中国人的社会支配性取向. 第十届全国心理学学术大会会议论文摘要集，2005.

⑤ Sidanius. J., Pratto, F., Bobo, L. Racism, Conservatism, Affirmative Action and Intellectual Sophistication：A matter of principled conservatism or group dominance? *Journal of Personality and Social Psychology*，1996，70：476-490.

别、族群还是性取向划分,高地位群体成员都比低地位群体成员拥有明显更高的社会支配倾向水平。[1]

列文(Levin, S.)在 2004 年对社会支配倾向与性别、受教育程度、社会经济地位、宗教、职业及族群之间进行多元回归分析,结果显示性别、社会经济地位与社会支配倾向存在显著相关,并且个体所处群体的社会地位越高,其社会支配倾向也就越高。[2] 西丹斯的研究表明,社会支配倾向水平的性别差异不受文化、教育、职业、国家、思想意识、宗教、民族或种族因子调节。此外,西丹斯还将职业划分为 HE 职业(等级强化职业)、HA 职业(等级弱化职业)及中间职业三种类型,用《社会支配倾向量表》验证不同社会支配倾向水平的人是否会被 HE 职业或 HA 职业所吸引,结果显示,无论是商业人士还是大学生,社会支配倾向水平较高的人倾向于从事 HE 职业(如警官、商业高管、检察官等),而社会支配倾向水平较低的人则偏好从事 HA 职业(如社会工作者、人权倡导者、公共辩护律师等)。[3] 在探讨社会支配倾向与群体地位关系时,列文在一项对美国人和以色列人的研究中发现,社会支配倾向和高地位群体的内群体认同呈正相关,而与低地位群体的内群体认同呈负相关。[4]

二、研究目标与研究假设

(一)研究目标

调查杭州市下沙经济技术开发区白杨街道邻里社区的新生代农民工的社会心态,了解新生代农民工群体的社会支配取向的总体状况,探究影响新生代

---

[1] Pratto, F., Choudhury, P. *A Group Status Analysis of in Group Identification and Support for Group in Equality: Ethnicity, sex, and sexual orientation.* Unpublished manuscript, University of Connecticut, 1998.

[2] Levin, S. Perceived Group Status Differences and the Effects of Gender, Ethnicity, and Religion on Social Dominance Orientation. *Political Psychology*, 2004, 25:31-48.

[3] Sidanius J., Levin S., Liu J., Pratto, F. Social Dominance Orientation, Anti-egalitarianism, and the Political Psychology of Gender: An extension and cross-cultural replication. *European Journal of Social Psychology*, 2000, 30:41-67.

[4] Levin, S. L. *A Social Psychological Approach to Understanding Intergroup Attitudes in the United States and Israel.* Unpublished doctoral dissertation, Department of Psychology, UCLA, 1996.

农民工群体社会支配水平的因素,为党和政府推进城市化、改进城市社会管理的决策提供科学依据和建议。

（二）研究假设

假设一:新生代农民工的社会支配倾向存在人口学变量的差异。

假设二:不同社会支配倾向水平的新生代农民工在社会经济地位上存在差异。

假设三:不同社会支配倾向水平的新生代农民工在自尊变量上存在差异。

假设四:新生代农民工的社会支配倾向与社会经济地位存在正相关。

三、研究方法

（一）研究对象

本研究调查的新生代农民工,均为杭州市下沙经济开发区白杨街道邻里社区的外来务工人员。根据本研究对新生代农民工的界定,删除年龄和户籍不符合条件者,最终获得有效问卷358份。

（二）研究工具

1.《自尊量表》(SES);

2.《社会支配倾向量表》(中文版);

3.《经济社会地位自评问卷》。

（三）数据处理

采用 SPSS 18.0 软件进行数据分析。

四、研究结果

（一）新生代农民工的基本信息统计

1. 新生代农民工的性别情况

在 358 人中(6 人未填写性别,信息缺失,此处按照 352 人计),有男性 175 人,占 49.71%;有女性 177 人,占 50.29%,如图 4-1 所示。

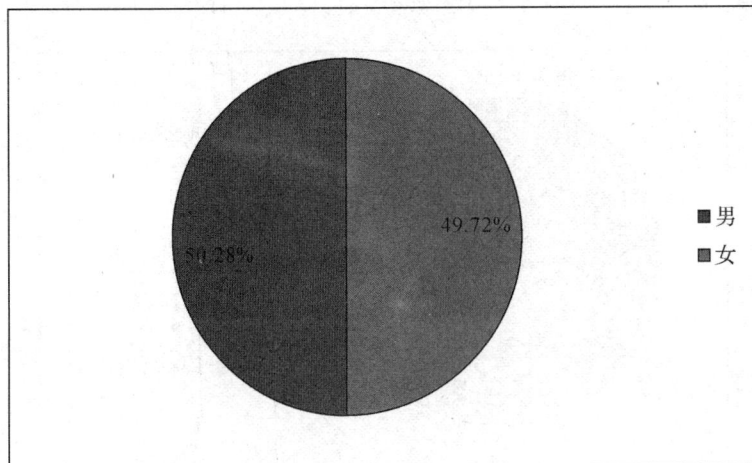

图 4-1　新生代农民工的性别情况

2. 新生代农民工的年龄情况

在 358 人中,18~22 岁者占 45.7%,23~27 岁者占 44.6%,28~32 岁者占 9.7%。如图 4-2 所示。

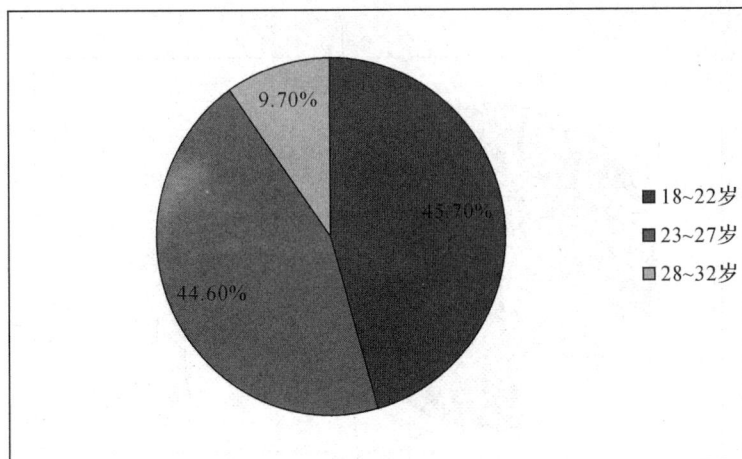

图 4-2　新生代农民工的年龄情况

3. 新生代农民工的受教育程度情况

在 358 人中，小学及以下文化程度者占 0.56%；初中文化程度者占 18.38%；高中文化程度者占 55.43%，大专文化程度者占 21.17%，大学及以上文化程度者占 4.46%，如图 4-3 所示。

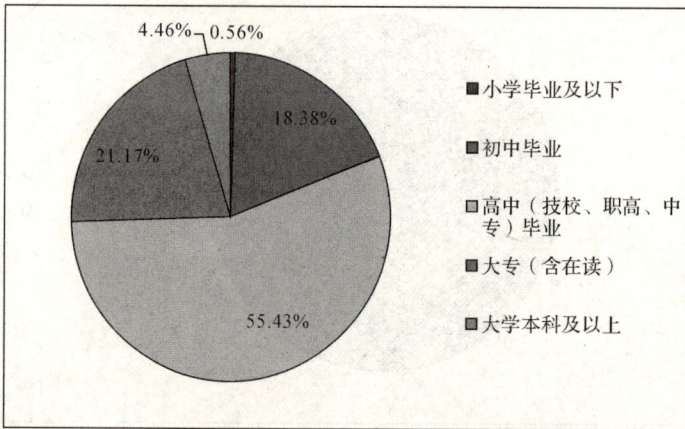

图 4-3　新生代农民工的受教育程度情况

4. 新生代农民工的职业情况

在 358 人中，农民占 3.6%，工人占 48.6%，商业服务人员占 17.9%，专业技术人员占 27.1%，公务员及党政部门、企业、事业单位负责人占 2.8%，如图 4-4 所示。

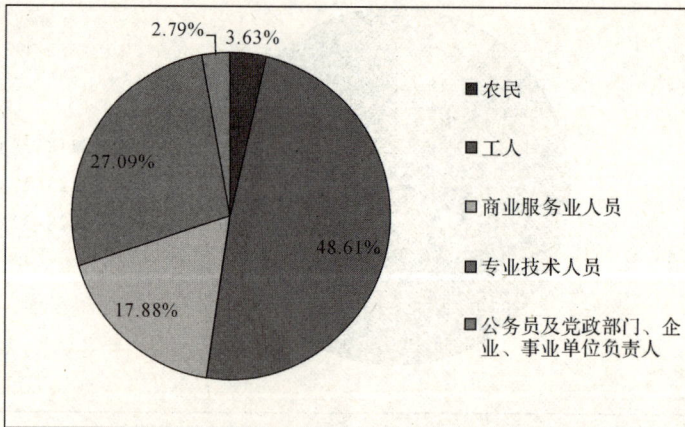

图 4-4　新生代农民工的职业情况

5. 新生代农民工的月收入情况

在 358 人中,月收入在 2000 元以下者占 16.2%,月收入在 2001～3000 元者占 40.8%,月收入在 3001～4000 元者占 27.1%,月收入在 4001～5000 元者占 12%,月收入在 5001 元以上者占 3.9%。如图 4-5 所示。

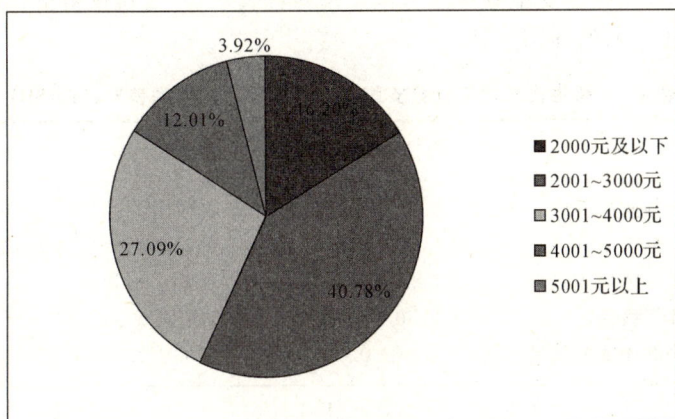

图 4-5 新生代农民工的月收入情况

(二)新生代农民工的社会支配倾向研究

1. 新生代农民工社会支配倾向的总体状况

由于《社会支配倾向量表》各维度包含的项目数量不同,所以在比较各个维度得分时,采用各维度所含题目得分的平均值进行分析和讨论。

表 4-1 新生代农民工社会支配倾向总体情况

变量	M	SD
社会支配倾向总分	2.51	0.598
反对社会平等	2.42	1.012
支持优势群体的支配性	2.31	0.913
赞同群体等级差异	2.77	0.866
支持劣势群体的服从性	2.59	0.723

从表 4-1 可以看出,新生代农民工社会支配倾向总分及各维度分值都在 3 分以下,表明新生代农民工的社会支配倾向总体水平不高。从各维度来看,赞同等级差异维度的分值最高,其次是支持劣势群体的服从性,支持优势群体的

支配性的分值最低。

2. 新生代农民工的社会支配倾向在性别上的差异

我们采用独立样本 *t* 检验,考察新生代农民工社会支配倾向水平的性别差异,结果如表 4-2 所示,男性在社会支配倾向总分及各维度上的得分均高于女性。其中,在社会支配倾向总分以及反对社会平等、支持优势群体的支配性维度上存在显著的性别差异。

表 4-2　新生代农民工社会支配倾向及各维度的性别差异(M±SD)

	男性(n=175)	女性(n=177)	t
社会支配倾向总分	2.62±0.647	2.41±0.527	3.282***
反对社会平等	2.56±1.075	2.30±0.937	2.411*
支持优势群体的支配性	2.51±0.986	2.13±0.804	4.011***
赞同群体等级差异	2.80±0.919	2.75±0.807	0.568
支持劣势群体的服从性	2.64±0.755	2.53±0.684	1.493

注:* $p<0.05$,** $p<0.01$,*** $p<0.001$,下同。

3. 新生代农民工的社会支配倾向在年龄上的差异

我们采用单因素方差分析,考察不同年龄阶段的新生代农民工的社会支配倾向是否存在差异,结果如表 4-3 所示。

表 4-3　新生代农民工社会支配倾向及各维度的年龄差异(M±SD)

	18~22岁(n=223)	23~27岁(n=114)	28~32岁(n=24)	F
社会支配倾向总分	2.52±0.549	2.51±0.662	2.38±0.729	0.651
反对社会平等	2.46±10.970	2.34±1.070	2.44±1.147	0.490
支持优势群体的支配性	2.30±0.817	2.32±1.034	2.42±1.172	0.193
赞同群体等级差异	2.77±0.888	2.86±0.813	2.35±0.801	3.489*
支持劣势群体的服从性	2.61±0.730	2.59±0.681	2.32±0.825	1.833

从表 4-3 中可见,在年龄变量上,不同年龄阶段的新生代农民工在社会支配倾向总分上的差异不显著。从变化趋势上看,新生代农民工的社会支配倾向水平随年龄的增长呈现下降的趋势。但在赞同群体等级差异维度上,不同年龄段的新生代农民工的社会支配倾向水平存在显著差异。进一步的事后分析检验结果显示,28~32 岁年龄组的得分显著低于 23~27 岁、18~22 岁年龄组的得分。

4. 新生代农民工的社会支配倾向在受教育程度上的差异

我们对初中、高中、大专和本科及以上四种受教育程度的新生代农民工的社会支配倾向进行单因素方差分析,结果如表 4-4 所示。

表 4-4　新生代农民工社会支配倾向及各维度的受教育程度差异(M±SD)

	初中 ($n=65$)	高中 ($n=205$)	大专 ($n=67$)	本科及以上 ($n=20$)	F
社会支配倾向总分	2.47±0.686	2.48±0.583	2.61±0.553	2.61±0.605	1.041
反对社会平等	2.30±1.013	2.24±1.046	2.46±0.880	2.54±1.084	0.570
支持优势群体的支配性	2.30±1.000	2.32±0.886	2.42±0.846	2.42±1.092	1.339
赞同群体等级差异	2.58±0.857	2.77±0.874	3.00±0.811	2.63±0.891	2.759*
支持劣势群体的服从性	2.60±0.824	2.56±0.716	2.66±0.676	2.58±0.652	0.343

结果表明,新生代农民工的受教育水平只在赞同群体等级差异维度上存在显著差异($p<0.05$)。事后检验分析表明,受教育水平为大专的新生代农民工,在赞同等级差异维度的得分显著高于教育水平为初中的新生代农民工。

5. 新生代农民工的社会支配倾向在职业上的差异

本研究采用单因素分析法,比较新生代农民工的社会支配倾向水平在不同职业岗位上是否具有显著差异。从表 4-5 中可以看出,反对社会平等、支持优势群体的支配性以及社会支配倾向总分,在职业变量上的差异达到了显著水平($p<0.001$)。其中,担任党政机关、企事业单位负责人的农民工社会支配倾向的得分最高,其次是专业技术人员的农民工。

表 4-5　新生代农民工社会支配倾向及各维度的职业差异

	职业	M	SD	F	Post Hoc 检验
社会支配倾向总分	农民	2.43	0.287		5>1
	普通工人	2.43	0.552		5>2
	商业服务	2.48	0.628	6.884***	5>3
	专业技术	2.66	0.609		5>4
	单位负责人	3.26	0.531		4>2

续表

	职业	M	SD	F	Post Hoc 检验
反对社会平等	农民	2.31	0.349		
	普通工人	2.31	0.979		5＞2
	商业服务	2.30	0.982	5.143***	5＞3
	专业技术	2.70	1.059		4＞2
	单位负责人	3.43	1.079		
支持优势群体的支配性	农民	2.42	0.559		5＞1
	普通工人	2.15	0.822		5＞2
	商业服务	2.33	0.991	6.346***	5＞3
	专业技术	2.55	0.940		5＞4
	单位负责人	3.32	0.916		4＞2
赞同群体等级差异	农民	2.56	0.553		
	普通工人	2.69	0.865		
	商业服务	2.82	0.874	1.664	
	专业技术	2.83	0.874		
	单位负责人	3.18	0.780		
支持劣势群体的服从性	农民	2.47	0.510		
	普通工人	2.58	0.719		
	商业服务	2.51	0.739	1.890	
	专业技术	2.63	0.713		
	单位负责人	3.13	0.791		

为了进一步揭示不同职业岗位的新生代农民工社会支配倾向水平的差异,本研究采用事后比较进行分析。事后检验的结果表明,在社会支配倾向总分上,担任党政机关、企事业单位负责人的农民工得分显著高于其他四个岗位的得分,并且专业技术岗位的新生代农民工的得分也显著高于普通工人的社会支配倾向得分。在反对社会平等维度上,担任党政机关、企事业单位负责人的农民工得分显著高于普通工人和商业服务人员,专业技术岗位的新生代农民工的得分显著高于普通工人。在支持优势群体的支配性维度上,出现了与社会支配倾向总分相同的结果,即担任党政机关、企事业单位负责人的农民工得分显著高于其他四个岗位的得分,并且专业技术岗位的新生代农民工得分也显著高于普通工人的社会支配倾向得分。这表明,新生代农民工的职业地

位越高,其社会支配倾向水平也越高。从总体上看,除个别维度之外,新生代农民工在不同职业岗位上的社会支配倾向呈上升趋势(见图 4-6)。

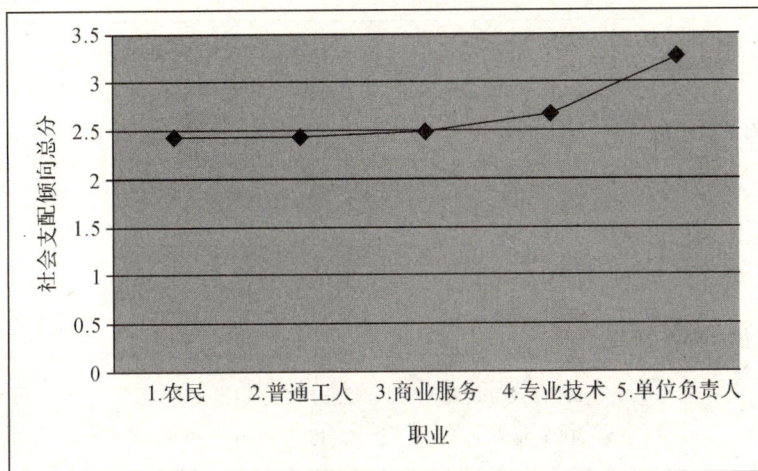

图 4-6　新生代农民工的社会支配倾向在职业上的趋势

6. 新生代农民工的社会支配倾向在月收入上的差异

为了考察新生代农民工的社会支配倾向在不同月收入水平上的特点,本研究采用单因素分析法进行了分析。研究结果显示,新生代农民工的社会支配倾向在不同收入水平上存在差异,其中赞同群体等级差异维度、支持优势群体的支配性维度以及社会支配倾向总分,在职业变量上的差异达到了显著水平($p<0.05$)。除了支持劣势群体的服从性维度,月收入 5000 元以上的新生代农民工在社会支配倾向总分和其他维度上得分都是最高的,如表 4-7 所示。

表 4-7　新生代农民工社会支配倾向及各维度的月收入水平差异

	职业	M	SD	F	Post Hoc 检验
社会支配倾向总分	2000 元以下	2.37	0.555		
	2001~3000 元	2.40	0.556		3>2
	3001~4000 元	2.56	0.597	2.993*	4>1
	4001~5000 元	2.67	0.696		4>2
	5001 元以上	2.68	0.527		

续表

	职业	M	SD	F	Post Hoc 检验
反对社会平等	2000 元以下	2.34	0.922		
	2001～3000 元	2.28	0.916		
	3001～4000 元	2.49	0.997	1.0127	
	4001～5000 元	2.53	1.256		
	5001 元以上	2.58	1.125		
支持优势群体的支配性	2000 元以下	1.98	0.765		3>1
	2001～3000 元	2.17	0.806		3>2
	3001～4000 元	2.43	0.903	3.393*	4>1
	4001～5000 元	2.51	1.087		4>2
	5001 元以上	2.65	1.130		5>1
赞同群体等级差异	2000 元以下	2.70	0.842		
	2001～3000 元	2.60	0.895		
	3001～4000 元	2.82	0.867	2.928*	3>2
	4001～5000 元	3.02	0.786		4>2
	5001 元以上	3.03	0.703		
支持劣势群体的服从性	2000 元以下	2.52	0.732		
	2001～3000 元	2.56	0.743		
	3001～4000 元	2.57	0.731	0.500	
	4001～5000 元	2.71	0.679		
	5001 元以上	2.57	0.767		

我们采用事后比较,对不同月收入水平的新生代农民工在社会支配倾向水平上的差异进行分析。分析结果显示,在社会支配倾向总分上,月收入为4001～5000 元的新生代农民工的社会支配倾向水平,显著高于月收入为2001～3000 元及 2000 元以下的新生代农民工。月收入为 3001～4000 元的新生代农民工的得分,也显著高于 2000 元以下的农民工。在赞同群体等级差异维度上,月收入为 2001～3000 元的新生代农民工的得分,显著低于月收入为 3001～4000 元、4001～5000 元的农民工。在支持优势群体的支配性维度上,月收入为 2000 元以下的农民工得分,显著低于月收入为 3001～4000 元、

4001～5000 元以及 5001 元以上收入水平的新生代农民工。这表明,从总体上看,除了月收入在 5001 元以上的新生代农民工,新生代农民工的收入水平越高,其社会支配倾向水平也越高。

(三)新生代农民工的社会支配倾向与社会经济地位、自尊的关系研究

1. 新生代农民工的社会经济地位、自尊在不同社会支配倾向水平上的差异

我们将社会支配倾向得分从低到高排列,取前 27% 为低倾向组,后 27% 为高倾向组。将不同社会支配倾向水平的新生代农民工在社会经济地位、自尊以及各个维度上的差异进行独立样本 t 检验,结果如表 4-8 所示。

表 4-8 新生代农民工的社会经济地位、自尊在不同社会支配倾向水平上的差异

	低倾向 M±SD	高倾向 M±SD	t	P
自尊总分	3.58±0.558	3.27±0.552	4.127	0.000***
自我否定	3.40±0.821	3.11±0.859	2.599	0.010*
自我肯定	3.77±0.689	3.44±0.793	3.214	0.002**
社会经济地位	2.81±0.617	3.03±0.802	−2.308	0.022*
受教育程度	3.11±0.749	3.15±0.854	−0.397	0.692
月收入	2.68±0.938	2.90±0.978	−1.678	0.095
职业	2.61±0.753	3.02±1.009	−3.428	0.001**

从表 4-8 可以看出,新生代农民工的社会经济地位、自尊在高、低社会支配倾向水平上存在显著差异。高社会支配倾向个体的自我评价,显著低于低社会支配倾向水平的个体。新生代农民工的社会经济地位越高,则其社会支配倾向水平也越高。

2. 新生代农民工的社会支配倾向、社会经济地位与自尊的相关关系

本研究考察了新生代农民工社会经济地位、自尊和社会支配倾向的相关性,结果如表 4-9 所示。

表 4-9　新生代农民工社会经济地位、自尊和社会支配倾向的相关矩阵(n＝358)

	1	2	3	4	5	6	7	8
1	1							
2	−0.03	1						
3	0.15**	0.14**	1					
4	0.11*	0.02	0.48***	1				
5	0.17**	0.07	0.40***	0.54***	1			
6	−0.08	−0.14**	0.08	0.22***	0.17**	1		
7	0.75***	0.65***	0.21***	0.10	0.18***	−0.15**	1	
8	0.18***	0.09	0.74***	0.84***	0.83***	0.20***	0.20***	1

注:1.自我否定;2.自我肯定;3.受教育程度;4.职业;5.月收入水平;6.社会支配倾向总分;7.自尊总分;8.社会经济地位。

从表 4-9 可见,新生代农民工的社会支配倾向、自尊和社会经济地位的相关均达到了显著水平($p<0.001$),表明这三个变量之间存在相关关系。其中,社会支配倾向与自尊存在显著的负相关($r=-0.15,p<0.001$),与社会经济地位存在显著的正相关($r=0.20,p<0.001$),即个体的社会经济地位越高,其社会支配倾向水平也越高,而自尊水平较低的个体则拥有较高水平的社会支配倾向。此外,社会经济地位与自尊也存在极其显著的正相关关系($r=0.20,p<0.001$),也就是说,社会经济地位越高的个体,对自我的评价也越高。

3. 新生代农民工的社会支配倾向、社会经济地位与自尊的回归分析

为了进一步考察新生代农民工社会经济地位、自尊、社会支配倾向之间的关系,本研究以自尊为因变量,以社会支配倾向、社会经济地位的各个维度及其总分为自变量,进行了多元回归分析。

表 4-9 表明,除了新生代农民工的社会支配倾向总分和支持优势群体的支配性维度之外,其余的三个维度与自尊总分的相关均不显著。因此,在做自尊总分的回归分析时,我们将社会支配倾向中反对社会平等、支持劣势群体的服从性以及赞同群体等级差异三个变量删除。而社会经济地位中,只有受教育程度和月收入水平两个维度与自尊总分有显著相关,因此将这两个维度纳入回归方程,采用逐步进入法进行多元回归分析,如表 4-10 所示。

　　由于自变量之间存在显著相关,可能会影响回归分析的共线性问题,因此将方差膨胀因子(VIF)作为诊断共线性的指标,结果显示在所有的回归分析中,VIF 都普遍接近于 1,说明回归分析中多重共线性的问题并不严重。

表 4-10　新生代农民工社会支配倾向、社会经济地位对自尊的回归分析

模型	变量	R	R^2	$\triangle R^2$	F 值	(Beta)	t
模型一	月收入水平	0.216	0.047	0.045	17.129	0.216	4.139***
	月收入水平	0.284	0.080	0.075	12.892	0.230	4.477***
模型二	社会支配倾向					−0.185	−3.590***
	月收入水平					0.178	3.204***
模型三	社会支配倾向	0.095	0.087	0.087	5.521	−0.202	−3.913***
	受教育程度					0.132	2.350*

　　我们又以社会支配倾向为因变量,以社会经济地位为自变量,进行多元回归分析,结果如表 4-11 所示。

表 4-11　新生代农民工社会经济地位对社会支配倾向的回归分析

因变量	预测变量	R	R^2	$\triangle R^2$	F 值	(Beta)	t
社会支配倾向	社会经济地位总分	0.197	0.039	0.036	14.111	0.197	3.756***

　　在以自尊总分为因变量的回归分析中(见表 4-10),月收入水平、社会支配倾向总分以及受教育程度三个变量进入回归方程,并且标准化的回归系数达到显著水平。方程的多元相关系数为 0.095,决定系数为 0.087,调整后的决定系数为 0.087,模型检验 F 为 5.521,并且在 0.05 水平上显著。这三个变量共同解释了自尊总变异的 8.7%。在对社会支配倾向、月收入水平以及受教育程度三个变量进行偏回归系数显著性检验中,t 检验都达到了显著性水平,这表明这三个变量对自尊有预测作用。在这三个变量中,只有社会支配倾向对自尊总分的影响是负向的,其他两个变量对自尊的影响是正向的,并且月收入水平的标准化回归系数较大,表明月收入水平这一预测变量对自尊总分具有较高的解释力。

　　在以社会支配倾向为因变量的回归分析中(见表 4-11),社会经济地位总分回归方程,标准化系数显著。模型的多元相关系数为 0.197,决定系数为

0.039,调整后的决定系数为 0.036,模型检验 F 为 14.111,并且在 0.001 水平上显著。对该变量的回归系数进行 t 检验,达到了显著水平。可以看出,社会经济地位对社会支配倾向具有正向预测的作用,并解释了社会支配倾向总变异的 3.9%。

(四)新生代农民工的社会支配倾向的中介作用

由前面的分析结果得知,社会经济地位对社会支配倾向和自尊都具有一定的预测作用。因此本研究运用线性回归分析和结构方程模型来探讨社会支配倾向的中介作用,以自尊为因变量,社会经济地位、社会支配倾向为自变量纳入回归方程,如表 4-12 所示。

表 4-12   回归分析

因变量	预测变量	R	R^2	$\triangle R^2$	F 值	(Beta)	t
自尊	社会经济地位	0.298	0.083	0.078	15.924	0.241	4.610***
	社会支配倾向					0.214	−4.098***

我们采用温忠麟的中介检验效应技术[①],对新生代农民工的社会支配倾向对社会经济地位、自尊之间的关系进行了检验,如表 4-13 所示。

表 4-13   社会支配倾向(M)在社会经济地位与自尊之间的中介效应检验

	标准化回归方程	回归系数检验
第一步	y＝−0.199x	t=3.796***
第二步	m＝0.197x	t=3.756***
第三步	y＝0.241x	t=4.610***
	−0.214m	t＝−4.098***

注:y 代表自尊,x 代表社会经济地位,m 代表社会支配倾向。

从表 4-13 可见,对社会支配倾向中介效应的依次检验都是显著的,因此社会支配倾向的中介效应显著,即社会经济地位通过社会支配倾向的中介作用对自尊产生影响。由于第四个 t 检验也达到显著水平,因此社会支配倾向的中介作用是部分中介效应,这表明社会经济地位对自尊具有直接效应。中

① 温忠麟,张雷,侯杰泰等.中介效应检验及其应用.心理学报,2004,36(5):614-620.

介效应占总效应比例的 21.6％(0.214×0.199/0.197)。

根据上述分析结果,我们建立社会支配倾向的中介模型如下:

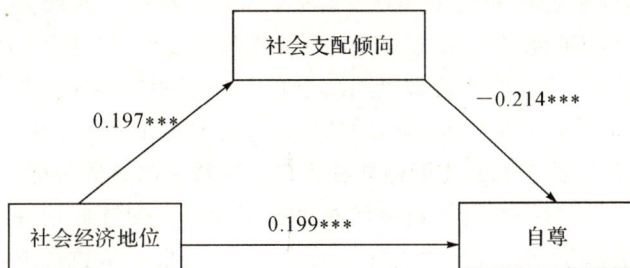

图 4-7　社会支配倾向在社会经济地位与自尊之间的中介模型

综上所述,社会支配倾向可作为社会经济地位和自尊之间的中介变量,社会经济地位通过两条路径对自尊进行影响,一条为直接影响路径,另一条通过社会支配倾向的中介效应间接影响。社会经济地位与社会支配倾向共同影响自尊。

五、研究结论

(一)讨论

本研究考察了新生代农民工的社会支配倾向的总体状况,并对社会支配倾向在性别、年龄及户籍变量上的差异进行了检验,结果显示:新生代农民工的社会支配倾向只在性别变量上存在显著差异;而在年龄变量上,只有在赞同社会等级差异维度上存在显著。此外,本研究还分析了社会支配倾向在不同社会经济地位水平上的差异,发现新生代农民工的社会支配倾向在职业和月收入水平变量上存在显著差异;而在受教育程度变量上,只有在赞同等级差异维度上的差异是显著的。

1. 新生代农民工社会支配倾向总体状况分析

新生代农民工社会支配倾向总分及各维度的均值在 2.31～2.77 范围之间,得分均在 3 分以下,表明新生代农民工的社会支配倾向总体水平不高。这是与新生代农民工较低的社会地位是分不开的。列文(Levin)指出,群体的社会地位可以正向预测个体的社会支配倾向,个体所处群体的社会地位越高,其社会支配倾向水平也就越高。[①] 由于新生代农民工群体的社会经济地位处于较低水平,因此新生代农民工的社会支配倾向水平也较低,也就更偏好减少群体间的差异,注重群体间的平等性。此外,新生代农民工的社会支配倾向在"反对社会平等"维度($M=2.42$)和"持优势群体的支配性"维度($M=2.31$)上的得分是最低的,可见新生代农民工渴望缩小不同群体间的阶层差异,增加社会的平等性和利他性的社会关怀,并期望优势群体更少地支配劣势群体。

2. 新生代农民工社会支配倾向在人口学变量上的差异分析

本研究的结果显示,男性新生代农民工在社会支配倾向总分及各个维度上的得分显著高于女性新生代农民工,这一研究结果与多数研究者的结果一致。普拉图、斯达纽斯等人对 10 个国家的 19000 名被试的两性的社会支配倾向差异进行测量,结果显示在这 45 个样本中,39 个样本中的男性都比女性拥有显著更高的社会支配倾向水平,并且没有一个样本中的女性拥有在统计学上高于男性的社会支配倾向水平。[②] 另外,西丹斯(Sidanius)的研究也显示男性比女性拥有更高的社会支配取向,而这种差异不受文化、教育、职业、国家、思想意识、宗教、民族或种族因子的调节。[③] 出现这一结果的原因可以从多个角度进行解释。首先,从社会等级层面来看,我国自古有重男轻女的观念,男性的社会地位和权力高于女性,并且获取社会资源的途径也比较便利,因此男性更偏爱基于群体的支配,从而拥有更高的社会支配倾向。其次,从繁衍策略角度来看,男性和女性在求偶策略上有着本质不同,男性更愿意与数量相对较多的、年轻并且生育能力强的女性在一起,而女性更注重男性是否拥有较高的地位和丰富的资源。这种择偶策略的不同,造就了男性在女性渴望配偶拥有的品质上竞争,如政治经济能力和社会地位。另外,从现实角度来看,对于新生代农民工来说,他们大部分已经到了适婚年龄,婚姻问题已成为新生代农民工亟待解决的人生大事。相对于女性,男性新生代农民工承担着更大的压力。如何通过征服较低地位的其他男性来获得吸引异性的资源,则成为促使他们之间相互竞争的动力。因此,男性新生代农民工拥有着比女性更高的社会支

---

① Levin, S. Perceived Group Status Differences and the Effects of Gender, Ethnicity, and Religion on Social Dominance Orientation. *Political Psychology*, 2004, 25:31-48.

② Sidanius, J., Pratto F. *Social Dominance: An intergroup theory of social hierarchy and Oppression*. Cambridge University Press, 1999, 48.

③ Sidanius, J., Levin, S., Liu, J., Pratto, F. Social Dominance Orientation, Anti-egalitarianism, and the Political Psychology of Gender: An extension and cross-cultural replication. *European Journal of Social Psychology*, 2000, 30:41-67.

配倾向水平。

本研究发现,不同年龄阶段的新生代农民工的社会支配倾向不存在差异性。但在赞同群体等级差异维度上,28～32 岁年龄组的新生代农民工社会支配倾向的得分显著低于 23～27 岁和 18～22 岁的新生代农民工,这是因为在 18～22 岁年龄阶段的新生代农民工中,大专毕业的人数高达 72.7%。他们受过高等教育,刚从学校毕业,拥有满腔热情和充足干劲,在这个充满竞争的社会,他们渴望通过自身的努力成就一番事业,因此也会格外努力占有更多的社会资源,为以后的发展打下基础。而 28～32 岁年龄段的新生代农民工中,初中毕业和高中毕业的比重为 67%,并且大多为普通工人(45.8%)和商业服务人员(41.7%)。这些农民工自身所拥有的资源和技能并不能满足企业的用人要求,短时间内提高自身素质和技术对他们而言并非易事,比起 18—22 岁的新生代农民工,他们并没有太大的优势,因此他们更期望社会资源能够均等地分配,减少自身在社会资源竞争中的不利条件。

3. 新生代农民工社会支配倾向在社会经济地位上的差异分析

本研究的结果显示,担任党政机关、企事业单位负责人的新生代农民工拥有最高的社会支配倾向水平,并显著高于其他四种职业,而普通工人的社会支配倾向水平则显著低于商业服务人员、专业技术人员。这是因为,职业代表了个体所处的阶层地位。陆学艺从组织资源、经济资源以及文化资源三方面,将我国的社会阶层划分为十大阶层。在这十大社会阶层中,处于社会等级最高层的是国家与社会的管理者,而处于最底层的是城市无业、失业、半失业者。[①]本研究中的农民、普通工人、商业服务人员、专业技术人员及党政机关、企事业单位负责人这五种职业,其代表的社会等级也是逐渐上升的。因此,担任党政机关、企事业单位负责人的新生代农民工与普通工人相较,更容易获得社会上较为积极的资源,如社会保障、公共资源、良好的待遇等,这促使他们乐意接受群体不平等性,以维护自身群体的优势。对这一研究结果的事后分析发现,这些差异性主要体现在"反对社会平等"和"支持优势群体的支配性"两个维度上,也可以看出,那些社会支配倾向水平高的新生代农民工更倾向于享受优势地位带给自己的好的待遇,从而更加促使他们对群体间不平等观念的强化。

本研究发现,不同月收入的新生代农民工的社会支配倾向也存在显著差异。主要体现在月收入为 4001～5000 元的新生代农民工的社会支配倾向水

---

① 陆学艺.当代中国社会阶层研究报告.北京:社会科学文献出版社,2002:9-10.

平,显著高于月收入 2001～3000 元新生代农民工。对这一结果,我们要综合杭州市的城市消费水平进行解释。冯婷对杭州城镇居民的收入现状进行调查,结果显示,杭州城镇居民的月收入平均为 2239 元,并且从 2000 至 2009 年的十年间,杭州城镇居民人均可支配收入增长了 2.78 倍。[①] 杭州市人力资源和社会保障局的数据统计结果显示,2011 年杭州市区全社会在岗职工平均工资为 38837 元(口径范围包括国有、集体、股份制、三资和私营单位,不含个体工商户),月平均工资超过 3200 元。[②] 杭州新生代农民工的月收入水平在2001～3000 元的人数高达 36.6%,杭州市的消费水平较高,这些收入只能满足基本的生活需要,很难有剩余。月收入在 4001～5000 元之间的新生代农民工,正处于一种“比上不足比下有余”的区间,他们更倾向于拉大阶层之间的差距,以保持自己的这种优越性。

本研究的结果表明,新生代农民工的受教育水平只在赞同群体等级差异维度上存在显著差异($p<0.05$)。事后检验分析结果表明,受教育水平为大专的新生代农民工,在赞同等级差异维度的得分显著高于教育水平为初中的新生代农民工。这是因为,大专毕业的新生代农民工相比初中毕业的农民工,他们的受教育程度更高,更能够客观理性地思考问题,在工作和生活中所得的各种待遇和发展机会也更好。因此,大专毕业的新生代农民工更倾向加大社会等级之间的差异,赞同群体间的等级差异,以维护自身群体的较高地位和丰富的社会资源。

4. 新生代农民工社会经济地位、自尊与社会支配倾向的相关分析

对新生代农民工的社会经济地位、自尊和社会支配倾向进行相关分析,结果显示,这三个变量之间存在显著的相关关系。与假设一致的是社会经济地位与自尊、社会支配倾向之间表现为显著正相关($r_1=r_2=0.2,p<0.001$),即社会经济地位较高的个体,相对拥有较高的收入水平、教育程度和较好的职业,对自我的评价较高,偏好基于群体的等级划分,并渴望通过获取更多的资源来维护自身的优势地位,拥有较高的自尊水平和社会支配倾向。而自尊与社会支配倾向之间存在显著的负性相关关系($r=-0.15,p<0.001$),即自我评价越高的个体,其社会支配倾向水平越低。这与以往学者的研究结果并不

---

① 冯婷. 城乡居民收入差距:现状、构成及对策——对 2010《杭州统计年鉴》有关居民收入数据的解读. 浙江学刊,2011(5):47-51.

② 杭州市人力资源和社会保障局. 关于发布 2011 年杭州市区全社会在岗职工平均工资的通知. http://www.hzsrsj.gov.cnhtmlzcfg/zcfgkgzfu41112.html,2012-12-18.

一致。普拉图等人的研究发现,社会支配倾向独立于罗森伯格的标准自尊量表,即一个人是否对自己有良好的评价、是不是自信与他是否喜欢群体支配无关。① 由于社会支配倾向被定为个体在多大程度上渴望并支持基于群体的平等性和"优势群体"对"劣势群体"的支配,但是在整个社会系统中,对于谁是"优势群体",谁是"劣势群体",以及人们对两种群体的划分是否存在着共同认识,都会影响社会等级的划分,从而影响个体在群体中资源的占有。

　　本研究的结果显示,新生代农民工的社会支配倾向与自尊存在显著的负相关,这可能是因为自我评价较低的新生代农民工,存在底层认同观念。与城市其他劳动力相比,新生代农民工缺乏必要的专业技能和进入正规就业市场的本领,面对非正规的就业市场,他们心中过高的期望与现实形成巨大落差,导致他们在城市中无法实现真正立足。新生代农民工的这种极度失落和强烈不满情绪,会增加他们对自身阶层的身份认同和对较高阶层的仇视心理。劣势群体的消极体验和巨大压力,反过来又会影响新生代农民工对自身的评价,从而导致更低的自尊水平。本研究将自尊得分从低到高排列,取前27%为低自尊组,后27%为高自尊组,结果显示低自尊组的新生代农民工有50%从事普通工人的职业,受教育程度在高中以下的比率高达88.5%,并且有53.9%的人月收入在3000元以下。而且,当被问到"您觉得在这个社会中您所处的地位"时,28.8%的人认为自己处于"下层",37.5%的人选择"中下层"。由此可知,自尊较低的新生代农民工对自己底层地位的认同感导致了其较高的社会支配倾向水平。

　　值得一提的是,新生代农民工的自我评价的高低还可能取决于他们是否自愿选择背井离乡的生活。对于新生代农民工来说,从农村转移到城市,不可避免地在城市处于较低地位,刚开始还可能会遭到城市居民的歧视。如果是自愿选择进城务工的新生代农民工,他们对自己充满信心,并掌握一定的人力资本,如教育程度、专业技能等,他们迁徙到城市生活的目的是对高质量生活的渴望和追求。当问到"什么是您想要的生活"时,笔者发现他们的回答是渴望"社会公平"、"有房有车"、"简单安稳"的生活。可以看出,这些新生代农民工对未来存有积极的构想,并期望能像其他社会群体一样通过自身的努力改变命运,获得向上流动的机会,从而过上安稳体面的生活。总的来说,从心态和观念上,自我评价较高的新生代农民工更接近于市民,对城市的认同感也更

　　① Sidanius, J., Pratto, F., Mitchell, M. Ingroupidentification, Social Dominance Orientation and Differential Intergroup Social Allocation. *Journal of Cross-Cultural Psychology*, 1994,134:151-167.

高，并拥有较低的社会支配倾向水平，他们主张社会资源的共享，渴望能够享有与城市居民相等的教育、医疗保健、工作环境等资源。

5. 新生代农民工社会经济地位、社会支配倾向对自尊的回归分析

本研究将自尊作为因变量，社会经济地位和社会支配倾向作为自变量，对三个变量进行多元回归分析，结果显示，社会经济地位和社会支配倾向能够在一定程度上预测自尊水平，两个变量的联合预测力达到 8.3%。其中社会经济地位对自尊起着正向预测作用，而社会支配倾向对自尊存在负向预测作用，即社会支配倾向水平越高，个体的自我评价越低。标准化回归方程为：自尊＝$0.241×$社会经济地位$-0.214×$社会支配倾向。

6. 新生代农民工社会支配倾向的中介作用分析

本研究还验证了社会支配倾向对社会经济地位、自尊的中介作用，结果发现社会支配倾向的中介作用是不完全中介效应，社会经济地位对自尊的影响具有两种途径，一种为直接影响路径，即社会经济地位直接影响自尊，而另一种路径是社会经济地位通过社会支配倾向间接影响自尊，中介效应占总效应比例的 21.6%（$0.214×0.199/0.197$），且社会支配倾向的中介效应显著。对此，我们认为，新生代农民工的社会经济地位越高，其自尊水平也越高，更容易对自我产生积极的评价，但由于社会经济地位也同时影响社会支配倾向，而社会支配倾向又对自尊产生负面作用，从而又制衡了一部分社会经济地位对自尊的正面影响。

（二）结论

本研究以新生代农民工为研究对象，探讨在他们的社会支配倾向的现状以及社会支配倾向与自尊、社会经济地位的相互关系，得出以下结论。

（1）新生代农民工的社会支配倾向情况在性别、收入、职业上存在显著差异。从总体上看，男性的社会支配倾向水平显著高于女性。随着月收入水平的增加，新生代农民工的社会支配倾向及其各个维度的得分呈上升趋势。普通新生代农民工的社会支配倾向得分，显著低于职业为党政机关、企事业单位负责人的农民工。

（2）不同社会支配倾向水平的新生代农民工在社会经济地位、自尊上存在显著差异。高社会支配倾向个体的自尊水平，显著低于低社会支配倾向水平的个体，而新生代农民工的社会经济地位越高，其社会支配倾向水平也越高。

（3）社会支配倾向、自尊与社会经济地位三者之间存在显著的相关关系，社会支配与社会经济地位呈正相关关系；社会经济地位越高的个体，其自尊水平也越高,二者之间存在显著的正相关。

(4)社会经济地位、社会支配倾向对自尊有预测作用。社会经济地位正向预测自尊水平,社会支配倾向负向预测自尊水平,并且社会支配倾向在社会经济地位、自尊之间起着部分中介作用。

参考文献

[1] Duckitt, J., Wagner, C., du Plessis, I., Birum, I. The Psychological Bases of Ideology and Prejudice: Testing a dual process model. *Journal of Personality and Social Psychology*, 2002,83:75-93.

[2] 李琼,郭永玉.社会支配倾向研究述评.心理科学进展,2008(16):644-650.

[3] Sidanius, J., Pratto, F. *Social Dominance: An intergroup theory of social hierarchy and oppression*. Cambridge University Press, 1999:48.

[4] Pratto, F., Sidanius, J., Stallworth, L. M., Malle, B. F. Social Dominance Orientation: A personality variable predicting social and political attitudes. *Journal of Personality and Social Psychology*, 1994,67:741-763.

[5] 张智勇,杨慧娟.社会支配取向量表在中国的信度和效度研究.西南师范大学学报(人文社会科学版),2006(32):17-21.

[6] 李峥,王垒.中国人的社会支配性取向.第十届全国心理学学术大会会议论文摘要集,2005.

[7] Sidanius, J., Pratto, F., Bobo, L. Racism, Conservatism, Affirmative Action and Intellectual Sophistication: A matter of principled conservatism or group dominance? *Journal of Personality and Social Psychology*, 1996,70:476-490.

[8] Pratto, F., Choudhury, P. *A Group Status Analysis of Ingroup Identification and Support for Group in Equality: Ethnicity, sex, and sexual orientation*. Unpublished manuscript, University of Connecticut.

[9] Levin, S. Perceived Group Status Differences and the Effects of Gender, Ethnicity, and Religion on Social Dominance Orientation. *Political Psychology*, 2004,25:31-48.

[10] Sidanius, J., Levin, S., Liu, J., Pratto, F. Social Dominance Orientation, Anti-egalitarianism, and the Political Psychology of Gender: An extension and cross-cultural replication. *European Journal of Social*

Psychology,2000,30:41-67.

［11］Levin,S.L. *A Social Psychological Approach to Understanding Intergroup Attitudes in the United States and Israel*. Unpublished doctoral dissertation,Department of Psychology,UCLA.

［12］Rosenberg,M. *Society and the Adolescent Self-image*. Princeton University Press.

［13］温忠麟,张雷,侯杰泰等.中介效应检验及其应用.心理学报,2004,36(5):614-620.

［14］冯婷.城乡居民收入差距:现状、构成及对策——对2010《杭州统计年鉴》有关居民收入数据的解读.浙江学刊,2011(5):47-51.

［15］杭州市人力资源和社会保障局.关于发布2011年杭州市区全社会在岗职工平均工资的通知.http://www.hzsrsj.gov.cnhtmlzcfg/zcfgkgzfu41112.html,2012-12-18.

［16］陆学艺.当代中国社会阶层研究报告.北京:社会科学文献出版社,2002:9-10.

新生代农民工幸福感研究

研究新生代农民工的生存现状和对生活的感受,可以帮助我们了解新生代农民工的需要与利益诉求,推动社会更好地解决新生代农民工的问题。所以,本研究具有重要的科学价值和现实意义。

一、研究综述

(一)幸福感

有关幸福感的研究历史,最早可以追溯至古希腊罗马时代哲人们对幸福的探讨。幸福感简单而言,就是使人感觉愉悦、舒适、积极乐观的情绪状态,是个人对自己所处生活状态、工作状态和社会环境等的评价,它不仅受个人所处客观环境的影响,还受个人主观意识和价值体系的影响。[①]

目前,对幸福感的研究主要有三方面:主观幸福感感(subjective well-being)、心理幸福感(psychological well-being)和社会幸福感(social well-being)。

研究者们对戴纳(Diener)提出的主观幸福感的定义较为认同,即指个体根据自定的标准对其生活质量的整体性评价,包括情感和认知两个方面,主要涉及生活满意感、积极情感和消极情感三方面变量。

心理幸福感更强调健全的人格和心智与潜能的实现。后来,出现了将主观幸福感和心理幸福感两者整合的趋势,比如苗元江曾提出将主观幸福感与

---

① 张小娟.基于可行能力视角的农民工幸福感研究.浙江财经学院硕士学位论文,2012.

心理幸福感进行整合，他认为幸福感应该是一个有机的统一体，是主观与客观、快乐与幸福、发展与享受的统一。

科叶思(Keyes)开创了社会幸福感的研究，试图从更为广阔的社会领域里去探索人的良好存在状态。他认为，社会幸福感是指个体对自己与他人、集体、社会之间的关系质量，以及对其生活环境和社会功能的自我评估，反映了个体在社会关系中适应的好坏和程度，并总结出社会整合、社会贡献、社会融合、社会认同与社会实现五个维度。

(二)国内幸福感研究

国内有许多对不同群体的幸福感研究。齐金玲等对国有重工业企业职工的调查显示，主观幸福感在年龄、受教育程度方面存在差异，工作性质、年收入、对工厂的满意度、工种和进厂形式对主观幸福感均有显著的预测作用。[1]吴丽娜等人的研究表明，矿工的主观幸福感位于中等水平；社会支持与主观幸福感存在显著的正相关，社会支持对主观幸福感，社会支持的利用度对忧郁或愉快的心境，客观支持对情感和行为的控制都有良好的预测作用。[2]吴莉莉、冯冬燕以西安市下岗人员为对象的调查研究表明，社会支持及其各维度均与主观幸福感存在显著正相关。年龄对下岗失业人员主观幸福感存在着显著的负向影响，收入和受教育程度对其主观幸福感存在着显著的正向影响。[3]严标宾、郑雪、邱林对大学生的调查发现，各类生活事件(正性生活事件、负性生活事件)都没有对大学生幸福感产生明显的影响。[4]

近年人们对农民工关注度的提高，有关农民工幸福感的调查研究也多了起来。吴静对浙江农民工的幸福感进行了调查研究，结果显示：农民工的幸福感远低于其他职业群体的幸福感；农民工总体幸福感随着收入的增加而提高；不同婚姻状况、不同行业、不同就业地区农民工的幸福感有着显著差异；农民工基本生活、职业条件方面的幸福感低于其他方面的幸福感。[5]奉先武、黄柏

---

[1] 齐金玲,李辉.国有重工业企业职工主观幸福感及其影响因素研究.齐齐哈尔医学院学报,2010(1):4-5.

[2] 吴丽娜,张鹤,王鹤龄,包广亮,张承楷.井下矿工主观幸福感与社会支持之间的关系.中国健康心理学杂志,2011(5):544-546.

[3] 吴莉莉,冯冬燕.基于社会支持的下岗失业人员主观幸福感的研究.西安工程大学学报,2009(4):124-127.

[4] 严标宾,郑雪,邱林.大学生主观幸福感的影响因素研究.华南师范大学学报(自然科学版),2003(2):137-142.

[5] 吴静.浙江农民工幸福感调查研究.财经论丛,2007(6):15-20.

兰对农民工的自尊与主观幸福感间的关系进行了研究,显示农民工自尊与主观幸福感之间呈显著负相关。该研究也得出已婚农民工比未婚农民工体验到更多正性情感的结果。① 李志强研究了影响新生代农民工幸福感的因素,对成都地区 400 名青年农民工的调查发现,青年农民工感到最幸福的前 5 位因素依次是:身体健康、事业成功、有一个温暖的家、自由自在、受到理解和尊重。②

二、研究目标与研究假设

(一)研究目标

本研究以杭州市经济技术开发区新生代农民工为对象,调查新生代农民工的生存状况和社会心态,探讨影响新生代农民工幸福感的社会和心理因素,为党和政府推进城市化、改进城市社会管理的决策提供科学依据和建议。

(二)研究假设

假设一:不同性别、职业、受教育程度、收入水平、阶层感的新生代农民工的幸福感水平存在差异。

假设二:新生代农民工的幸福感与社会信任、城市认同存在正相关。

三、研究方法

(一)调查对象

本研究调查的新生代农民工,均为杭州市下沙经济开发区白杨街道邻里社区的外来务工人员。

---

① 奉先武,黄柏兰.农民工自尊与主观幸福感研究.社会心理科学,2010(9):64-69.
② 李志强.对成都地区青年农民工幸福观调查.重庆科技学院学报(社会科学版),2008(9):75-76.

（二）研究工具

1.《生活满意度问卷》；

2.《生活压力感问卷》；

3.《社会信任问卷》；

4.《新生代农民工身份认同调查问卷》；

5.《经济社会地位自评问卷》A 版本。

（三）数据处理

采用 SPSS 18.0 软件进行数据分析。

四、研究结果

（一）新生代农民工基本信息统计

1. 新生代农民工的年龄情况

被调查者的出生时间为 1980—1994 年，以 1990 年最多，平均年龄为
23 岁。

2. 新生代农民工的性别情况

在被调查者中，男性比例为 49.3%，女性为 47.3%，缺失值为 3.4%。

3. 新生代农民工受教育情况

在被调查者中，最低学历为小学毕业及以下，最高学历是大学本科（含在
读）；大部分是高中（技校、职高、中专）毕业，占了总人数的 62.4%；初中毕业
为 16.2%，大专学历为 15.4%，如图 5-1 所示。

4. 新生代农民工职业情况

在被调查者中，约半数是工人（51.0%），其他职业还有农民（5.3%）、专业
技术人员（21.9%）、商业服务人员（4.0%）、党政部门、企业、事业单位负责人
（2.4%）、不便分类的其他从业人员（14.6%），此外，2 份问卷回答缺失，如图
5-2 所示。

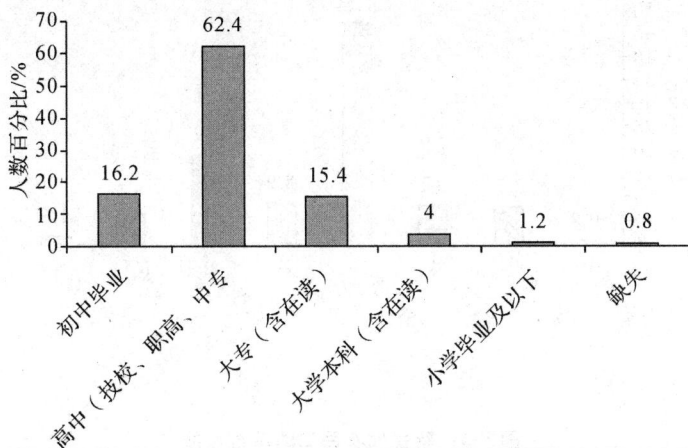

图 5-1　新生代农民工受教育情况

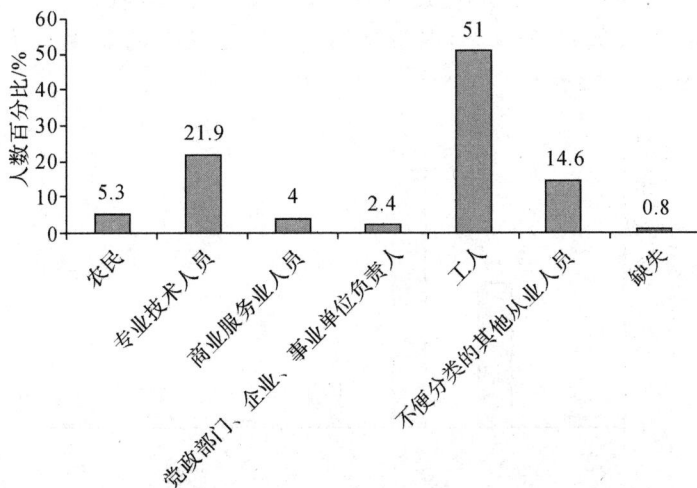

图 5-2　新生代农民工的职业分布

5．新生代农民工工作单位性质

在工作单位性质上，新生代农民工中有 47.4% 的人单位是外资企业，其次是私营企业（19.0%），也有小部分人在国有企业（8.1%）、合资企业（8.9%）、事业单位（7.7%）和党政机关（1.6%），如图 5-3 所示。

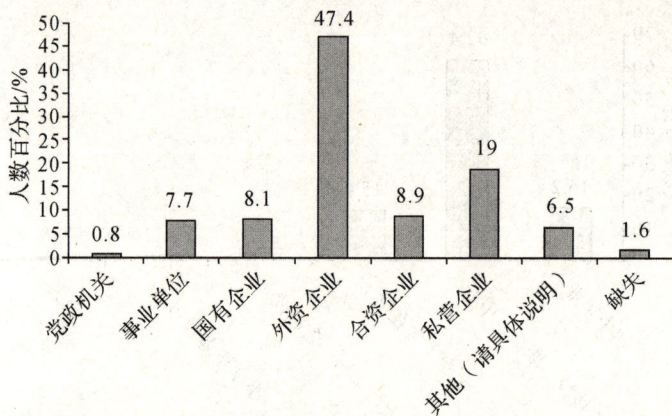

图 5-3　新生代农民工的单位性质

6. 新生代农民工的月收入情况

本研究的调查结果显示,超过一半的新生代农民工月收入在 2001～3000 元之间,占总人数的 53.8%,月收入在 2000 元以下的新生代农民工占 32.4%,如图 5-4 所示。

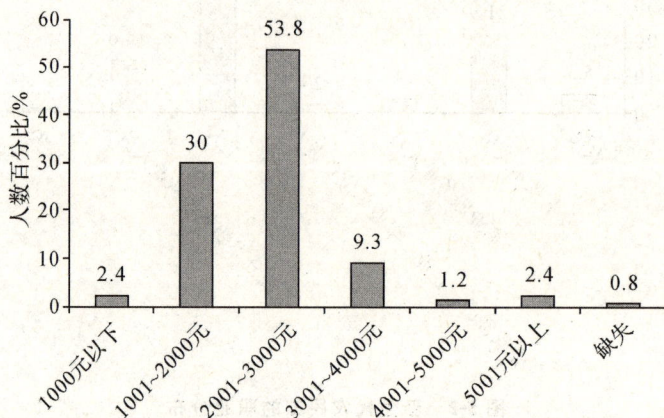

图 5-4　新生代农民工的月收入

7. 新生代农民工对自己收入水平的认识

本研究调查了新生代农民工对自己收入水平的认识情况,有 61.9% 的人认为自己目前的收入水平在杭州市属于中等以下水平(包括"中下"和"下等"水平),25.1% 的人认为自己的月收入处在中等水平,只有 5.3% 的人认为自己的收入水平是上等或中上水平。此外，也有 6.9％的人说不准自己的工资水平。如图 5-5 所示。

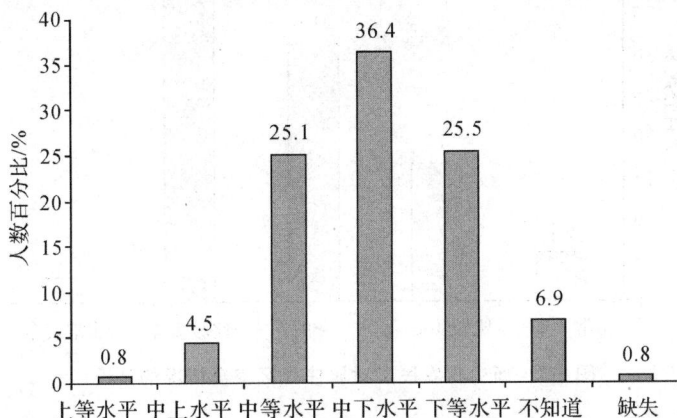

图 5-5　新生代农民工对自己收入水平的认识

7. 新生代农民工对自己社会阶层的认识

在被调查者中，只有 5.3％的人认为自己处于上层或中上层，九成以上的新生代农民工认为自己处于社会中层及以下阶层，如图 5-6 所示。

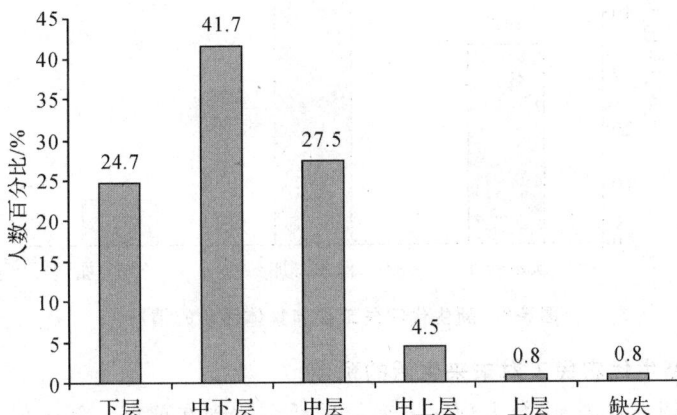

图 5-6　新生代农民工对自己社会阶层的认识

8. 新生代农民工对居住社区安全情况的认识

新生代农民工对居住社区安全情况的认识如图 5-7 所示。

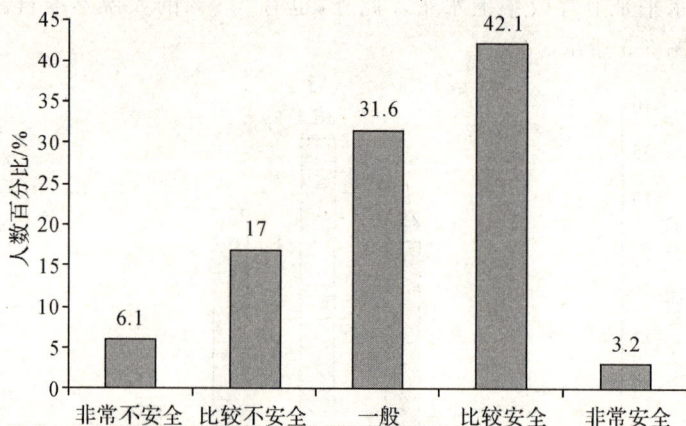

图5-7 新生代农民工对居住社区安全情况的认识

9. 新生代农民工参加集体活动的情况

新生代农民工参加集体活动的情况如图5-8所示。

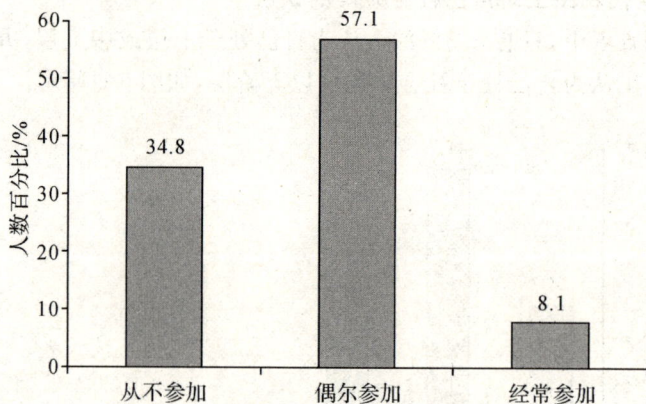

图5-8 新生代农民工参加集体活动的情况

10. 新生代农民工对未来生活的预期

在被调查者中,多数人预期未来的生活会比现在要好。新生代农民工对五年后生活的预期如图5-9所示。

在被调查者中,多数人预期自己下一代的生活会比自己更好,如图5-10所示。

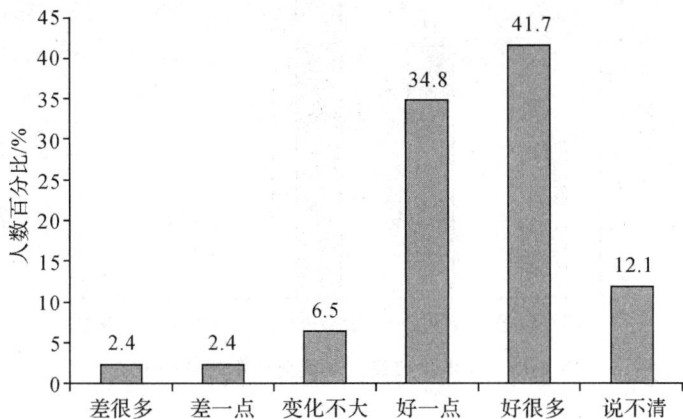

图 5-9　新生代农民工对五年后生活的预期

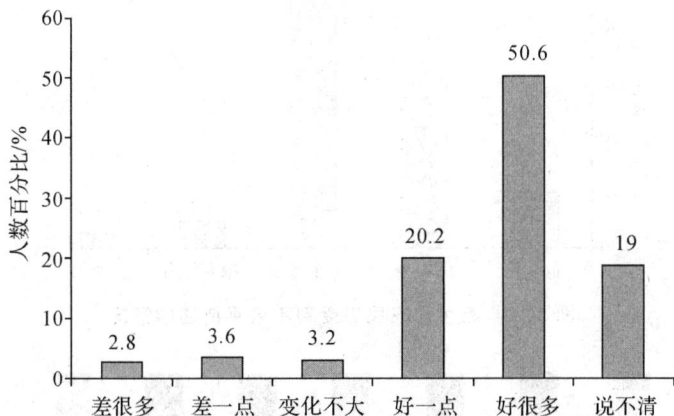

图 5-10　新生代农民工对下一代生活的预期

幸福感的一个重要因素是对未来的期待,正如图 5-9 与图 5-10 所示,新生代农民工对五年后和下一代生活都抱有美好的期望,这正是他们走到陌生城市打拼的精神动力。

11. 新生代农民工对社会公平的感受和应对情况

新生代农民工对社会公平的感受情况如图 5-11、图 5-12 所示。

图 5-13 显示,同工不同酬、无法得到相应社会福利、工作机会不平等和工作种类不平等是新生代农民工遭遇最多的不公平对待问题。

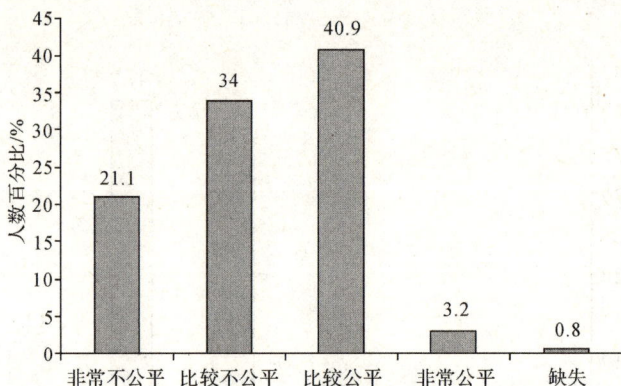

图 5-11　新生代农民工对社会公平的感受情况

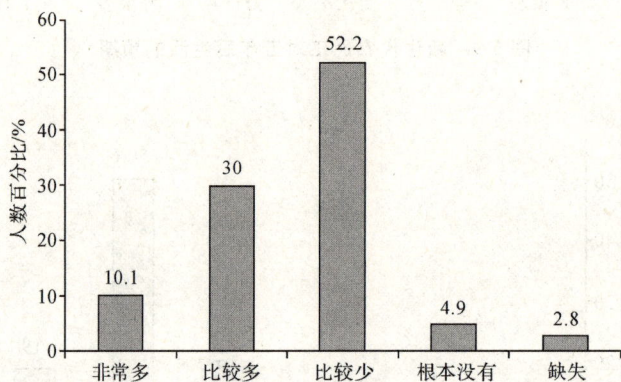

图 5-12　新生代农民工受到不公平待遇的情况

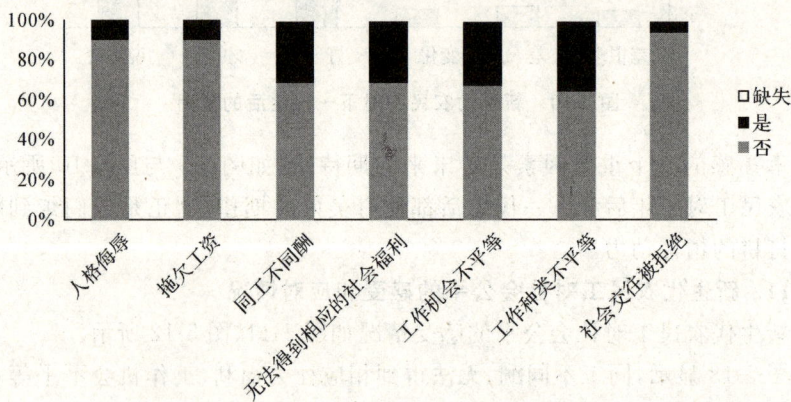

图 5-13　新生代遭遇社会不公平的具体情形

遇上不公平事件时,新生代农民工如何应对呢?调查结果显示,选择忍气吞声或离职的人,加起来超过了一半以上;少数人会把怨气发泄到其他物体或人身上或者找人私下解决,只有9.3%和8.9%的新生代农民工会求助政府机关或社区。如表5-1所示。

表5-1 新生代农民工受到不公平对待时的应对方法

	项目	频率	百分比	有效百分比
有效	求助政府机关	21	8.5	9.3
	离职	87	35.2	38.7
	自己找人私下解决	24	9.7	10.7
	忍气吞声	51	20.6	22.7
	把怨气发泄到不相关的其他人身上	4	1.6	1.8
	把怨气发泄到物品上	7	2.8	3.1
	求助社区	20	8.1	8.9
	其他	11	4.5	4.9
缺失		22	8.9	

(二)新生代农民工的幸福感

1. 不同人口学变量的新生代农民工幸福感比较

我们对不同性别、职业、受教育程度、月收入水平、月收入级别的新生代农民工进行单因素方差分析,比较他们之间的幸福感是否存在差异,如表5-2、表5-3所示。

表5-2 不同人口学变量的新生代农民工幸福感比较(一)

变量		M	SD	
性别	男	2.05	0.84	$T=-2.49*$
	女	2.37	0.92	
受教育程度	小学毕业及以下	2.5	0.00	$F=0.24$
	初中毕业	2.28	0.85	
	高中(技校、职高、中专)毕业	2.26	0.92	
	大专(含在读)	2.16	0.92	
	大学本科(含在读)	2.40	1.02	

续表

变量		M	SD	
职业	农民	2.73	0.95	
	专业技术人员	2.30	0.92	
	商业服务业人员	2.20	1.01	$F=0.97$
	党政部门、企业、事业单位负责人	2.33	1.12	
	工人	2.18	0.88	
	不便分类的其他从业人员	2.30	0.90	
单位性质	党政机关	1.75	0.35	
	事业单位	2.26	0.75	
	国有企业	1.88	0.91	$F=0.87$
	外资企业	2.29	0.97	
	合资企业	2.39	0.98	
	私营企业	2.32	0.85	
实际月收入	1000 元以下	2.00	0.95	
	1001~2000 元	2.33	0.90	
	2001~3000 元	2.19	0.91	$F=0.99$
	3001~4000 元	2.56	0.98	
	4001~5000 元	1.83	0.57	
	5001 元以上	2.33	0.52	

注：* 表示 $p<0.05$，** 表示 $p<0.01$。

表 5-3 不同人口学变量的新生代农民工幸福感比较(二)

变量		M	SD	
月收入级别	上等水平	1.75	0.35	
	中上水平	3.23	1.19	
	中等水平	2.38	0.94	$F=3.52**$
	中下水平	2.14	0.80	
	下等水平	2.17	0.90	
	不知道	2.18	0.79	

续表

变量		M	SD	
	下层	2.01	0.81	
	中下层	2.21	0.89	
阶层感	中层	2.48	0.92	$F=3.17*$
	中上层	2.68	0.96	
	上层	1.75	1.06	

注：* 表示 $p<0.05$，** 表示 $p<0.01$。

从表 5-2、表 5-3 可见，新生代农民工的幸福感水平在不同月收入级别上存在极其显著的差异。

经两两比较后发现，新生代农民工认为自己收入在"中上水平"的人与认为自己收入属于"中下水平"和"下等水平"的人的生活满意度在 95% 的置信水平上存在差异，如表 5-4 所示。

表 5-4　不同收入级别的新生代农民工幸福感的两两比较（P 值）

	上等水平	中上水平	中等水平	中下水平	下等水平	不知道
上等水平						
中上水平	0.31					
中等水平	0.65	0.69				
中下水平	0.94	0.04	0.10			
下等水平	0.96	0.03	0.07	1.00		
不知道	0.90	0.33	0.89	1.00	0.99	

对具有不同阶层感的新生代农民工幸福感的两两比较如表 5-5 所示。

表 5-5　不同阶层感的新生代农民工幸福感的两两比较（P 值）

	下层	中下层	中层	中上层	上层
下层					
中下层	0.15				
中层	0.00	0.05			
中上层	0.02	0.10	0.50		
上层	0.69	0.47	0.25	0.17	

两两比较的结果显示，认为自己处在社会"下层"的新生代农民工的幸福

感明显低于认为自己处在社会"中层"和"中上层"的新生代农民工,差异显著。值得注意的是,认为自己处在社会"上层"的农民工的幸福感水平比认为自己处在"下层"、"中下层"和"中层"的农民工的幸福感低,与他们的幸福感水平比较没有显著差异。

(三)新生代农民工的生活压力感

1. 新生代农民工生活压力感影响因素分析

我们通过因子分析,对影响新生代农民工生活压力的因素做深入研究。

第一步,挑选出涉及幸福感的预测变量,通过反映像相关矩阵,筛选出 19 个适合进行因素分析的题项。经 KMO 和 Bartlett 检验,KMO 的值为 0.821,Bartlett 球形检验的卡方值为 1127.331(自由度为 171),且差异达到 0.001 的显著水平,说明这 19 个变量之间具有相关且相关程度适宜进行因素分析。

第二步,采用最大差异法进行主成分分析。根据特征值大于 1 的原则,最终提取出 6 个主要成分,如图 5-14 所示。结合以往研究,将其依次命名为"自身能力与定位"、"人际和谐"、"社会环境"、"情感付出"、"基本生活保障"、"就业收入"六个维度。各因子的贡献率分别为 11.70%、11.39%、10.84%、10.07%、9.94%、8.75%,累计方差贡献率为 62.69%,各个项目在其所属因素上的载荷如表 5-6 所示。

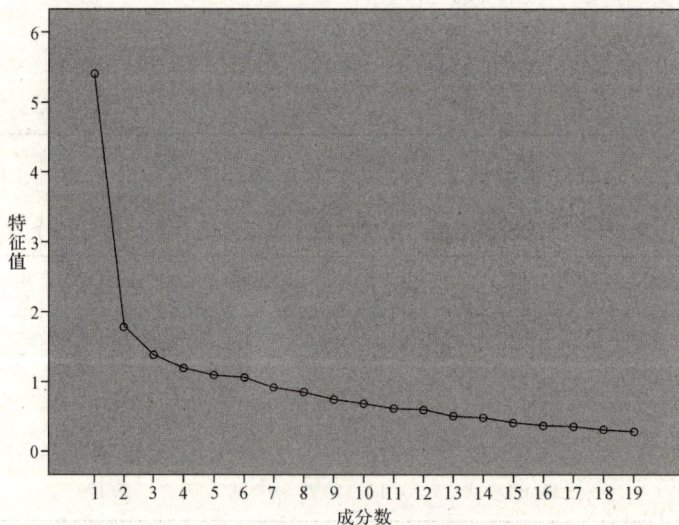

图 5-14　主成分分析碎石图

表 5-6　新生代农民工生活压力感因素载荷

题项	因素 1	因素 2	因素 3	因素 4	因素 5	因素 6
城乡身份问题	0.67					
个人技能/学历提高	0.67					
总的来说,我的生活中,我感到问题或困难	0.59					
工作压力	0.53					
家庭成员关系		0.83				
邻里关系		0.80				
个人身体健康		0.53				
受到他人歧视		0.52				
社会治安			0.87			
社会道德风气			0.82			
不敢信任外人			0.54			
婚姻				0.71		
人情支出				0.71		
赡养老人				0.57		
子女教育费					0.80	
住房条件					0.63	
医疗支出					0.58	
自己或家庭收入						0.85
自己或家人就业						0.84
特征根	2.22	2.16	2.06	1.91	1.89	1.67
方差贡献率	11.70%	11.39%	10.84%	10.07%	9.94%	8.75%

注:提取方法:主成分。旋转法:具有 Kaiser 标准化的正交旋转法,旋转在 8 次迭代后收敛。

2. 不同性别新生代农民工的生活压力感因素比较

我们对不同性别新生代农民工的生活满意度进行 t 检验,发现不同性别新生代农民工的生活满意度是存在差异的($t=-2.49,df=192,p=0.014<0.05$),女性的生活满意度总分显著高于男性,即女性可能比男性体验到的幸福感程度更高。我们对不同性别新生代农民工的生活压力感各因素进行了比较,结果如表 5-7 所示。

表 5-7　不同性别新生代农民工的生活压力感因素比较(M±SD)

项目	男(N=86)	女(N=108)	T
住房条件	2.60±1.68	1.87±1.39	3.27**
子女教育费	1.30±1.63	1.06±1.51	1.09
医疗支出	2.41±1.63	1.81±1.38	2.74**
赡养老人	2.12±1.70	1.39±1.33	3.25**
自己或家庭收入	2.74±1.40	2.19±1.40	2.71**
自己或家人就业	2.30±1.50	2.25±1.44	0.25
婚姻	2.16±1.78	1.21±1.58	3.93**
人情支出	2.23±1.40	1.83±1.26	2.08*
家庭成员关系	1.55±1.09	1.27±0.99	1.83
邻里关系	1.57±1.15	1.27±0.85	2.02*
工作压力	2.58±1.45	2.39±1.21	0.99
个人身体健康	1.43±0.98	1.46±1.06	−0.22
受到他人歧视	1.70±1.23	1.49±1.01	1.26
城乡身份问题	1.99±1.39	1.44±1.05	3.01**
个人技能/学历提高	2.76±1.51	2.32±1.32	2.09*
不敢信任外人	2.17±1.36	2.27±1.32	−0.49
社会治安	2.37±1.48	2.44±1.41	−0.35
社会道德风气	2.63±1.48	2.34±1.36	1.39
总的来说,我的生活中,我感到问题或困难	2.50±1.43	2.06±1.02	2.43*

注: * 表示 $p<0.05$, ** 表示 $p<0.01$。

从表 5-7 中可见,不同性别的新生代农民工在"住房条件"、"医疗支出"、"婚姻"、"赡养老人"、"自己或家庭收入"、"城乡身份问题"上均存在极显著差异($p<0.01$),在"人情支出"、"邻里关系"、"个人技能/学历提高"和"总体生活中,我是否感到困难或问题"项目上,男、女新生代农民工也存在较显著的差异($p<0.05$)。

3. 不同幸福感水平的新生代农民工生活压力感因素比较

我们以幸福感总体水平的前后 27% 为界,将新生代农民工分为高、低两个幸福感组,比较两组的生活压力感因素。结果显示,除了在"社会道德风气"一项上有显著差异($t=2.37, df=141.29, p=0.02<0.05$)外,在生活压力感总体水平及其他各因素水平上,两组的均分没有显著差异。

(四)新生代农民工幸福感与社会信任、城市认同的关系

我们使用《社会信任问卷》和《城市认同问卷》对新生代农民工的社会信任和城市认同做了调查,并将新生代农民工的幸福感与社会信任、城市认同做了相关比较,发现新生代农民工的幸福感与社会信任、城市认同间存在一定正相关,如表 5-8 所示。

表 5-8　新生代农民工幸福感与社会信任、城市认同的相关

	社会信任	城市认同
幸福感	0.15*	0.14*

注:* 表示 $p < 0.05$。

我们以幸福感总体水平的前后 27% 为界,将新生代农民工分为高、低两个幸福感组,比较两组的差异。结果显示,两组新生代农民工在社会信任上存在差异($t = -2.87, df = 199, p = 0.005 < 0.01$),低幸福感组的新生代农民工比高幸福感组的新生代农民工有较低的社会信任,但这两组新生代农民工却均有较一致的城市认同感,均值都处在"不确定"与"比较符合"之间,如表 5-9 所示。

表 5-9　不同幸福感水平的新生代农民工社会信任与城市认同的差异

	高幸福感组(N=111)	低幸福感组(N=90)	T
社会信任	3.09 ± 0.43	2.90 ± 0.54	$-2.87**$
城市认同	3.31 ± 0.68	3.16 ± 0.73	-1.52

注:** 表示 $p < 0.01$。

五、研究结论

(一)新生代农民工的幸福感,在性别、收入水平、阶层感上存在显著差异,在其他方面没有显著差异

本研究结果部分支持了假设一,发现新生代农民工的幸福感,存在着性别、收入水平、阶层感的显著差异,而在职业、受教育程度方面不存在显著差异。

本研究发现,在新生代农民工群体中,女性幸福感较高。新生代农民工幸福感的性别差异与他们的社会角色有关。在我国,受传统思想的影响,男性要承担家庭的主要责任,要更多地负担恋爱、结婚、买房、养育子女等方面的经济压力,这样

的责任与压力对男性新生代农民工是一种沉重的负担,压抑了他们的幸福感。

本研究发现,女性新生代农民工在"婚姻"指标上的得分高于男性新生代农民工,即女性新生代农民工认为自己的"婚姻"问题较严重,她们较男性更重视婚姻问题。这与许多女性的婚姻观、家庭观有关系。长期以来,女性在我国社会中占有的各类资源相对少于男性,往往需要借助婚姻来获取更多资源,因而女性很重视婚姻对象的选择,在择偶时会较多考虑对方的经济条件。

本研究发现,新生代农民工的幸福感水平在不同月收入级别上存在极其显著的差异。认为自己收入在"中上水平"的新生代农民工与认为自己收入属于"中下水平"和"下等水平"的新生代农民工的生活满意度存在显著差异。认为自己处在社会"下层"的新生代农民工的幸福感低于认为自己处在社会"中层"和"中上层"的新生代农民工,差异显著。

我们的调查表明,新生代农民工的实际月收入以 2001～3000 元最多。绝大多数新生代农民工认为,自己的收入水平在当地属于低水平,这种认知影响了新生代农民工的幸福感水平。

本研究表明,社会保障情况也对新生代农民工的幸福感产生影响。较低的社会保障水平降低了新生代农民工的幸福感。

(二)新生代农民工的幸福感与社会信任、身份认同存在正相关

本研究结果支持假设二,研究表明,新生代农民工的幸福感与社会信任、身份认同存在正相关。

我们以幸福感总体水平的前后 27% 为界,将新生代农民工分为高、低两个幸福感组,比较两组的差异。结果显示,两组新生代农民工在社会信任上存在差异($t=-2.87, df=199, p=0.005<0.01$),低幸福感组的新生代农民工比高幸福感组的新生代农民工有较低的社会信任。农民工为城市做出了巨大贡献,却难以在其打工的城市获得归属感,其中一个主要原因是身份认同问题。新生代农民工面临着尴尬的身份困境。

本研究发现,社会信任与新生代农民工的幸福感之间有正相关。社会信任度较高的新生代农民工幸福感水平较高,社会信任度较低的新生代农民工幸福感较低。这个研究结果提示我们,要提升新生代农民工的幸福感,迫切需要深化社会改革,改变社会中存在的对农民工的不公平现象。

参考文献

[1] 国务院研究室课题组. 中国农民工调研报告. 北京:中国言实出版社,2006.

[2] 刘俊彦.新生代当代中国青年农民工研究报告.北京:中国青年出版社,2007.

[3] 张小娟.基于可行能力视角的农民工幸福感研究.浙江财经学院硕士学位论文,2012.

[4] 朱翠英,付在汉,刘飞.幸福感及其测评研究述评.湖南农业大学学报(社会科学版),2009(5):100-103.

[5] 张海波.新生代农民工的社会幸福感——基于江苏省南京市394位新生代农民工的实证研究.电子科技大学学报(社科版),2012(1):21-28.

[6] 齐金玲,李辉.国有重工业企业职工主观幸福感及其影响因素研究.齐齐哈尔医学院学报,2010(1):4-5.

[7] 吴丽娜,张鹤,王鹤龄,包广亮,张承楷.井下矿工主观幸福感与社会支持之间的关系.中国健康心理学杂志,2011(5):544-546.

[8] 吴莉莉,冯冬燕.基于社会支持的下岗失业人员主观幸福感的研究.西安工程大学学报,2009(4):124-127.

[9] 师保国,徐玲,许晶晶.流动儿童幸福感、安全感及其与社会排斥的关系.心理科学,2009(6):1452-1454.

[10] 严标宾,郑雪,邱林.大学生主观幸福感的影响因素研究.华南师范大学学报(自然科学版),2003(2):137-142.

[11] 吴静.浙江农民工幸福感调查研究.财经论丛,2007(6):15-20.

[12] 奉先武,黄柏兰.农民工自尊与主观幸福感研究.社会心理科学,2010(9):64-69.

[13] 李志强.对成都地区青年农民工幸福观调查.重庆科技学院学报(社会科学版),2008(9):75-76.

[14] 夏晶,王婉娟,夏季.新生代农民工幸福感的影响因素分析.湖北工业大学学报,2010(6):23-26.

[15] 刘衔华,罗军,刘世瑞,周恒彩.在岗农民工主观幸福感与心理健康、人格的相关研究.现代预防医学,2008(17):3342-3344.

[16] [美]伊恩.K.史密斯.幸福感:简单几步让你收获内心真正所需.北京:中国长安出版社,2011.

[17] Diener, E. D. Subjective Well-Being—The Science of Happiness and Proposal for National Index. *American Psychologist*, 2000,55(1):34-43.

新生代农民工身份认同研究

身份一般分为先赋身份和自致身份,前者是个体由生理原因而自然获得或与生俱来的,具有不可更改性;后者是通过个体努力而获得的,具有可更改性。[①] 我国农民工的农民(peasant)身份不同于发达国家的农民(farmer)身份,后者完全是基于职业选择的自致身份,而我国的农民身份则具有相当程度的先赋性质。[②] 近 20 年来,随着经济的发展、社会的进步和城市化的进一步推进,我国农民的内涵和外延都在发生着变化,出现了"农民工"、"准市民"、"外来务工人员"、"新生代农民工"等称谓。这些称谓既不是明确的法律身份,也不是特定的职业身份,是进城务工者从农民到工人,从农民到市民身份的转换过程。因此,对新生代农民工的身份认同研究是一件很有意义的工作。

一、研究综述

(一)身份认同

不同的学科对身份认同有着不同的理解与认识。社会学偏重于社会现象的一致特性(例如身份、地位、利益和归属等)、人们对此的共识及其对社会关系的影响。心理学则认为身份认同本质上是个体心灵意义上的归属,更关注的是人心理上的健康和心理层面的身份认同归属。从认知过程上看,个体在

---

① 卢海元.走进城市:农民工的社会保障.北京:经济管理出版社,2004:12-13.
② 卢海元.走进城市:农民工的社会保障.北京:经济管理出版社,2004:13.

心理层面的自我认同是身份认同最终完成的标志。

新生代农民工的身份认同,可以理解为农民工在与城市居民的交往互动中,基于城乡居民差异的认识而产生的对自身身份的认知、自己感情归属或依附、未来行动归属的主观性态度,并且这种主观态度是可以随自身社会地位以及社会情境的变化而变化的,这也是考察农民工市民化程度的重要指标。[1]

在西方文化中,市民不仅指在城市居住的人,还指那些具有市民权、有身份自由并享受充分权利的社会成员。在我国,市民是个近代概念,一般将市民定义为长期或固定生活在城市,具有城市户籍,从事非农产业,并有其特有的文化背景、文化生活和文化素质的居民。但是,随着工业化和城市化的迅速发展,市民这一概念被赋予了更多新的内涵,"新市民"(如外来务工人员)是传统的市民概念无法涵盖的。

本研究所说的新生代农民工新市民身份认同,是指新生代农民工对新市民这一身份的承认与内化程度。

(二)国内对新生代农民工身份认同问题的研究

早期国内学者多从宏观制度层面,采用逻辑分析和定性的方法研究农民工身份及身份认同问题。郅建伟等对社会劳动者身份界限进行了若干思考。[2] 吴鹏森从进城农民的社会特征以及行为模式、社会心理和集团意识上,分析了这一特殊的"边际人"身份集团。[3] 李培文对中国农民身份转化的特殊性以及农民身份转化与中国政治发展的相关性作了较为系统的研究。[4] 朱力通过个案调查农民工身份,并认为制度障碍、土地牵制、交往局限、社会歧视等因素阻碍了这些准市民与城市和市民的融合。[5] 王春光在对农民工外出动因与行为选择的研究中,发现农民工更倾向于将自身视为农民。[6] 近年来,有些学者认识到,新生代农民工的身份认同较上一代有了一些新变化,于是对处于社会转型期的新生代农民工身份认同给予了较多关注。但是,关于新生代农民工身份认同的研究还是较少,已有的研究大多从制度层面探讨新生代农民工身份认同困境及其影响因素,也有一些学者通过问卷调查、访谈、个案分析

① 张雪筠.农民工与城市主体社会.天津:天津社会科学院出版社,2007:156.
② 郅建伟,谢晓凌.关于打破劳动者身份界限的思考.计划经济研究,1993(2):18-20.
③ 吴鹏森.进城农民:中国社会特殊的身份集团.安徽师范大学报(哲学社会科学版),1998(2):24-26.
④ 李培文.中国现代化进程中的农民身份转化与政治发展.陕西师范大学硕士学位论文,2000:18-20.
⑤ 朱力.准市民的身份定位.南京大学学报(哲学.人文科学.社会科学版),2000(6):28-30.
⑥ 王春光.新生代农村流动人口的社会认同与城乡融合的关系.社会学研究,2001(3):63-76.

等形式,揭示新生代农民工身份认同的现状,并针对性地提出一些改进新生代农民工身份认同的策略和建议。

邹英以长春市新生代农民工为例,在社会建构理论的基础上,对新生代农民工的自我身份认同困境、原因以及如何走出困境的途径进行了较为深入的研究和思考。①

许传新从新生代农民工城市生活经历(城市生活体验、与市民交往状况、与市民之间的差异感、城市生活满意度等)考察新生代农民工自我身份认同状况,结果表明新生代农民工自我身份认同处于混乱状态。②

刘博等通过对新生代农民工城市生活体验的个案分析,发现新生代农民工双重身份结构的客观存在与逐渐增大的底层生活压力,正迫使他们日渐远离城市生活的主流,成为现代城市社会中身份模糊的尴尬群体。③

赵志鸿从认知固化、体制禁锢、乡土记忆及城市体验四个维度,探讨了影响新生代农民工身份认同的因素。④

胡晓红从社会记忆的角度对新生代农民工身份认同的模糊性做出如下的解释:新生代农民工的自我身份认同是城市社会新场域、农村乡土经历两者的有机结合,这种认同困境是在"过去"的历史性记忆的乡土文化和"现在"的共时性记忆的城市文化基础上建构起来的,记忆的再现与传承导致乡土认同的解构,记忆的社会性造就了城市认同的模糊性。⑤

张璐、黄溪等对新生代农民工自我角色认同,进行了多分类无序变量的逻辑回归分析和交互分析,发现影响他们自我身份认同的主要因素有性别、文化水平、收入、婚姻和行业等,结果还显示新生代农民工整体上缺乏对市民身份的认同。⑥

殷娟等从乡土记忆、城市生活经历以及未来期望三个方面,考察了新生代

---

① 邹英.新生代农民工自我身份认同困境的社会学分析——以长春市为例.吉林大学硕士学位论文,2007.

② 许传新.新生代农民工的身份认同及影响因素分析.学术探索,2007(3):32-35.

③ 刘博,秦海霞.生活方式的转变与社会身份的缺失——对服务业新生代农民工城市生活的个案研究.青年研究,2008(12):33-35.

④ 赵志鸿.从四个维度看影响农民工身份认同的原因.重庆科技学院学报(社会科学版),2008(8):18-21.

⑤ 胡晓红.社会记忆中的新生代农民工自我身份认同困境——以S村若干新生代农民工为例.中国青年研究,2008(9):25-27.

⑥ 张璐、黄溪、惠源.新生代农民工自我身份认同影响因素分析.广西经济管理干部学院学报,2009(4):19-22.

农民工自我身份认同,得出新生代农民工自我身份认同模糊化倾向较为突出,对自我身份定位徘徊不定的结论。[①]

郭科运用社会认同理论,从新生代农民工的主体视角考察了新生代农民工群体的社会认同状况和影响因素。研究发现,由于新生代农民工自身建构和社会建构的不一致,在新生代农民工独特的群体社会记忆与存在空间互动的过程中,新生代农民工的社会认同总体趋势不稳定,倾向于模糊化的建构。[②]

李义波等认为新生代农民工群体内部自我身份认同出现分化,一些新生代农民工将自我身份定位为农民,一些人则认为自己属于市民,而导致新生代农民工模糊的差异化的身份认同,既有来自社会政策性的宏观因素,也有来自新生代农民工群体特征的微观因素。[③]

二、研究目标与研究假设

(一)研究目标

新生代农民工与老一代农民工相比,他们对融入城市有着迫切的要求。身份认同是新生代农民工城市融入的重要内容之一。本研究以杭州市下沙经济技术开发区新生代农民工为对象,调查新生代农民工的身份认同情况和问题,为党和政府推进城市化、改进城市社会管理的决策提供科学依据和建议。

(二)研究假设

假设一:新生代农民工对新市民身份的认同高于对农民身份的认同。

假设二:新生代农民工新市民身份认同存在性别、受教育程度、职业、月收入、城市居住时间、收入水平认知的差异。

假设三:社会公平对新生代农民工新市民身份认同有显著影响。

假设四:社会参与对新生代农民工新市民身份认同有显著影响。

假设五:生活预期对新生代农民工新市民身份认同有显著影响。

---

① 殷娟,姚兆余.新生代农民工身份认同及影响因素分析——基于长沙市农民工的抽样调查.湖南农业大学学报(社会科学版),2009(3):22-25.

② 郭科.融入与冲突:新生代农民工的社会认同.西北大学硕士学位论文,2009.

③ 李义波,朱考金.农民工融合度主观认知状况:身份认同、城市归属与发展规划——以江苏省1085名农民工为例.南京农业大学学报(社会科学版),2010(1):27-29.

假设六:生活满意度对新生代农民工新市民身份认同有显著影响。

假设七:社会支持对新生代农民工新市民身份认同有显著影响。

三、研究方法

(一)研究对象

本研究调查的新生代农民工,均为杭州市下沙经济开发区白杨街道邻里社区的外来务工人员。

(二)研究工具

1.《新生代农民工身份认同调查问卷》;

2.《经济社会地位自评问卷》A 版本。

(三)数据处理

本研究的所有数据均使用 SPSS 18.0 统计软件进行分析。

四、研究结果

(一)新生代农民工身份认同现状

新生代农民工身份认同现状如表 6-1 所示。

表 6-1　新生代农民工身份认同现状

	人数	均值	标准差	最小值	最大值
新市民身份	310	9.64	2.86	3	15
农民工身份	311	7.89	2.42	3	15

表 6-1 显示,新生代农民工对新市民身份的认同高于对农民工身份的认同。被调查对象在新市民身份和农民工身份认同上的得分介于 3～15 之间,分值越高表示对相应的身份的认同程度越强。新市民身份均值为 9.64,属于

中等偏上的水平,农民工身份认同均值为 7.89,属于中下等水平。进一步对样本进行 t 检验,结果显示,新生代农民工对新市民身份的认同显著强于对农民身份的认同,$t(304)=7.929$,$p<0.05$。

(二)影响新生代农民工身份认同的因素

1. 性别

性别对新生代农民工身份认同的影响如表 6-2 所示。

表 6-2　性别与新市民身份认同

	人数	均值	标准差
男	157	9.35	2.96
女	143	9.92	2.73

一般来说,男女在社会分工和社会角色期望上的差异,可能会影响到个体的自我认同。于是,我们以性别为自变量,新市民身份为因变量对新生代农民工身份认同进行独立样本 t 检验,检验结果不具有统计显著性($t=-1.74$,$p=0.084>0.05$),表明性别对新生代农民工对新市民身份认同没有显著的影响。

2. 受教育程度

受教育程度对新生代农民工身份认同的影响如表 6-3 所示。

表 6-3　受教育程度与新市民身份认同

	人数	均值	标准差
小学毕业及以下	3	11	2.65
初中毕业	53	9.92	2.75
高中(技校、职高、中专)毕业	192	9.79	2.84
大专(含在读)	50	8.96	2.86
大学本科(含在读)	10	8.3	3.62

假设检验结果显示,受教育程度不同的个体,对新市民身份认同的程度不存在显著差异。但是,从表中数据来看,随着受教育程度的提高,对新市民身份认同的程度却呈现出下降的趋势。一般认为,较高文化程度的个体更倾向于不认同农民工身份,但是我们的调查结果与此相反。究其原因,我们认为,具有高文化程度的个体迫切希望摆脱农民工身份成为市民,虽然他们在文化

程度、个人技能等方面与市民并无太大的差异,然而由于种种原因,他们并不能如愿享受市民待遇。强烈的融入诉求与现实的重重阻碍,在他们心理上形成了负面影响。

3. 职业

职业对新生代农民工身份认同的影响如表6-4所示。

表6-4 职业与新市民身份认同

	人数	均值	标准差
专业技术人员	74	9.96	3.022
商业服务业人员	19	10.53	2.653
党政部门、企业、事业单位负责人	7	9.43	3.309
工人	150	9.39	2.917
不便分类的其他从业人员	43	9.16	2.309

假设检验结果显示,不同职业的新生代农民工对新市民身份的认同程度不存在显著差异。从表6-4中可以看到,商业服务人员的新市民身份认同程度最高,其他依次为专业技术人员、党政部门、企业、事业单位负责人和工人。有研究指出,相比从事建筑业、制造业的农民工,从事商业、餐饮业的农民工与城市居民接触更频繁,对城市生活了解更多,进而对城市的归属感也较高,更可能自我定位为市民。

4. 月收入

月收入对新生代农民工身份认同的影响如表6-5所示。

表6-5 月收入与新市民身份认同

	人数	均值	标准差
1000元以下	6	9.33	2.338
1001~2000元	81	9.95	2.711
2001~3000元	169	9.72	2.871
3001~4000元	40	8.7	3.048
4001~5000元	6	8.17	2.787
5001元以上	6	10.67	2.658

新生代农民工的工资收入是他们主要的经济来源,工资的多少直接决定了他们的生活质量,影响着新生代农民工的自我身份认同。假设检验结果显

示,不同月收入水平的新生代农民工的新市民身份认同,不存在显著差异。从表 6-5 中可以看出,月收入 3001 元以下和 5000 元以上的新生代农民工,对新市民身份的认同程度要高于月收入 3001~4000 元的新生代农民工。

一般认为,收入水平影响着新生代农民工的身份认同,收入越高越倾向于认同新市民或边缘人身份,而不是农民工身份。本研究发现,月收入 5000 元以上的新生代农民工,无论是以农民工还是市民为参照群体,收入上的优势都很明显,这部分人更倾向于认同新市民身份。月收入 3000 元以下的新生代农民工,他们以农民为参照群体,因为收入较一般农民高而意识到自身与农民的差异,也会排斥农民身份认同。收入介于 3001~4000 元的新生代农民工的身份认同是模糊的,这部分人的月收入高于一般的农民工,与城市普通市民的收入相当,他们在心理上可能已经脱离了农民工身份,但是却无法确定自己的市民身份。

5. 收入水平认知

收入水平认知对新生代农民工身份认同的影响如表 6-6 所示。

表 6-6 收入水平认知与新市民身份认同

	人数	均值	标准差	F
上等水平	1	13		2.439*
中上水平	11	11.64	2.908	
中等水平	83	9.69	2.494	
中下水平	118	9.74	2.796	
下等水平	79	9.15	3.005	

注: * 表示 $p < 0.05$; ** 表示 $p < 0.01$; *** 表示 $p < 0.001$,下同。

本研究所说的收入水平认知,指新生代农民工基于特定参照标准,对自己收入的评价和主观感受。有研究指出,主观收入是影响公平感的重要因素。[1]

本研究对收入水平认知与新市民身份认同的方差分析结果显示,不同收入水平认知的新生代农民工,新市民身份的认同程度存在显著差异。在研究对象中,认为自己收入水平处于上等的只有 1 人,不具有代表性,故不将其纳入分析中。我们可以看到,随着收入水平认知等级的提高,新生代农民工更认同新市民身份。这说明,客观条件对新生代农民工的身份认同不直接发生影响,真正发生影响的是他们以城市居民为参照对自身地位的感知。

---

[1] 张宗和.中国民营企业的群体性劳资冲突.北京:中国社会科学出版社,2009:111.

6．城市居住时间

城市居住时间对新生代农民工身份认同的影响如表 6-7 所示。

表 6-7　城市居住时间与新市民身份认同

	人数	均值	标准差
1 年以下	133	9.36	3.018
1—3 年	139	9.88	2.773
3—5 年	29	9.62	2.47
5—8 年	8	10.25	3.24
8 年以上	1	10	

假设检验结果显示，城市居住时间不同的新生代农民工，新市民身份认同程度不存在显著差异。但是，从表 6-7 中仍可以看到，随着新生代农民工在杭州居住时间的增加，他们更加认同自身的新市民身份。农民工进城时间越久，越倾向于认同市民身份。他们在城市生活越久，随着城市体验的不断增加，农村生活保留下来的价值观念、行为方式和生活习惯逐渐消融并被改造，趋向于城市生活。在生活和工作等方面长期的非农化，使得农民这一制度性身份缺乏巩固与强化，新生代农民工身份认同趋向市民。虽然长时间在城市生活会在一定程度上加强新生代农民工的市民认同，但是也不能忽视这样一个事实：即使在城市生活多年，他们还是无法享受完全的市民待遇，制度性的障碍让他们感受到与市民的差异。

7．社会参与

社会参与对新生代农民工身份认同的影响如表 6-8 所示。

表 6-8　社会参与与新市民身份认同

	人数	均值	标准差	F
从不参加	101	9.09	2.825	
偶尔参加	188	9.86	2.748	3.095*
经常参加	21	10.33	3.665	

假设检验结果显示，社会参与度不同的新生代农民工，新市民身份认同程度存在显著差异。事后检验发现，偶尔参加集体活动的人对新市民身份认同程度要显著高于从不参加的人。在我们的调查中，有不少新生代农民工表现出缺乏社区主人翁意识的倾向，很少或从来都不参与所在社区的文娱活动，他

们认为社区里的事情有人管,自己只不过是在这里打工的,没必要过多地关注社区。本研究发现,参与社区集体活动对新生代农民工的身份认同有显著性影响,参加过社区集体活动的新生代农民工比没有参加过社区集体活动的新生代农民工更倾向于不认同农民身份。高社会参与度有利于丰富新生代农民工城市生活体验,减小新生代农民工与城市居民之间的社会距离,促进他们的家园认同感。

新生代农民工的社会参与,既有行动,也有意愿。有了意愿,才会有行动。于是,我们还对新生代农民工的社会参与态度与新市民身份认同进行了研究。

社会参与态度对新生代农民工身份认同的影响如表 6-9 所示。

表 6-9　社会参与态度与新市民身份认同

	人数	均值	标准差	F
低	73	8.32	2.682	
中	145	9.72	2.781	13.885***
高	83	10.64	2.796	

我们以社会参与态度为自变量,新市民身份为因变量进行单因素方差分析,检验结果具有统计显著性,事后检验显示,社会参与态度积极的新生代农民工对新市民身份认同程度要显著高于社会参与态度不积极的新生代农民工。社会参与态度一方面反映出新生代农民工对新市民身份的认同程度,另一方面也反映了他们被城市接纳的程度。具有积极社会参与态度的新生代农民工能够突破制度性因素的限制,积极投入到与城市的互动中,认同感、安全感比起那些参与态度消极的新生代农民工更高。

8. 未来生活预期

未来生活预期对新生代农民工身份认同的影响如表 6-10 所示。

表 6-10　未来生活预期与新市民身份认同

	人数	均值	标准差
差很多	8	8	2.928
差一点	10	8.8	1.751
变化不大	19	9.05	3.009
好一点	105	10.11	2.647
好很多	127	9.66	3.019

假设检验结果显示，对未来生活预期不同的新生代农民工，新市民身份认同程度不存在显著差异。但是我们仍然可以从表 6-10 中看出，对未来生活预期乐观的新生代农民工，比起对未来生活预期不乐观的新生代农民工更倾向于认同新市民身份。不同的发展预期、生活目标决定着不同的生存策略，不同的生存策略又引发不同的行为选择。新生代农民工对未来生活期望越大，就越可能关注自身技能的提高和权利的实现，也会为早日成为真正的市民有意识地调适自己，进而越不认同农民身份。

9. 生活满意度

生活满意度对新生代农民工身份认同的影响如表 6-11 所示。

表 6-11　生活满意度与新市民身份认同

	人数	均值	标准差	F
低	79	8.78	3.02	
中	125	9.53	2.79	7.529**
高	89	10.46	2.646	

方差分析显示，生活满意度不同的新生代农民工对新市民身份的认同程度存在显著差异。事后检验显示，高生活满意度的新生代农民工，对新市民身份的认同显著高于低生活满意度和中等生活满意度的新生代农民工，但是低生活满意度和中等生活满意度的新生代农民工在新市民认同上不存在显著性差异。生活满意度是个体基于自身设定的标准对自己生活的综合判断，作为认知因素，它影响着个体的情绪体验，从而影响到个体生活目标的定位和行为追求的取向。生活满意度高意味着新生代农民工较好地适应了城市生活，更积极地评价城市生活状态，促使他们更倾向于认同市民身份。

10. 被歧视感

被歧视感对新生代农民工身份认同的影响如表 6-12 所示。

表 6-12　被歧视感与新市民身份认同

	人数	均值	标准差
高	91	9.36	2.991
中	128	9.77	2.876
低	81	9.65	2.623

被歧视感是在群体身份和弱势群体地位认知获得的基础上,通过群体成员的建构而形成的。个体在体验到被歧视感后会通过归因对此做出解释,有的人会将其归结于内部的原因,可能会形成自卑的情绪,而有些人可能将其归为外在、稳定的因素(如制度),就会产生一种无助无望感。[1] 长期处在这样的认知、情绪状态下,被歧视感容易诱发他们的认同危机与心理危机。

假设检验结果显示,被歧视感程度不同的新生代农民工对新市民身份的认同程度不存在显著差异。但是我们仍然可以从表 6-12 中看出,被歧视感较强的新生代农民工对市民身份的认同程度偏低。

11. 公平感

公平感对新生代农民工身份认同的影响如表 6-13 所示。

表 6-13 公平感与新市民身份认同

	人数	均值	标准差	F
非常不公平	66	8.24	3.039	
比较不公平	105	9.41	2.615	11.487***
比较公平	128	10.59	2.643	
非常公平	8	8.75	3.012	

我们以公平感为自变量,新市民身份为因变量,进行单因素方差分析,检验结果具有统计显著性。事后检验发现:选择非常不公平的新生代农民工,对新市民的认同程度显著低于选择比较不公平和比较公平的新生代农民工;选择比较不公平的新生代农民工的认同程度,显著低于选择比较公平的新生代农民工;未发现选择非常公平的新生代农民工与其他人之间的显著差异。有研究表明,个体的公平感会影响到其他的感受,当个体感觉到他们被公平对待的时候,将会对社会、社会关系表现出更强的满意感,也更倾向于认同市民身份。[2]

12. 社会支持

社会支持对新生代农民工身份认同的影响如表 6-14 所示。

---

[1] 杨宜音,张曙光编著.社会心理学.北京:首都经济贸易大学出版社,2008:308.
[2] 胡荣,陈斯诗.农民工的城市融入与公平感.厦门大学学报(哲学社会科学版),2010(4):33-36.

表 6-14　社会支持与新市民身份认同

	人数	均值	标准差	F
低	77	8.58	2.556	
中	133	9.53	2.627	10.261***
高	84	10.55	3.095	

　　我们以社会支持为自变量,新市民身份为因变量进行单因素方差分析,检验结果具有统计显著性。事后检验发现,社会支持度高的新生代农民工,对新市民身份的认同程度要显著高于社会支持度中等和低的新生代农民工;社会支持度中等的新生代农民工的认同程度要显著高于社会支持度低的新生代农民工。已有的许多研究表明,当前新生代农民工的社会网络仍然以血缘和地缘关系为主,虽然这种同质性、传统性的社会网络对于农民工在城市的生存和发展具有不可代替的重要作用,但是同时也阻碍了他们对城市的认同和归属。新生代农民工进城后在工作和生活中建立起来的新的社会支持系统(主要包括同事、领导、城里的朋友、工会等)有利于他们融入城市。这种新的社会支持系统,会给他们提供更多的信息和资源以及与当地居民交往的机会,有助于消除新生代农民工与城里人之间的心理隔阂,增进对彼此的了解。

五、研究结论

(一)新生代农民工对新市民身份的认同高于对农民身份的认同

　　本研究结果支持假设一,证实新生代农民工对新市民身份的认同高于对农民身份的认同。研究结果表明,被调查对象在新市民身份和农民工身份认同上的得分介于 3～15 之间,分值越高表示对相应的身份的认同程度越强。被调查对象认同新市民身份的分数均值为 9.64,认同农民工身份的分数均值为 7.89,经对样本进行 t 检验,结果显示,新生代农民工对新市民身份的认同显著强于对农民身份认同,$t(304)=7.929$,$p<0.05$。

　　这是一个很有意义的研究结果。虽然我国当前在农民工市民化上存在很多困难和问题,但是新生代农民工在身份意识上已经更倾向于新市民而不是农民。这表明中国的城市化进程不仅已经跨过了数量上的转折点(2011 年中国城市人口比重第一次超过农村人口),而且已经越过了心理上的转折点,即新生代农民工已经在心理上开始把自己看作是市民而非农民。中国的城市化进程又迈过了一个重要的门槛。

(二)新生代农民工的性别、收入、职业、受教育程度、城市居住时间对身份认同没有显著影响,收入水平评价对新生代农民工身份认同有显著影响

本研究结果部分支持假设二。研究结果表明:性别、收入、职业、受教育程度、城市居住时间对新生代农民工的身份认同没有显著影响,没有支持假设一。但是,收入水平认知对新生代农民工身份认同有显著影响,支持了假设一。对此,我们认为,身份认同不是可以用数据简单标识的标签,而是个体和人群的一种社会心理状态,是他们与周边人群进行社会比较后的心理状态。我们可以看到,随着新生代农民工对自己收入水平评价的提高,他们更认同新市民身份。

(三)社会公平对新生代农民工新市民身份认同有显著影响

本研究结果支持假设三,证实社会公平对新生代农民工新市民身份认同有显著影响。本研究发现:选择非常不公平的新生代农民工,对新市民的认同程度,显著低于选择比较不公平和比较公平的新生代农民工;选择比较不公平的新生代农民工的认同程度,显著低于选择比较公平的新生代农民工;被歧视感较强的新生代农民工对市民身份的认同程度偏低。

这个结果表明,新生代农民工的身份认同,是社会比较的结果。提高新生代农民工的新市民身份认同,其实就是要缩小新生代农民工与市民在经济和社会待遇方面的差距,身份认同的本质是社会公平问题。农民工和市民如果在经济待遇和社会待遇上都一样了,农民工的身份认同问题也就不存在了。新生代农民工身份认同问题,反映了我国城市目前存在的严重的社会公平问题。解决社会公平问题,是解决农民工身份认同等心理问题的根本。

(四)社会参与对新生代农民工新市民身份认同有显著影响

本研究结果支持假设四,证实社会参与对新生代农民工新市民身份认同有显著影响。研究结果表明:社会参与度不同的新生代农民工,新市民身份认同程度存在显著差异。偶尔参加集体活动的人对新市民身份认同程度显著高于从不参加的人。本研究发现,参与社区集体活动对新生代农民工的身份认

同有显著性影响,参加过社区集体活动的新生代农民工比没有参加过社区集体活动的人更倾向于不认同农民身份。研究结果还表明,社会参与态度积极的新生代农民工对新市民身份认同程度要显著高于社会参与态度不积极的新生代农民工。

社会参与水平反映出新生代农民工对新市民身份的认同程度,也表现出他们被城市社会接纳的程度。积极参与社会活动的新生代农民工,在与城市社会的互动中,能够更深入地认识城市、发现城市,更准确地评价城市,他们在对城市的认同感、安全感上比那些社会参与态度消极的新生代农民工更高。高社会参与度有利于丰富新生代农民工的城市生活体验,减小新生代农民工与城市居民之间的社会距离,促进他们的家园认同感。许多农民工对城市的认同感低,在很大程度上源于他们对城市和城市生活缺少真正的、深入的了解。所以,要提高新生代农民工对城市和新市民身份的认同,促进他们从多方面深入地了解城市生活是一个非常有效的途径。

(五)未来生活预期对新生代农民工身份认同有一定影响

本研究结果不支持假设五。研究结果表明:对未来生活预期不同的新生代农民工,新市民身份认同程度不存在显著差异。尽管未来生活预期对新生代农民工身份认同影响不显著,然而研究数据表明,对未来生活预期乐观的新生代农民工,比起对未来生活预期不乐观的新生代农民工更倾向于认同新市民身份,说明未来生活预期对新生代农民工身份认同有一定影响,只不过这种影响不是很显著而已。

(六)生活满意度对新生代农民工新市民身份认同有显著影响

本研究结果支持假设六,证实生活满意度对新生代农民工新市民身份认同有显著影响。研究结果表明,高生活满意度的新生代农民工,对新市民身份的认同显著高于低生活满意度和中等生活满意度的新生代农民工。但是,低生活满意度和中等生活满意度的新生代农民工在新市民认同上不存在显著性差异。

生活满意度也是社会比较的结果,是一种社会心理感受。新生代农民工的生活满意度,是他们与自己过去的生活相比、与周围人们生活相比的结果。他们的生活比过去的生活改善了、不比周围的人生活差,生活满意度就高。反之,生活满意度就低。因此,提高新生代农民工生活满意度的问题,实际上也是一个改善社会公平的问题。

（七）社会支持对新生代农民工新市民身份认同有显著影响

本研究结果支持假设七,证实社会支持对新生代农民工新市民身份认同有显著影响。研究结果表明,社会支持度高的新生代农民工,对新市民身份的认同程度要显著高于社会支持度中等和低的新生代农民工;社会支持度中等的新生代农民工的认同程度要显著高于社会支持度低的新生代农民工。

在我国当前,新生代农民工的社会支持主要来自亲朋好友,来自工作单位、政府和社会的社会支持较弱。他们遇到困难和问题,往往感到无助和迷茫。新生代农民工所需要的社会支持,最重要的就是社会保障。提高新生代农民工的社会保障水平,逐渐使他们的社会保障水平市民化,自然也就提高了他们的新市民身份认同。

参考文献

[1] 曹志刚.社会网络与城市化意识——以珠三角农民工为例.北京:社会科学文献出版社,2011.

[2] 陈映芳."农民工":制度安排与身份认同.社会学研究,2005(3):58-66.

[3] 戴建中主编.北京社会发展报告 2010—2011.北京:社会科学文献出版社,2011.

[4] 郭科.融入与冲突:新生代农民工的社会认同.西北大学硕士学位论文,2009.

[5] 胡宏伟,曹杨,吕伟等.新生代农民工自我身份认同研究.江西农业大学学报(社会科学版),2011(3):32-35.

[6] 胡荣,陈斯诗.农民工的城市融入与公平感.厦门大学学报(哲学社会科学版),2010(4):33-36.

[7] 胡晓红.社会记忆中的新生代农民工自我身份认同困境——以 S 村若干新生代农民工为例.中国青年研究,2008(9):25-27.

[8] 李翠玲,段学芬.农民工的身份认同与农民工的市民化.人力资源管理,2010(4):18-22.

[9] 李培文.中国现代化进程中的农民身份转化与政治发展.陕西师范大学硕士学位论文,2000.

[10] 李翾.新媒体环境下新生代农民工自我身份认同研究.汕头大学硕士学位论文,2011.

[11] 李义波,朱考金.农民工融合度主观认知状况:身份认同、城市归属与发展规划——以江苏省 1085 名农民工为例.南京农业大学学报(社会科学版),2010(1):34-37.

[12] 刘博,秦海霞.生活方式的转变与社会身份的缺失——对服务业新生代农民工城市生活的个案研究.青年研究,2008(12):33-35.

[13] 刘冬梅.统筹城乡视野下农民工身份认同重塑与调适.农业经济,2010(2):20-23.

[14] 刘芳,李海莹.新生代农民工身份认同研究现状综述.科教导刊(中旬刊),2011(9):17-20.

[15] 卢海元.走进城市:农民工的社会保障.北京:经济管理出版社,2004.

[16] 彭远春.论农民工身份认同及其影响因素——对武汉市杨园社区餐饮服务员的调查分析.人口研究,2007(2):31-33.

[17] 郗建伟,谢晓凌.关于打破劳动者身份界限的思考.计划经济研究,1993(2):18-20.

[18] 王春光.新生代农村流动人口的社会认同与城乡融合的关系.社会学研究,2001(3):63-76.

[19] 吴鹏森.进城农民:中国社会特殊的身份集团.安徽师范大学学报(哲学社会科学版),1998(2):24-26.

[20] 许传新.新生代农民工的身份认同及影响因素分析.学术探索,2007(3):32-35.

[21] 杨宜音,张曙光编著.社会心理学.北京:首都经济贸易大学出版社,2008.

[22] 殷娟,姚兆余.新生代农民工身份认同及影响因素分析——基于长沙市农民工的抽样调查.湖南农业大学学报(社会科学版),2009(3):22-25.

[23] 岳中志,彭程,徐磊.我国新生代农民工身份认同的现状及影响因素研究.西北人口,2011(6):31-33.

[24] 张建新.民族研究:社会视角中的发现.北京:中央民族大学出版社,2010.

[25] 张璐,黄溪,惠源.新生代农民工自我身份认同影响因素分析.广西经济管理干部学院学报,2009(4):19-22.

[26] 张淑华,李海莹,刘芳.身份认同研究综述.心理研究,2012,5(1):31-34.

[27] 张向东.农民工的认同与适应.北京:新华出版社,2006.

[28] 张雪筠.农民工与城市主体社会.天津:天津社会科学院出版社,2007:156.

[29] 张宗和.中国民营企业的群体性劳资冲突.北京:中国社会科学出版社,2009.

[30] 赵志鸿.从四个维度看影响农民工身份认同的原因.重庆科技学院学报(社会科学版),2008(8):18-21.

[31] 朱力.准市民的身份定位.南京大学学报(哲学.人文科学.社会科学版),2000(6):28-30.

[32] 邹美萍.边缘化:新生代农民工身份认同困境研究.华中师范大学硕士学位论文,2012.

[33] 邹英.新生代农民工自我身份认同困境的社会学分析——以长春市为例.吉林大学硕士学位论文,2007.

新生代农民工城市融入研究

农民工是城市化的动力和主力军,如何解决数以亿计的农民工的城市融入问题,让他们成为真正的市民,在城市中安居乐业,是我国城市化的一项艰巨任务。我国关于新生代农民工城市融入已有许多研究成果,但是对新生代农民工城市融入的实证研究还较少。为此,我们从经济、社会和心理三个层面对新生代农民工城市融入进行了调查,分析新生代农民工城市融入的现状,解读新生代农民工市民化的心路历程,对促进新生代农民工城市融入提出一些政策建议。

一、研究综述

(一)城市融入的概念

对农民工城市融入问题的研究最早可以追溯到田凯于 1995 年关于农民工城市适应性所做的调查①,而新生代农民工的城市融入问题引起学界关注则始于 2001 年中国社会科学院王春光研究员对新生代农村流动人口的社会认同与城乡融合关系所做的相关调查及论述。

对农民工而言,城市融入就是从农村进入城市、由从事农业到从事工业和服务业、从习惯的乡村文化到接受城市文化、从农村生活方式变为城市生活方式、从农民变为市民的过程。简单地说,农民工的城市融入就是农民工不断摆

---

① 田凯.关于农民工的城市适应性的调查分析与思考.社会科学研究,1995(5):90-95.

脱城市"边缘人"位置,逐渐融入城市生活方式和文化,最终成为市民的过程,这种融入过程也就是"市民化"的过程。

(二)国内目前研究现状

学界对农民工城市融入问题极其关注,社会学、政治学、心理学等学科积极参与到对这一问题的探讨中,涌现出了不少有价值的研究成果。其中有代表性的研究成果,大致可分为五类:第一类是基于现代性视角的研究,强调农民从传统向现代、从乡土向城市、从封闭向开放转变的过程,以及由此所获得的现代性特征。第二类是基于社会化视角的研究,认为农民工进城是个体继续社会化的过程,探讨农民工不彻底的社会化现象。第三类是农民工城市主体互动关系的视角,有的学者从社会距离的方面来研究这一问题。第四类是基于社会网络或社会资本的视角,这种观点认为农民工的社会资本影响了他们有效融入城市社会。第五类则是相关的经验研究,通过问卷和访谈的形式描述和分析农民工适应城市的内容、障碍和对策。①

学者们对制约新生代农民工城市融入的主要因素有较为一致的看法,主要有户籍、劳动就业、社会保障、住房、土地、教育等城乡有别的二元制度缺陷,维护农民工合法权益的法律法规的不健全,正式的社会支持网络的匮乏,城市市民对农民工的偏见观念,农民工自身的素质和自我发展能力欠佳,等等。

总的看来,现有文献对新生代农民工城市融入的含义、现状、影响因素与障碍、对策与前景等展开了全面的探讨,出现了大量的研究成果。但是,目前的许多研究还存在一些不足:一是缺乏客观的观测指标与大样本的实证调查;二是关于新生代农民工城市融入制约因素缺少有针对性的深入研究;三是在如何促进新生代农民工城市融入方面,提出的建议和对策往往比较空泛。

我国多数学者认为,农民工社会融入的内容主要集中在经济、社会和心理层面的适应,这三个方面是依次递进的。其中,经济层面的适应主要包括经济收入、消费情况和居住情况等方面内容,经济层面的适应是立足城市的基础;社会层面的适应主要包括农民工社会交往、社区交往和闲暇娱乐活动,社会层面的适应是融入城市生活的进一步要求,反映融入城市生活的广度;心理层面的适应主要包括对城市生活的主观感受和预期,城乡生活的对比等,心理层面

---

① 江立华.城市性与农民工的城市适应.社会科学研究,2003(5);胡荣,陈斯诗.农民工的城市融入与公平感.厦门大学学报(哲学社会科学版),2010(4):97-105.

的适应属于精神上的,反映参与城市生活的深度。只有经济、社会和心理都适应,才说明新生代农民工完全地融入城市社会。

二、研究目标与研究假设

1. 研究目标

通过调查和研究,客观地呈现新生代农民工城市融入的现状,如实反映新生代农民工市民化的心路历程,为党和政府推进城市化、改进城市社会管理的决策提供科学依据和建议。

2. 研究假设

假设一:新生代农民工的收入水平低于市民。

假设二:新生代农民工来自社会和政府的社会支持薄弱。

假设三:新生代农民工的市民化意愿强烈。

三、研究方法

(一)研究对象

本研究调查的新生代农民工,均为杭州市下沙经济开发区白杨街道邻里社区的外来务工人员。

(二)研究工具

1.《经济社会地位自评问卷》A 版本;

2.《新生代农民工身份认同调查问卷》;

3.《社会参与调查问卷》;

4.《领悟社会支持量表》(PSSS);

5.《生活满意度问卷》(SWLS)。

(三)数据处理

本研究的所有数据均使用 SPSS 18.0 统计软件进行分析。

四、研究结果

按照问卷的结构顺序,我们从经济、社会和心理三个层面分别呈现研究结果。

(一)经济层面

经济地位是新生代农民工融入城市的重要指标,是社会融入和心理融入的前提,是实现城市融入的物质基础。经济地位最重要的内容涉及收入水平和职业两个方面。我们的调查主要围绕新生代农民工的收入和职业展开。

1. 职业和文化水平

(1)被调查对象的职业分布。在被调查对象中,51.3%是一线工人,25.2%是专业技术人员,6.4%是商业服务人员,2.3%是党政部门、企业、事业单位负责人,如图7-1所示。

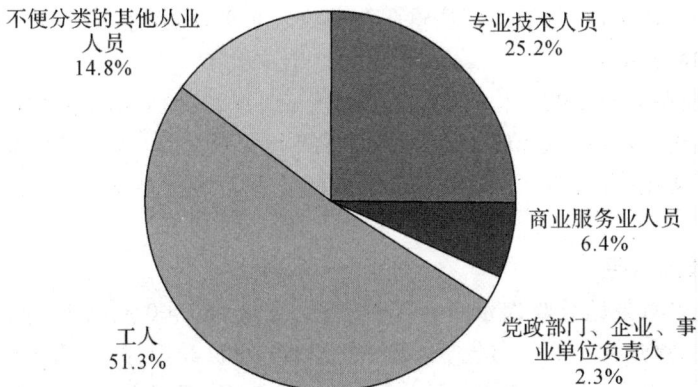

图 7-1　被调查对象的职业分布

(2)被调查对象工作单位的性质。49.0%的人在外资企业,20.6%的人在私营企业,8.4%的人在合资企业,8.1%的人在国有企业,6.8%的人在事业单位,0.6%的人在党政机关,如图7-2所示。

国家统计局的一份调查报告显示,与上一代农民工主要集中在制造业和

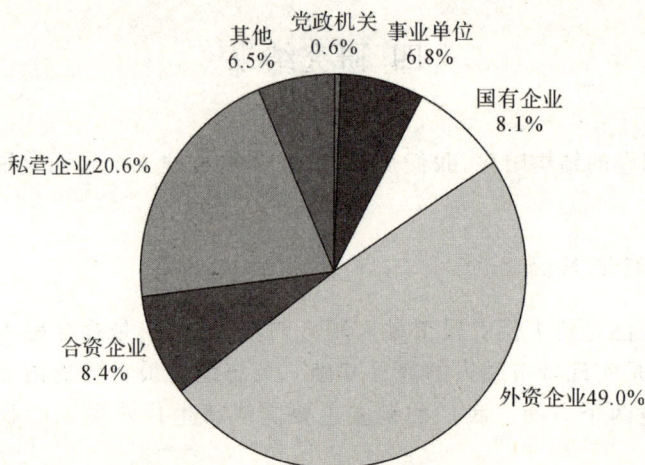

图 7-2　被调查对象的就业单位性质

建筑业的情况不同,新生代农民工主要集中在制造业,就业领域相对集中。①我们的调查与此报告相似,但是显示出一些新的变化。与上一代农民工相比,新生代农民工在选择单位和岗位时,倾向于选择社会美誉度高、较安全和有发展前景的工作岗位,他们不仅注重职业的收入水平,而且还重视单位提供的工作环境和职业前景。

(3)被调查对象的文化和职业技能水平。17.2%的人初中文化,62.4%的人高中文化(含技校、职高、中专),16.2%的人大专文化(含在读),3.2%的人大学本科文化(含在读)。新生代农民工的受教育程度明显高于老一代的农民工。

2. 收入水平

被调查对象的月收入水平。1.9%的人收入为1000元以下,26.8%的人为1001~2000元,54.8%的人为2001~3000元,12.7%的人为3001~4000元,1.9%的人为4001~5000元,1.9%的人为5001元以上,如图7-3所示。

杭州市人力资源和社会保障局公布,2011年杭州市区全社会在岗职工平均工资为38837元(口径范围包括国有、集体、股份制、三资和私营单位,不含

---

① 新生代农民工的数量、结构和特点. http://www. stats. gov. cn/was40/gjtjj _ detail. jsp? searchword＝％C5％A9％C3％F1％B9％A4&presearchword＝％C3％F1％B9％A4&channelid＝5705&record＝21,2012-10-18.

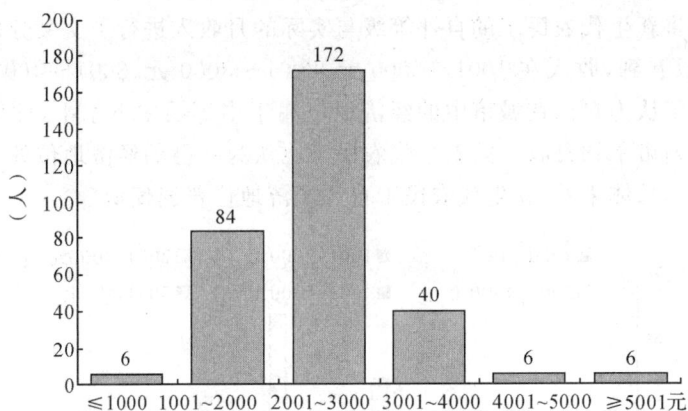

图 7-3　新生代农民工月收入分布

个体工商户)①,月平均工资超过 3200 元。与这一数据相比,杭州新生代农民工大多数人月收入低于 3000 元,收入水平偏低。

在调查问卷中,让新生代农民工评价自己的经济地位,"您觉得自己目前的收入水平在本地(所在城市)所属水平",回答选项是"上等水平"、"中上水平"、"中等水平"、"中下水平"、"下等水平"和"不知道",结果显示:63.8%的人认为自己属于中下等水平,27.0%的人认为自己属于中等水平,3.5%的人认为自己属于中上等水平,0.3%的人认为自己属于上等水平,如图 7-4 所示。

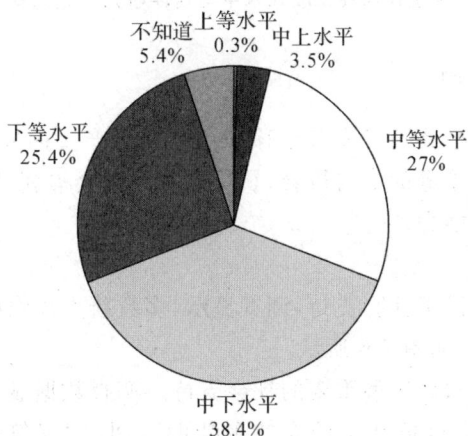

图 7-4　新生代农民工自评收入等级分布百分比

---

① 杭州市人力资源和社会保障局.关于发布 2011 年杭州市区全社会在岗职工平均工资的通知.

我们将新生代农民工的自评等级与实际的月收入进行了交叉分析。从图 7-5 中可以看到,收入在 1001～2000 元、2001～3000 元、3001～4000 元的新生代农民工认为自己在城市中的经济地位属于中等及中下水平,即使那些收入超过杭州市平均月收入的新生代农民工也认为自己的经济地位处于中等及中下水平。总体来看,新生代农民工自评经济地位普遍偏低。

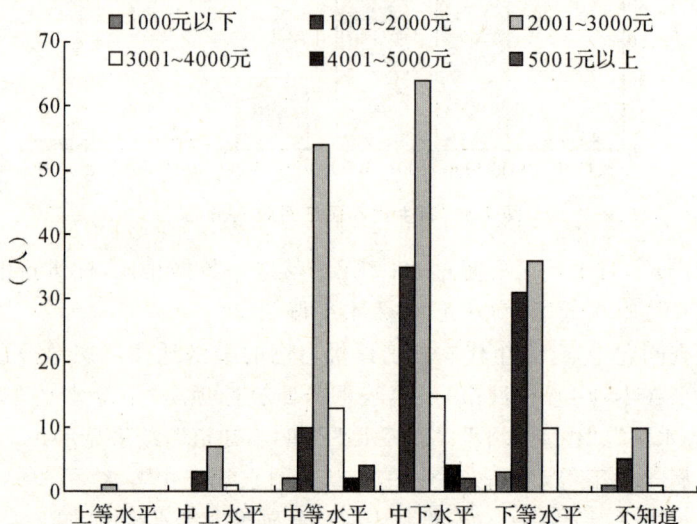

图 7-5　新生代农民工收入水平与自评收入等级的交叉分析

(二)社会层面

社会融入是一个伴随着人口迁移和社会变迁产生的复杂社会过程,其核心内涵体现在具有平等的参与机会、享受基本的社会福利、形成积极的社会关系和不断改善发展能力。[①]

1. 社会支持

关于新生代农民工社会支持,调查显示,多数新生代农民工都能够从亲友那里得到社会支持,如图 7-6 所示。

家庭是新生代农民工最重要的社会支持。调查数据显示,对题目"在需要时,我能够从家庭获得情感上的支持和帮助",回答"很符合"的人数比例有

---

① 国务院发展研究中心"促进城乡统筹发展,加快农民工市民化进程研究"课题组. 农民工社会融入的政策内涵及推进方向,2011-5.

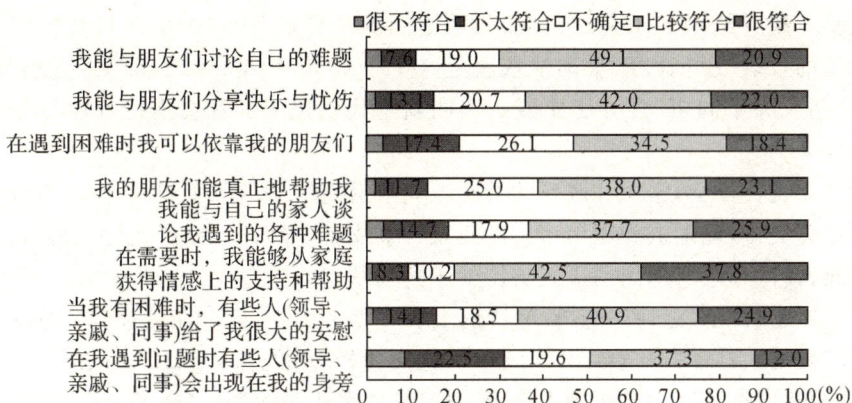

图 7-6　社会支持题目及选项人数分布

37.8％,回答"比较符合"的人数有 42.5％,两项相加有 80.3％。对题目"我能与自己的家人谈论我遇到的各种难题",25.9％的人回答"很符合",37.7％的人回答"比较符合",两项相加有 63.6％。

朋友也是新生代农民工的重要社会支持。对题目"我的朋友们能真正地帮助我",23.1％的人回答"很符合",38.0％的人回答"比较符合",两项相加,有 61.1％的人认为自己的朋友能够帮助自己。52.9％的人认为"在遇到困难时我可以依靠我的朋友们";64％的人认为"我能与朋友们分享快乐与忧伤";70％的人认为"我能与朋友们讨论自己的难题"。

领导、亲戚和同事是新生代农民工社会支持的重要来源。有 49.3％的人认为"在我遇到问题时有些人(领导、亲戚、同事)会出现在我的身旁"。但是,也有 31％的人对此持否定态度。有 65.8％的人认为"当我有困难时,有些人(领导、亲戚、同事)给我了很大的安慰"。

费孝通先生曾提出,中国乡土社会以宗法群体为本位,人与人之间的关系,是以亲属关系为主轴的网络关系,是一种差序格局。在差序格局下,每个人都以自己为中心结成网络。这就像把一块石头扔到湖水里,以这个石头(个人)为中心点,在四周形成一圈一圈的波纹,波纹的远近可以标示社会关系的亲疏。那么,新生代农民工的社会支持系统是否也存在着差序格局呢?为了回答这个问题,我们进一步检验了家庭、朋友与领导、亲戚、同事三个层面的社会支持的差异情况。对三个层面的单题均值[①]进行相关样本 t

---

① 由于三个层面包含的题项数不同,因而不能直接进行比较,需要求出各层面的平均数,再进行比较。

检验。统计结果显示,三个层面两两之间的差异显著,三个层面对新生代农民工的社会支持程度,平均值依次是 3.791、3.656 和 3.422,即家庭大于朋友,朋友大于同事、领导和亲戚。表明新生代农民工的社会支持依然是差序格局。

在现代社会,组织和政府的社会支持作用越来越重要。来自组织和政府的社会支持,逐渐成为城市市民的正式社会支持。然而,新生代农民工得到的企业、社区和政府部门的正式支持处于薄弱状态。

对题目"在受到不公平对待时,您一般会",35.7%的人选择"离职",21.3%的人选择"忍气吞声",11.2%的人选择"求助社区",10.8%的人选择"求助政府机关",10.5%的人选择"自己找人私下解决",3.5%的人选择"把怨气发泄到物品上",2.1%的人选择"把怨气发泄到不相关的其他人身上",如图7-7所示。

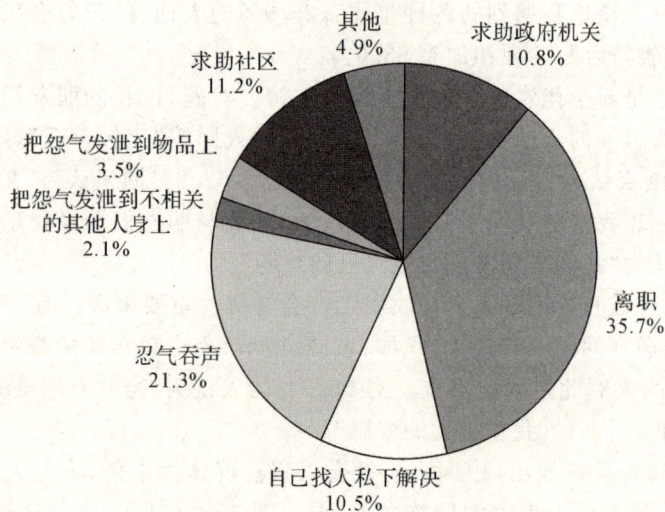

图 7-7　受到不公平待遇的解决方法

这个情况表明,新生代农民在城市里还是弱势群体,需要社会组织和政府给予更多的关心和帮助,他们需要更多的正式社会支持。

2. 社会参与

关于新生代农民工的社会参与意识,调查显示,62.5%的人认为"我不过是在杭州这个地方打工,没必要过多关注杭州";51.1%的人认为"社区里的事情有人管,我不必操心"。对题目"我遇到城市中的问题,会积极给市政府提建议",29.7%的人回答"不会",36.4%的人回答"会"。对题目"我喜欢参加杭州电视台或报刊组织的一些了解杭州的活动",32.4%的人回答"喜欢",33.1%的人回答"不愿意"。如图7-8所示。

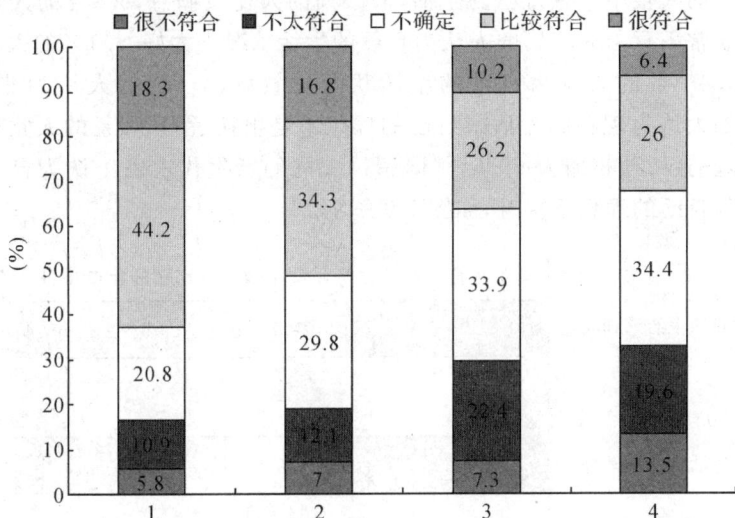

图7-8 社会参与态度各题项的作答情况

注:1代表"我不过是在杭州这个地方打工,没必要过多关注杭州"。

2代表"社区里的事情有人管,我不必操心"。

3代表"我遇到城市中的问题,会积极给市政府提建议"。

4代表"我喜欢参加杭州电视台或报刊组织的一些了解杭州的活动"。

本调查所呈现的新生代农民工社会参与态度比较消极的情况,不能将原因简单地归结为农民工的素质或社会责任感的问题。应当看到,社会存在决定社会意识。城市和社区是否为新生代农民工提供了参与城市和社区事务的条件与机会?新生代农民工的心声和意愿是否得到了重视?不解决好这两个问题,新生代农民工参与意识的提高就无从谈起。

(三)心理层面

关于心理融入,戈瑞夫(Graves)的定义是:个体与其他文化群体的实际接触所导致的心理与行为的变化。[①] 我们认为,心理融入是新生代农民工在观念、情感、习俗、生活方式和文化上适应所在的城市,认同自己是城市居民,争取和努力成为市民。

① 刘电芝等.走进幸福:农民工城市融入与主观幸福感研究.苏州:苏州大学出版社,2012:62.

1. 生活满意度

对新生代农民工生活满意度的调查显示,30%的人对自己的生活不太满意,8.1%的人很不满意自己的生活,35.8%的人比较满意,5.9%的人对自己的生活非常满意。36.5%的人认为自己的生活状况不太好,5.1%的人认为非常不好,34.3%的人认为自己的生活状况比较好,4.8%的人认为非常好。48.7%的人认为现在的生活跟自己的理想不是很接近,13.9%的人觉得是完全不接近的,两项相加为62.6%,即超过六成的新生代农民工认为自己现在的生活与自己的理想不接近,如图7-9所示。

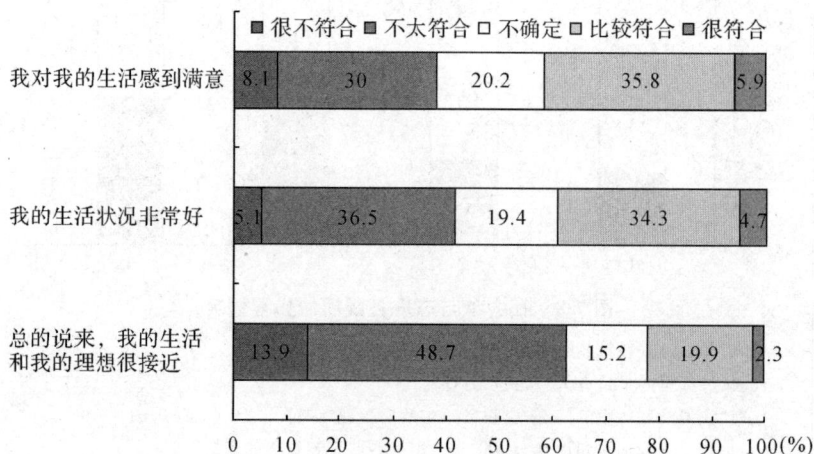

图7-9 新生代农民工生活满意度调查

我们做进一步的分析显示,性别之间、年龄组之间和收入水平①之间的生活满意度存在显著性差异。女性的生活满意度要显著高于男性,平均值分别为8.80和8.11。26~32岁的人的满意度显著高于18~25岁的人,平均值分别为9.11和8.36。高收入的人的生活满意度要显著高于中等收入和低收入的人,平均值分别是10.33、8.37和8.44,中等收入水平与低收入水平之间的差异虽然不显著,但是低收入组的平均值要高于中等收入组。

从图7-9中我们看到,大多数新生代农民工不满足现在的生活,认为跟自己的理想生活状态相比,现在的生活还是有一定的差距的。在回答开放性题目"什么是你想要的生活"上,他们讲得比较多的是"有自己的事业"、"有一份

---

① 为了便于统计处理,我们将收入水平的六个分组合并为三个,并重新命名为低收入(2000元以下)、中等收入(2001~4000元)和高收入(4001元以上)。

稳定的长期的工作"、"有自己的房子"、"收入好点"、"跟家人和睦幸福地生活"、"享受社会保障"、"有闲暇的时间可支配的时间"、"简单、平淡",等等。这些他们想要的生活,都是基本的、应当得到的生活,然而却成为他们的理想,表明改善农民工的基本生活条件仍然是当前全社会和政府的一项重要任务。

在调查中,让他们预期五年后的生活,77.4％的人认为五年后的生活会比现在好,6.6％的人认为同现在的生活差不多,5.7％的人认为会比现在差,如图 7-10 所示。可见,即使现在的生活同自己的理想状态有差距,大多数新生代农民工的生活态度还是乐观的,相信未来生活会更好。

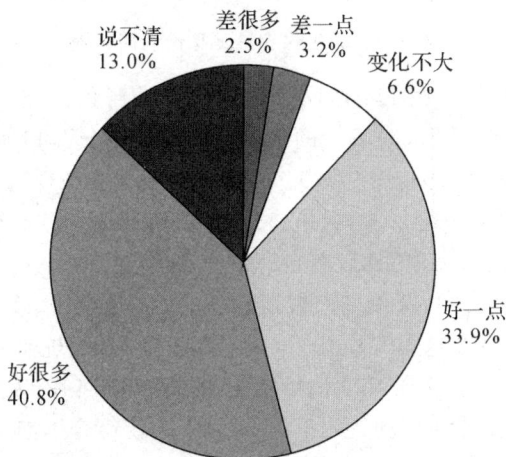

图 7-10 新生代农民工对五年后生活的预期

2. 身份认同

新生代农民工在城市生活的过程中,逐渐对自己身份的理解产生了变化。调查显示,在"成为新杭州人中的一分子,我感到很高兴"的题目上,回答"很符合"和"比较符合"的共有 60.5％,15.3％人回答"不太符合",4.8％的人回答"很不符合"。在"作为新杭州人,这一身份有许多令我觉得自豪的地方"的题目上,共有 42.1％的人回答"很符合"和"比较符合",17.2％的人回答"不太符合",8.6％的人回答"很不符合"。在"与老家的人相比,我很高兴自己是一名新杭州人"的题目上,共有 36.1％的人回答"很符合"和"比较符合",共有 40.3％的人回答"很不符合"和"不太符合"。如图 7-11 所示。

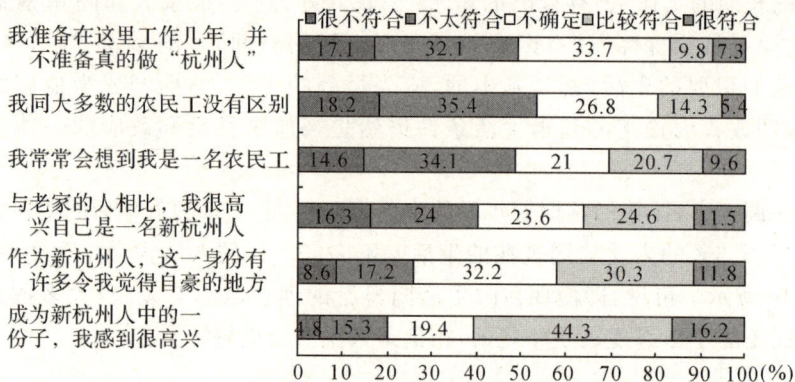

图 7-11　新生代农民工身份认同调查

　　近半数的新生代农民工不认同自己农民工的身份。在"我常常会想到我是一名农民工"的题目上，34.1％的人选择"不太符合"，14.6％选择"很不符合"，20.7％的人认为"比较符合"，9.6％的人选择"很符合"。在"我同大多数的农民工没有区别"的题目上，共有 53.5％的人回答"很不符合"和"不太符合"，共有 19.7％的人回答"比较符合"和"很符合"。

　　在新生代农民工中，有很多人想留在城市，成为市民，表现出强烈的市民化意愿。在"我准备在这里工作几年，并不准备真的做'杭州人'"题目上，共有 49.2％的人做了"很不符合"和"不太符合"的否定性回答，表示自己有留在杭州的想法；共有 17.1％的人回答"很符合"和"比较符合"，有 33.7％的人去留意向不确定。

　　3. 社会公正

　　农民工为城市的建设和发展做出了不可替代的巨大贡献，他们期望城市市民能够承认他们的贡献和付出，接纳他们。在现实生活中，他们感觉得到人们对他们的态度。

　　在"杭州市民和我们外来务工人员在社会待遇上毕竟不一样"的题目上，31.4％的人选择"不太符合"，15.9％的人选择"很不符合"，有 28.6％的人选择"不确定"。在"外来务工人员所遭受的不公正对待很难改变"的题目上，23.6％人选择"不太符合"，9.6％的人选择"很不符合"。在"总的来说，外来务工人员很难进入受尊重的领域内工作"的题目上，25.2％的人选择"不太符合"，12.5％的人选择"很不符合"，28.4％的人选择"不确定"，23.3％的人选择"比较符合"。在"人们对外来务工人员有偏见"的题目上，26.3％的人选择"不太符合"，18.9％的人选择"很不符合"，30.4％的人选择"不确定"。如图 7-12

所示。从这些回答中我们可以看出,新生代农民工中感受到得到社会比较公正对待的人数,要多于感受到不公正对待的人数,这表明我们的社会进步了,城市居民承认了他们的贡献,正在日益接纳他们。

在"杭州的新老市民不能享受同等的待遇是现有社会体制造成的"的题目上,共有27.3%的人选择"很不符合"和"不太符合",24%的人选择"比较符合"。13.5%的人选择"很符合"。说明新生代农民工中许多人比较关心国家发展和改革大事。

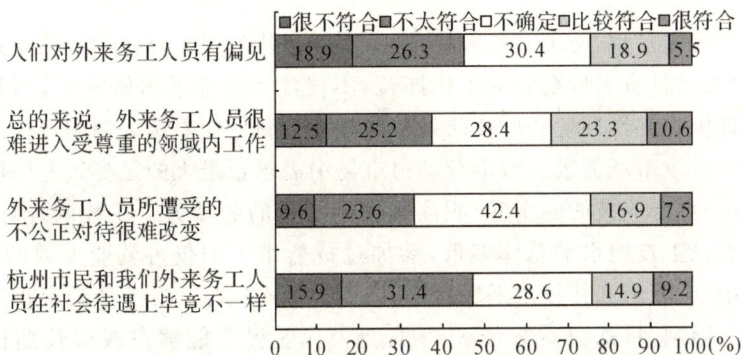

图7-12　新生代农民工社会认知调查

在社会心理学领域影响很大的海德(Fritz Heider)的归因理论认为,人们在解释自己的行为时,倾向于归因于外。有意思的是,我们所调查的新生代农民工朋友在回答"外来务工人员不能受到公正的对待是自身个人问题造成的"问题时,有53.5%的人选择"很符合",14.4%的人选择"比较符合",只有3.8%的人选择"不符合"。他们中的大多数人,没有把受到的不公正对待归因于环境和社会,而是归因于自己,与传统的社会心理学理论不一致。我们认为,他们知道自己的不足,能够正视自己的不足,表明新生代农民工对自己和对未来有信心。

总体看来,多数新生代农民工对自身社会处境感觉较好,但是也有不少新生代农民工对自身的社会处境感觉较差,有明显的相对剥夺感①。这种情况提示我们,在公正对待农民工、接纳农民工方面,还有许多地方需要改善。

---

① "相对剥夺"(Relative deprivation)最早由美国学者S.A.斯托弗(Stouffer,S.A.)提出,其后经R.K.默顿(Merton,R.K.)的发展,成了一种关于群体行为的理论。它是指当人们将自己的处境与某种标准或某种参照物相比较而发现自己处于劣势时所产生的受剥夺感,这种感觉会产生消极情绪,可以表现为愤怒、怨恨或不满。简单而言,相对剥夺是一种感觉,这感觉是我们有权享有但并不拥有的。

五、研究结论

根据前面的研究,我们得出以下结论。

(一)新生代农民工择业倾向于有发展前途的职业,但他们的职业技能不适应市场需求

我们研究发现,与上一代农民工相比,新生代农民工择业时倾向于选择较体面、较安全且有发展前景的工作岗位,不仅注重职业的薪资水平,而且还重视企业提供的工作环境和职业前景。但是多数新生代农民工的职业技能和知识水平不适应市场需求。城市劳动力市场中需求量最大的是受过专门职业教育、具有一定专业技能的中专、职高和技校水平的劳动力。在被调查对象中,新生代农民工技能水平总体偏低,参加过技能培训的仅占就业人数的30%,接受过中专、职高和技校水平教育的人只有20%左右。由于受教育程度和劳动素质的限制,目前只有大约30%的新生代农民工能够在城市长期稳定就业。因此,新生代农民工提高自身文化知识和专业技能水平对于其稳定就业、在城市扎根立足是非常重要的。同时,政府也要加强对新生代农民工的专业技能的培训。

(二)新生代农民工收入低于市民

我们的研究支持了假设一,证实杭州的新生代农民工的收入低于市民。与杭州市区在岗职工月平均工资相比,新生代农民工的收入水平偏低。虽然新生代农民工的受教育程度高于老一代农民工,但是他们在教育程度上的优势并未体现在月收入上。我们的调查发现,那些月收入明显超过杭州本地居民人均月收入的新生代农民工也倾向于认为自己的经济地位处在中等及中下水平。这种情况与新生代农民工的生活开支较大有一定关系。由于没有自己的住房,与市民相比,新生代农民工的居住支出,一般要高于市民。在杭州,同样月收入3000元,自己有住房的市民可以过像样的生活;而要租房居住的新生代农民工的日子就会过得十分拮据。新生代农民工自评经济地位普遍偏低,反映了他们在融入城市过程中的艰难,反映出目前我国城市公共服务资源的缺乏。

（三）新生代农民工的社会支持以亲友为主，缺乏来自社会和政府的社会支持

我们的研究支持了假设二，证实新生代农民工缺乏来自社会和政府的社会支持。我们的调查显示，在新生代农民工的社会支持系统中，来自家庭的支持占非常重要的地位。新生代农民工跟家庭的关系，并未受到背井离乡的影响。超过80％的人表示，在需要的时候，能够从家庭获得情感上的支持和帮助。超过60％的人在遇到困难时，可以跟家人谈论。

本调查表明，在遇到不公平待遇时，仅有少部分的人会向社区和政府部门求助，大部分的新生代农民工会首先想到离职、忍气吞声、私下解决等逃避或消极的处理方式。这说明，新生代农民工在获得社会和政府的社会支持方面，一定存在许多困难，使他们放弃寻求社会和政府的社会支持。这表明，中国的城市化进程，不是简单的增加城市人口比重的问题，而是经济和社会的变革，公民的权利、政府的职责、社会的结构都要变革和进步，中国的城市化进程才能把中国的发展推进到新的高度。

（四）新生代农民工社会参与度不高，社会参与态度不积极

新生代农民工的业余生活大部分在社区，社区公共资源和发展成果，对提高他们的市民意识和增强他们的归属感有重要的作用。在本研究中，发现社区参与态度各题选项间的差异达到显著水平。虽然我们的调查数据，反映出新生代农民工缺乏参与社区活动的意识，但是我们不能将此看作是新生代农民工的问题。应当看到，社会和社区为新生代农民工提供了多大的参与空间呢？没有社会参与的机会和空间，新生代农民工又怎能参与社会工作呢？他们相对消极的社会参与态度，反映出当前我国在新生代农民工市民化过程中存在的社会权利缺位的问题。

（五）新生代农民工自我身份认同多样，市民化意愿强烈

我们的研究支持了假设三，证实多数新生代农民工有强烈的市民化意愿。新生代农民工的城市融入是一个逐渐的过程，这种融入既取决于客观的社会条件，同时也与农民工的自我认同有很大的关联。调查显示，多数的新生代农民工对自己身份的社会认知持积极的态度。但是，我们也应该看到有不少新生代农民工对自身处境感觉较差，相对剥夺感仍然存在。这表明，我国当前在新生代农民工融入城市上，仍然存在很多制度上的障碍。改

革那些不适应当前中国发展的制度，才能使新生代农民工市民化的意愿得到实现。

新生代农民工在城市融入的过程中遇到很多制度性的和非制度性的障碍。不少专家学者强调现有的社会结构和制度对新生代农民工城市融入的制约，提出的建议多是改变城乡二元结构、改革户籍制度等。其实，新生代农民工市民化的核心是如何解决新生代农民工市民化的社会成本问题。我国新生代农民工市民化的途径，现实的和可行的方式就是将农民工户籍问题与公共产品、公共服务分开，在政府能够承受的范围内，尽量为新生代农民工提供良好的公共产品和公共服务，让他们逐渐融入城市，城市也逐渐接纳他们。政府要和谐有序地推进新生代农民工市民化，就应当把主要力量放在改善和解决他们的就业、教育、住房、医疗和社会保障问题上，在政府能力范围内提供必需的公共产品和公共服务，使新生代农民工能够在城市安心就业，生活方式逐渐城市化，自然而然地实现市民化的过程。到了一定时候，解决新生代农民工的户籍问题就会水到渠成。

参考文献

［1］陈丰.当前农民工市民化的制度缺失与归位.南京师大学报（社会科学版），2007(1):17-20.

［2］陈世伟.社会建设视域下农民工的城市社会适应.求实，2008(2):8-11.

［3］符平，江立华.农民工城市适应研究：局限与突破.调研世界，2007(6):23-26.

［4］郭立场，陈吉.新生代农民工城市融入的困境与对策.农业现代化研究，2012,33(2):22-23.

［5］胡杰成.农民工城市融入问题研究综述.兰州学刊，2008(12):19-22.

［6］胡荣，陈斯诗.农民工的城市融入与公平感.厦门大学学报（哲学社会科学版），2010(4):35-37.

［7］黄陵东.结构性制约下新生代农民工城市融入自致路径.福建行政学院学报，2011(1):12-15.

［8］简新华.新生代农民工融入城市的障碍与对策.求是学刊，2011,38(1):10-13.

［9］江立华.城市性与农民工的城市适应.社会科学研究，2003(5):34-37.

［10］金萍.新生代农民工城市融入现状分析及对策研究——基于对武汉市两代农民工的调查.学习与实践，2010(4):19-22.

[11] 赖晓飞,邹滨.农民工城市融入最新研究综述.重庆工学院学报(社会科学),2008,22(12):28-31.

[12] 李立文.新生代农民工的社会适应问题研究.中国青年研究,2006(4):14-16.

[13] 李培林.流动民工的社会网络和社会地位.社会学研究,1996(4):3-12.

[14] 李强.社会学的剥夺理论与我国农民工问题.学术界,2004(41):8-12.

[15] 李强.社会支持与个体心理健康.天津社会科学,1998(1):6-10.

[16] 李伟东.新生代农民工的城市适应研究.北京社会科学,2009(4):18-21.

[17] 李艳,孔德永.农民工对城市认同感缺失的现状、原因与对策分析.山东农业管理干部学院学报,2008(5):19-20.

[18] 梁波,王海英.城市融入:外来农民工的市民化——对已有研究的综述.人口与发展,2010,16(4):20-21.

[19] 梁波.宁波农民工待遇的制度主义解释.上海大学硕士学位论文,2007.

[20] 刘博,秦海霞.生活方式的转变与社会身份的缺失——对服务业新生代农民工城市生活的个案研究.青年研究,2008(3):22-24.

[21] 刘传江等.中国农民工市民化进程研究.北京:人民出版社,2008.

[22] 刘电芝,鲁迟,彭杜宏.进城农民工城市融入分析——以苏州地区为例.苏州大学学报(哲学社会科学版),2008(1):15-19.

[23] 刘娜,钱波,章文川等.杭州下沙新生代农民工生活满意度调查——基于有序 Probit 模型的实证研究.经济研究导刊,2012(6):20-22.

[24] 刘庆.新生代农民工的城市融入策略初探——社区工作介入的空间.广东青年干部学院学报,2011,25(83):17-19.

[25] 刘志强.论新生代农民工融入城市的内外紧张关系.华南农业大学学报(社会科学版),2010(4):27-30.

[26] 陆林.融入与排斥的两难——农民工入城的困境分析.西南大学学报(社会科学版),2007(6):33-35.

[27] 吕柯.浅议农民工市民化存在的主要障碍.中共成都市委党校学报,2004(2):27-29.

[28] 马德峰,雷洪.关于城市农民工问题研究的新进展.浙江学刊,2000(5):28-32.

[29] 沈君彬.促进新生代农民工城市融入的积极社会政策体系:理念、特征、实践.中共福建省委党校学报,2011(11):28-31.

[30] 司睿.农民工流动的社会关系网络研究.社科纵横,2005(10):22-25.

[31] 檀江林,汪少波.新生代农民工的城市融入历程透视——以合肥市餐饮业打工妹群体为视角.青年探索,2011(6):17-20.

[32] 王春光.新生代农村流动人口的社会认同与城乡融合的关系.社会学研究,2001(3):63-76.

[33] 王佃利,刘保军,楼苏萍.新生代农民工的城市融入——框架建构与调研分析.中国行政管理,2011(2):11-13.

[34] 王洪春,阮宜胜.中国民工潮的经济学分析.北京:当代中国出版社,2006.

[35] 王毅杰,童星.流动农民社会支持网探析.社会学研究,2004(2):54-71.

[36] 韦滢.新生代农民工城市融入的SWOT分析及路径选择.当代经济,2011(17):12-15.

[37] 吴强,刘小玲.新生代农民工城市融入问题与对策浅析.农村经济与科技,2011,22(1):18-20.

[38] 谢建社.新生代农民工融入城镇问题研究.北京:人民出版社,2011.

[39] 徐莺.农民工融入城市之难的思考.东北大学学报(社会科学版),2006(4):28-30.

[40] 薛天山.社区教育:新生代农民工融入城市的有效途径.职业技术教育,2011,32(19):22-24.

[41] 张佳,赵宝柱.职业教育促进新生代农民工城市融入研究.继续教育研究,2011(10):11-13.

[42] 张文霞,朱冬亮,邓鑫.外来打工青年的社会支持网络与社会工作的介入——以深圳市宝安区外来打工青年为例.中国青年研究,2004(9):17-20.

[43] 张效民.新生代农民工城市融入问题研究.特区实践与理论,2012(1):15-16.

[44] 张学英.关于提升新生代农民工城市融入能力的研究.贵州社会科学,2011(7):19-21.

[45] 郑功成.农民工的权益和社会保障.中国党政干部论坛,2002(8):21-23.

[46] 朱考金,刘瑞清.青年农民工的社会支持网与城市融入研究——以南京市为例.青年研究,2007(8):18-21.

新生代农民工生活满意度研究

一、文献综述

(一)生活满意度的概念

生活满意度(life satisfaction)是心理幸福感的重要组成部分,是一个人依据自己选择的标准对其生活质量所做的总体性认知评估。[①] 生活满意度是主观幸福感的认知成分,是个体依据自己界定的主观标准对其生活质量所做的整体主观性评价,包括总体生活满意度和特殊领域生活满意度。

(二)生活满意度的研究工具

国内研究农民工生活满意度的工具,大致可以分为两类。

第一类是使用国外的标准化量表进行研究,主要有两个量表。

其一是美国伊利诺大学爱德华·迪纳(Diener)教授编制的《生活满意度量表》(Satisfaction with Life Scale,简称 SWLS 量表)。该量表由 5 个问题组成。5 个问题为生活接近理想(T1)、生活条件好(T2)、生活满意(T3)、得到重要东西(T4)、肯定人生道路(T5)。量表用 1 分到 7 分依次代表 7 个等级:非

---

① Shin, D. C. , Johnson, D. M. Avowed Happiness as an Overall Assessment of the Quality of Life. *Social Indicators Research* , 1978.

常不同意、不同意、有点不同意、既不同意也不反对、有点同意、同意、非常同意。分值越高,说明生活满意感越高。该量表再测信度大于0.80,内容效度0.60,效标效度大于0.50。刘衔华考查返乡农民工的生活满意度状况时便使用了此量表。[2]

其二是《生活满意度指数A量表》(Life Satisfaction Index A,LSIA)。该量表是《生活满意度量表》的三个独立量表之一,LSIA得分从0(满意度最低)到20(满意度最高)。LSR的一致性为0.78,LSR得分与临床心理学家和受试者充分面谈后所得结果一致性为0.64,LSIA与LSR的一致性为0.55,它与临床心理学家评定的一致性为0.39,LSIA和LSIB的一致性为0.73。[3]杨健等人研究农民工生活满意度与城市认同关系时,引用了该量表进行了研究。[4]

第二类是自编调查问卷。许多研究者编制了自己的问卷,内容和题目多种多样。

(三)研究现状

长期以来,国内外对生活满意度的研究主要集中在三个领域,即心理健康、生活质量和老年学的研究,研究对象也主要局限于青少年、病人和老人,对普通健康成年人的生活满意度及其影响因素的研究非常少,对农民、工人等群体的研究则更少。[5]

国内关于农民工生活满意度的研究,大多采用问卷调查法,问卷内容主要包括生活满意度的总体状况以及影响生活满意度的因素。生活满意度的影响因素既包括一些客观的生活事件,如就业、住房、医疗、月收入、婚姻状况等;也包括一些主观因素,如社会关系、价值观、自尊、社会支持、对未来的期望等;还包括一些人口学因素,如年龄、受教育程度、性别等。关于生活满意度的影响因素,大多数研究使用的问卷都只涉及其中一项或两项,并且多

① Diener, E., Emmons, R. A., Larsen, R. J., Griffin, S. The Satisfaction with Life Scale. *Journal of Personality Assessment*, 1985, 49: 71-75.
② 刘衔华.春节返乡农民工生活满意感调查.现代预防医学,2006,33(9):1585-1596.
③ 汪向东.心理卫生评定量表手册(增订版).北京:中国心理卫生杂志,1999:76-78.
④ 杨健、李辉.赫云鹏农民工生活满意度、社会支持与城市认同的相关研究——以深圳市和昆明市为例.长春理工大学学报(社会科学版),2012,25(4):24-25.
⑤ 王伟、杨俊生、辛志勇.国外生活满意度研究成果及其意义价值.江西师范大学学报(哲学社会科学版),2010(4):42-46.

只考察客观因素,缺乏系统性。从研究使用的工具来看,使用标准化问卷的研究比较少,许多自编问卷的信度和效度指标欠缺。而且,对新生代农民工的研究比较匮乏,已有关于新生代农民工生活满意度影响因素的研究,研究因素多样和分散,研究结果缺乏可比较性。姚本先提出,涉及与人们生活满意度的客观因素主要有生活事件、家庭工作环境、人口统计学变量、社会化关系等,主观因素主要有认知因素和价值观、自尊、自我概念以及其他一些人格因素。①

许多人对新生代农民工和老农民工的生活满意度进行了比较研究。李国珍指出,农民工生活满意度总体不是很高。② 崔澜骞、姚本先的研究表明,新生代农民工的生活满意度处于中等偏低水平。③ 吴漾认为,与老一代农民工相比,新生代农民工有其独有的特征,表现在:第一,文化程度相对较高;第二,消费观念更加开放;第三,生活目标明显转移;第四,生活方式差别显著;第五,维权意识不断增强。④ 崔澜骞等的《新生代农民工社会支持与生活满意度研究》指出:新生代农民工的社会支持和生活满意度均处于中等偏低水平;不同性别、婚姻状况、年龄、月收入、受教育程度的新生代农民工,其社会支持、生活满意度均有不同程度的显著性差异;社会支持及其三个维度和生活满意度之间呈正相关。⑤ 刘娜等的研究指出:就业层次低、就业稳定性差、二元户籍的存在是制约生活满意度提升的重要因素。⑥

李丹等利用多元回归分析技术,探讨了经济收入、社会福利、社会地位及社会关系等对新生代农民工的生活满意度的影响程度。发现新生代农民工具有追求平等、发展、融入城市的强烈愿望,其生活满意程度取决于经济收入、社会福利、社会地位及社会关系等方面与城市人的横向比较。⑦ 李国珍等指出,农民工在和城市居民互动中感受到的符号化认知,

---

① 姚本先,石升起,方双虎.生活满意度研究现状与展望.学术界,2011(8):218-228.
② 李国珍.武汉市农民工生活满意度调查.南京人口管理干部学院学报,2009,25(1):47-50.
③ 崔澜骞,姚本先.新生代农民工社会支持与生活满意度研究.湖南农业大学学报(社会科学版),2012,13(4):41-44.
④ 吴漾.论新生代农民工的特点.东岳论丛(社会学研究),2009,30(8):57-60.
⑤ 崔澜骞,姚本先.新生代农民工社会支持与生活满意度研究.湖南农业大学学报(社会科学版),2012,13(4):41-44.
⑥ 刘娜,钱波,章文川,郭家豪.杭州下沙新生代农民工生活满意度调查——基于有序 Probit 模型的实证研究.经济研究导刊,2012(6):124-127.
⑦ 李丹,李玉凤.新生代农民工市民化问题探析——基于生活满意度视角.中国人口——资源与环境,2012,22(7):151-155.

互动中形成的固有的、默认的、潜在的规则影响着农民工对生活满意度的评价。[①]

对于影响农民工生活满意度的因素探究,研究者对收入、文化水平、性别、年龄、婚姻状况等因素对农民工生活满意度的影响的看法有着较大的出入。李国珍认为,性别、年龄、受教育年限、婚姻状况对城市农民工生活满意度影响不大。[②] 叶鹏飞也得出了性别、年龄、婚姻状况对农民工的生活满意度没有明显的影响的结论,但是,他认为文化水平和收入对农民工生活满意度有着较大的影响。[③] 崔澜骞发现,不同性别、婚姻、年龄、月收入、文化水平的新生代农民工,其生活满意度评分均有显著性差异。[④]

二、研究目标与研究假设

(一)研究目标

了解新生代农民工的生活满意度在性别、年龄、受教育程度、收入水平上的特点,从新生代农民工对自身的认知和对社会评价的认知的角度,探索自我认知和社会评价对新生代农民工生活满意度的影响。

(二)研究假设

假设一:新生代农民工的生活满意度总体水平较低。

假设二:新生代农民工生活满意度存在性别、年龄、文化水平的差异。

假设三:新生代农民工生活满意度与收入评价、公平感、社会地位评价存在正相关。

假设四:新生代农民工的生活满意度可以预测心理健康。

---

① 李国珍,雷洪.互动论视角下的农民工生活满意度研究.南方人口,2011,26(3):25-34.

② 同上.

③ 叶鹏飞.农民工城市生活满意度及其影响因素的实证分析.科学发展:社会管理与社会和谐——2011学术前沿论丛(上),2011:96-107.

④ 崔澜骞,姚本先.新生代农民工社会支持与生活满意度研究.湖南农业大学学报(社会科学版),2012,13(4):41-44.

三、研究方法

（一）研究对象

本研究调查的新生代农民工,均为杭州市下沙经济开发区白杨街道邻里社区的外来务工人员。

为方便研究,我们将不同年龄的农民工划分为三个年龄段,分别是高年龄段(1980～1984 年出生)、中年龄段(1985～1989 年出生)、低年龄段(1990～1994 年出生),其中 28～32 岁者占 8.8％,23～27 岁者占 30％,18～22 岁者占 61.2％。

（二）研究工具

1.《生活满意度量表》(SWLS);
2.《经济社会地位自评问卷》A 版本;
3.《一般健康问卷》(GHQ-20)。

（三）数据处理

本研究所有数据均采用 SPSS 18.0 统计软件进行分析。

四、研究结果

（一）新生代农民工生活满意度总体状况

新生代农民工的生活满意度总体状况如表 8-1 所示。

表 8-1　新生代农民工生活满意度得分

	N	Min	Max	M	SD
T1 生活接近理想	374	1	5	2.52	1.05
T2 生活条件好	372	1	5	2.99	1.07
T3 生活满意	363	1	5	3.02	1.13

续表

	N	Min	Max	M	SD
T4 得到重要东西	364	1	5	2.40	1.18
T5 肯定人生道路	371	1	5	2.08	1.21
生活满意度总分	353	5	24	13.02	3.62

根据《生活满意度量表》(SWLS)评分标准,3 分为中间值,得分大于 3 分,表示对生活满意,分数越高满意程度越高;得分小于 3 分,表示对生活不满意,分数越低越不满意。表 8-1 显示,新生代农民工生活满意度总体水平不高,其中只有项目"T3 生活满意"平均得分超过 3 分,其他 4 个项目都未到达到 3 分。与之相应,生活满意度总分也没有达到中间值 15 分,处于不满意的区间。

表 8-2 反映的是新生代农民工生活满意度得分小于等于中间值的比例。

表 8-2　新生代农民工生活满意度得分小于等于中间值的比例

项目	得分≤均分的频次所占比例
T1 生活接近理想	76.7%
T2 生活条件好	59.7%
T3 生活满意	58.1%
T4 得到重要东西	80.8%
T5 肯定人生道路	85.4%
生活满意度总分	76.2%

从表 8-2 来看,所有项目和总分,分值小于等于中间值的比例均大于 50%,也就是说,至少一半以上的人评定自己的生活满意度不高。

(二)客观因素对新生代农民工生活满意度的影响

1. 性别

我们考察了性别与新生代农民工的生活满意度的关系,结果如表 8-3 所示。

表 8-3　新生代农民工生活满意度的性别比较

	性别	N	M	SD	t	p
T1 生活接近理想	男	182	2.41	1.03	−1.93	0.055
	女	178	2.62	1.05		

续表

	性别	N	M	SD	t	p
T2 生活条件好	男	182	2.81	1.09	-3.39	0.001
	女	177	3.18	0.99		
T3 生活满意	男	176	2.89	1.13	-1.95	0.053
	女	174	3.13	1.13		
T4 得到重要东西	男	176	2.34	1.11	-0.75	0.455
	女	175	2.43	1.22		
T5 肯定人生道路	男	180	2.06	1.22	-0.36	0.720
	女	178	2.11	1.19		
生活满意度总分	男	169	12.50	3.62	-2.49	0.013
	女	171	13.47	3.54		

表 8-3 显示,生活满意度在性别变量上只有项目"T2 生活条件好"和总分男女差异显著,在其他项目上没有显著差异。

2. 年龄

我们考察了年龄对新生代农民工生活满意度的影响,结果如表 8-4 所示。

表 8-4 新生代农民工生活满意度的年龄比较

		N	M	SD	df	F	p
T1 生活接近理想	低年龄段	172	2.57	1.07			
	中年龄段	169	2.40	0.98	2	3.698	0.026
	高年龄段	33	2.91	1.18			
T2 生活条件好	低年龄段	171	3.02	1.06			
	中年龄段	168	2.95	1.06	2	0.344	0.709
	高年龄段	33	3.09	1.13			
T3 生活满意	低年龄段	163	2.98	1.13			
	中年龄段	168	2.99	1.11	2	1.796	0.168
	高年龄段	32	3.38	1.16			

续表

		N	M	SD	df	F	p
T4 得到重要东西	低年龄段	168	2.42	1.18			
	中年龄段	165	2.28	1.11	2	4.574	0.011
	高年龄段	31	2.97	1.40			
T5 肯定人生道路	低年龄段	170	2.06	1.24			
	中年龄段	168	2.05	1.15	2	0.796	0.452
	高年龄段	33	2.33	1.34			
生活满意度总分	低年龄段	159	13.08	3.45			
	中年龄段	163	12.63	3.48	2	4.828	0.009
	高年龄段	31	14.81	4.66			

表 8-4 显示,新生代农民工生活满意度在年龄上没有显著差异。

3. 文化水平

我们考察了文化水平对新生代农民工生活满意度的影响,结果如表 8-5 所示。

表 8-5 新生代农民工生活满意度的文化水平比较

		N	M	SD	df	F	p
T1 生活接近理想	小学毕业及以下	3	3.00	1.00			
	初中毕业	66	2.70	1.11			
	高中(技校、职高、中专)毕业	229	2.51	1.05	4	1.125	0.344
	大专(含在读)	58	2.33	0.96			
	大学本科(含在读)	16	2.50	1.03			
T2 生活条件好	小学毕业及以下	3	3.67	0.58			
	初中毕业	65	3.06	1.06			
	高中(技校、职高、中专)毕业	228	2.97	1.08	4	0.713	0.583
	大专(含在读)	58	3.00	1.06			
	大学本科(含在读)	16	2.69	0.87			
T3 生活满意	小学毕业及以下	3	3.33	1.15			
	初中毕业	63	3.21	1.21			
	高中(技校、职高、中专)毕业	221	2.96	1.12	4	0.886	0.473
	大专(含在读)	58	3.05	1.08			
	大学本科(含在读)	16	2.75	1.06			

续表

		N	M	SD	df	F	p
T4 得到重要东西	小学毕业及以下	3	3.00	1.73			
	初中毕业	66	2.36	1.03			
	高中(技校、职高、中专)毕业	220	2.42	1.24	4	0.339	0.852
	大专(含在读)	57	2.33	1.17			
	大学本科(含在读)	16	2.56	0.96			
T5 肯定人生道路	小学毕业及以下	3	2.00	1.00			
	初中毕业	66	2.08	1.22			
	高中(技校、职高、中专)毕业	227	2.08	1.23	4	0.588	0.672
	大专(含在读)	58	2.00	1.12			
	大学本科(含在读)	15	2.53	1.36			
生活满意度总分	小学毕业及以下	3	15.00	3.46			
	初中毕业	63	13.44	3.33			
	高中(技校、职高、中专)毕业	213	12.96	3.72	4	0.615	0.652
	大专(含在读)	57	12.63	3.61			
	大学本科(含在读)	15	13.00	3.53			

表8-5 显示,不同文化水平的新生代农民工在生活满意度的各个项目和总分上的得分,没有显著差异。

4. 收入水平

我们考察了收入水平对新生代农民工的生活满意度的影响,结果如表8-6所示。

表8-6　新生代农民工生活满意度的收入水平比较

		N	M	SD	df	F	p
T1 生活接近理想	1000 元以下	6	2.50	1.38			
	1001～2000 元	103	2.51	1.01			
	2001～3000 元	201	2.47	1.05	5	1.327	0.252
	3001～4000 元	46	2.61	0.98			
	4001～5000 元	8	2.75	1.16			
	5001 元以上	7	3.43	0.79			

续表

		N	M	SD	df	F	p
T2 生活条件好	1000 元以下	6	3.67	0.82			
	1001～2000 元	101	2.89	1.01			
	2001～3000 元	201	2.99	1.07	5	2.458	0.033
	3001～4000 元	46	2.80	1.19			
	4001～5000 元	8	3.75	0.71			
	5001 元以上	7	3.71	0.49			
T3 生活满意	1000 元以下	6	3.83	0.41			
	1001～2000 元	98	2.90	1.13			
	2001～3000 元	195	3.00	1.14	5	2.196	0.054
	3001～4000 元	46	2.93	1.08			
	4001～5000 元	8	3.63	0.92			
	5001 元以上	7	3.86	1.07			
T4 得到重要东西	1000 元以下	6	2.17	0.75			
	1001～2000 元	99	2.33	1.22			
	2001～3000 元	197	2.38	1.18	5	0.635	0.674
	3001～4000 元	46	2.63	1.20			
	4001～5000 元	7	2.71	0.95			
	5001 元以上	6	2.67	0.82			
T5 肯定人生道路	1000 元以下	6	1.50	0.84			
	1001～2000 元	101	2.09	1.23			
	2001～3000 元	201	2.11	1.20	5	0.714	0.613
	3001～4000 元	45	2.11	1.28			
	4001～5000 元	8	2.13	1.36			
	5001 元以上	7	1.43	0.53			
生活满意度总分	1000 元以下	6	13.67	3.27			
	1001～2000 元	95	12.79	3.55			
	2001～3000 元	191	12.91	3.65	5	1.369	0.235
	3001～4000 元	45	13.09	3.80			
	4001～5000 元	7	15.14	3.34			
	5001 元以上	6	15.83	1.47			

表 8-6 显示,收入水平对新生代农民工生活满意度的影响,在各项目和总分上的差异不显著,他们的生活满意度没有随着收入的增加而提高。

(三)社会因素对新生代农民工生活满意度的影响

1. 收入评价

考察新生代农民工的收入对生活满意度的影响,不仅要看收入的数量,也要看新生代农民工对自己收入的评价,即对自己收入的认知。新生代农民工的收入评价,是一种社会性的因素,是新生代农民工对自己经济地位的评价。我们考察了新生代农民工的收入评价对其生活满意度的影响,结果如表 8-7 所示。

表 8-7 新生代农民工生活满意度的收入评价比较

		N	M	SD	df	F	p
T1 生活接近理想	上等水平	3	2.00	0.00			
	中上水平	14	3.50	1.34			
	中等水平	107	2.70	1.03	5	4.623	0.000
	中下水平	136	2.48	1.01			
	下等水平	90	2.27	0.95			
	不知道	22	2.41	1.14			
T2 生活条件好	上等水平	3	3.00	1.73			
	中上水平	13	3.69	1.11			
	中等水平	107	3.29	1.00	5	5.061	0.000
	中下水平	136	2.90	1.02			
	下等水平	89	2.65	1.08			
	不知道	22	2.95	1.05			
T3 生活满意	上等水平	3	2.67	1.53			
	中上水平	13	3.00	1.15			
	中等水平	102	3.29	1.15	5	2.211	0.053
	中下水平	133	2.97	1.10			
	下等水平	88	2.77	1.11			
	不知道	22	3.05	1.00			

续表

		N	M	SD	df	F	p
T4 得到重要东西	上等水平	3	2.33	1.53			
	中上水平	12	2.67	0.78			
	中等水平	106	2.58	1.20	5	1.237	0.291
	中下水平	131	2.33	1.22			
	下等水平	88	2.22	1.16			
	不知道	22	2.59	1.01			
T5 肯定人生道路	上等水平	3	1.67	0.58			
	中上水平	12	2.75	1.71			
	中等水平	107	2.06	1.26	5	0.848	0.517
	中下水平	136	2.06	1.13			
	下等水平	89	2.03	1.24			
	不知道	22	2.09	1.06			
生活满意度总分	上等水平	3	11.67	5.13			
	中上水平	11	15.55	4.03			
	中等水平	101	13.93	3.62	5	4.231	0.001
	中下水平	129	12.78	3.50			
	下等水平	85	11.94	3.68			
	不知道	22	13.09	2.16			

　　表8-7显示,生活满意度在收入评价上,只有项目"T2生活条件好"和总分差异显著;在其他项目上没有显著差异。

2. 社会地位评价

　　新生代农民工对自己社会地位的认知,对他们的生活满意度影响很大。我们考察了社会地位评价对新生代农民工生活满意度的影响,结果如表8-8所示。

表8-8　新生代农民工生活满意度的社会地位比较

		N	M	SD	df	F	p
T1 生活接近理想	下层	94	2.28	0.99			
	中下层	146	2.44	1.03			
	中层	111	2.71	1.02	4	4.837	0.001
	中上层	14	3.36	1.15			
	上层	5	2.60	1.52			

续表

		N	M	SD	df	F	p
T2 生活条件好	下层	94	2.71	1.14			
	中下层	144	2.97	1.03			
	中层	111	3.25	0.99	4	3.440	0.009
	中上层	14	3.14	1.17			
	上层	5	3.00	1.00			
T3 生活满意	下层	92	2.78	1.19			
	中下层	142	3.04	1.11			
	中层	106	3.14	1.04	4	1.860	0.117
	中上层	14	3.43	0.94			
	上层	5	3.20	1.79			
T4 得到重要东西	下层	93	2.25	1.32			
	中下层	141	2.28	1.09			
	中层	107	2.63	1.11	4	2.372	0.052
	中上层	14	2.36	1.15			
	上层	5	3.20	0.84			
T5 肯定人生道路	下层	94	1.99	1.18			
	中下层	145	2.06	1.16			
	中层	110	2.21	1.29	4	0.694	0.596
	中上层	14	2.07	1.33			
	上层	4	1.50	0.58			
生活满意度总分	下层	91	11.99	3.87			
	中下层	138	12.81	3.42			
	中层	102	13.97	3.42	4	4.400	0.002
	中上层	14	14.36	3.37			
	上层	4	13.75	4.57			

表 8-8 显示,新生代农民工对自己社会地位评价不同,不同的认知使他们的生活满意度有显著差异。除了认为自己处于社会上层的新生代农民工之外,其他的新生代农民工的生活满意度随着对自己社会地位评价的提高而提高,即他们对自己的社会地位评价越高,生活满意度水平也越高。而认为自己处在社会上层的新生代农民工,他们的生活满意度却较低。

3. 公平感

我们考察了公平感对新生代农民工生活满意度的影响,结果如表 8-9 所示。

表 8-9　新生代农民工生活满意度的公平感比较

		N	M	SD	df	F	p
T1 生活接近理想	非常不公平	78	2.21	0.87	3	4.613	0.004
	比较不公平	135	2.46	0.94			
	比较公平	150	2.73	1.17			
	非常公平	8	2.50	1.07			
T2 生活条件好	非常不公平	77	2.81	1.14	3	3.753	0.011
	比较不公平	135	2.84	1.01			
	比较公平	149	3.20	1.05			
	非常公平	8	3.00	0.93			
T3 生活满意	非常不公平	75	2.89	1.24	3	2.963	0.032
	比较不公平	132	2.90	1.08			
	比较公平	145	3.20	1.06			
	非常公平	8	2.38	1.51			
T4 得到重要东西	非常不公平	77	2.18	1.22	3	3.746	0.011
	比较不公平	135	2.29	1.16			
	比较公平	142	2.63	1.15			
	非常公平	7	1.86	0.38			
T5 肯定人生道路	非常不公平	77	2.01	1.27	3	1.422	0.236
	比较不公平	134	2.09	1.11			
	比较公平	149	2.12	1.24			
	非常公平	8	1.25	0.46			
生活满意度总分	非常不公平	73	12.19	3.51	3	5.427	0.001
	比较不公平	131	12.54	3.21			
	比较公平	139	13.87	3.77			
	非常公平	7	11.29	3.59			

表 8-9 显示,在项目"T2 生活条件好"、"T3 生活满意"和生活满意度总分上,新生代农民工的得分差异显著。其中,选择"比较公平"的得分最高,选择"比较不公平"的得分居中,而选择"非常公平"和"非常不公平"的得分处于

低端。

（四）新生代农民工心理健康与生活满意度的关系

我们使用皮尔逊相关分析考查了新生代农民工心理健康与生活满意度的关系，结果如表 8-10 所示。

表 8-10　新生代农民工心理健康与生活满意度各维度的相关矩阵

	T1 生活接近理想	T2 生活条件好	T3 生活满意	T4 得到重要东西	T5 肯定人生道路
自我肯定	0.117*	0.026	0.127*	0.056	0.006
忧郁因子	0.047	0.091	0.080	−0.064	−0.067
焦虑因子	−0.029	0.064	0.007	0.023	−0.015

表 8-10 显示，新生代农民工的自我肯定与生活满意度 T1、T3 项目呈显著相关（$p<0.05$）。

五、研究结论

根据前面的研究，我们得出以下结论。

（一）新生代农民工生活满意度总体水平较低

本研究结果支持假设一，证实新生代农民工生活满意度总体水平不高。研究结果表明，在生活满意度的 5 个项目中，其中只有项目"T3 生活满意"的得分超过 3 分，其他 4 个项目得分和生活满意度总分都未到达中间值。从"分值小于等于中间值"的比例来看，在多数项目和总分上，所占比例均大于50％，也就是说至少一半以上的人选择自己的生活满意度不高。

（二）男性新生代农民工的生活满意度较低

本研究发现，男性新生代农民工的生活满意度低于女性新生代农民工。研究结果表明，新生代农民工生活满意度在性别变量上，只有项目"T2 生活条件好"和总分差异显著，在其他项目上没有显著差异。通过事后比较发现，在"T2 生活条件好"上女性的分值为"3.18"，男性的分值为"2.81"。在总分上，女性的得分也高于男性。这可能有两个原因，一是因为传统社会对女性的期望值和女性对生活的期望值都低于男性，所以女性对生活状况的认可高于男性。二是很多女性认为，干得好不如嫁得好，女性的生活压力较男性小，因此，女性的生活满意度高于男性的生活满意度。

（三）新生代农民工生活满意度在年龄、文化水平、收入水平上没有显著差异

本研究结果不完全支持假设二。研究结果表明，除性别因素外，新生代农民工生活满意度在年龄、文化水平、收入水平上不存在显著差异。

值得指出的是，虽然不同文化水平的新生代农民工在生活满意度上没有差异，但是通过比较各项目和生活满意度总分的得分，我们发现，除了"T5肯定人生道路"这个项目之外，初中以下文化程度的新生代农民工的生活满意度高于高中以上文化程度的新生代农民工。这与之前的其他研究结果相反。对此，我们的分析是，在基层工作岗位，文化水平不是新生代农民工收入的决定性因素。不同文化水平的新生代农民工从事相同的工作，岗位同质性高，收入一样。文化水平高的新生代农民工的文化程度优势不能发挥，先前的教育投入没有相应的回报。因此，文化水平高的新生代农民工生活满意度得分低于文化水平低的新生代农民工。

本研究表明，不同收入水平的新生代农民工生活满意度得分差异不显著，他们的生活满意度没有随着收入的增加而提高。当前，虽然很多新生代农民工的收入较低，但大都能满足其基本的衣食住行，与之前的生活环境相比，生活有一定的改善。那些收入较高的新生代农民工，虽然生活进一步得到改善，但影响其生活满意度的其他因素如职业发展、社会地位等还存在很多问题，这些问题对他们的生活满意度产生了消极的影响。

（四）新生代农民工生活满意度与收入评价、公平感、社会地位评价存在正相关

本研究支持假设三，证实新生代农民工生活满意度与收入评价、公平感、社会地位评价存在正相关。

研究结果表明，新生代农民工的生活满意度随着收入评价的提高而提高，这在"T2生活条件好"项目上表现得最为明显。新生代农民工的生活满意度随着对收入评价的提高而提高，即他们认为自己的收入水平越高，生活满意度也就越高。并且以"中等水平"为明显的区分标志。本研究发现，新生代农民工在收入水平因子上，生活满意度并没有显著差异，而在收入评价这个因子

上,生活满意度却出现了显著差异。这表明,生活满意度是一种心理体验,是人对自己生活状态的认知和评价。

研究结果表明,对社会地位评价不同的新生代农民工,他们的生活满意度有显著差异。新生代农民工的生活满意度随着对自己社会地位评价的提高而提高,即他们对自己社会地位的评价越高,生活满意度水平也越高。

研究结果表明,在"公平感"这个因子上,项目"T2生活条件好"、"T3生活满意"和生活满意度总分上,新生代农民工的得分差异显著。其中,选择"比较公平"的得分最高,选择"比较不公平"的得分居中,而选择"非常公平"和"非常不公平"的得分较低。

(五)新生代农民工的生活满意度与心理健康的关系

本研究部分支持假设四,新生代农民工的生活满意度可以在一定程度上预测心理健康。研究结果表明,在所测量的新生代农民工的心理健康因素中,只有自我肯定与生活满意度T1、T3项目呈显著相关,另外两个因素没有显著相关。这说明,新生代农民工的生活满意度只能够在一定程度上预测其心理健康。

参考文献

[1] 汪向东. 心理卫生评定量表手册(增订版). 中国心理卫生杂志社,1999.

[2] 王伟,杨俊生,辛志勇. 国外生活满意度研究成果及其意义价值. 江西师范大学学报(哲学社会科学版),2010(4):42-46.

[3] 王裕华. 城市农民工人力资本对生活满意度的影响研究. 杭州:浙江大学出版社,2009.

[4] 刘衔华. 春节返乡农民工生活满意感调查. 现代预防医学,2006,33(9):1585-1596.

[5] 杨健,李辉,赫云鹏. 农民工生活满意度、社会支持与城市认同的相关研究——以深圳市和昆明市为例. 长春理工大学学报(社会科学版),2012,25(4):24-25.

[6] 李国珍. 武汉市农民工生活满意度调查. 南京人口管理干部学院学报,2009,25(1):47-50.

[7] 崔澜骞,姚本先. 新生代农民工社会支持与生活满意度研究. 湖南农业大学学报(社会科学版),2012,13(4):41-44.

[8] 姚本先,石升起,方双虎.生活满意度研究现状与展望.学术界,2011(8):218-228.

[9] 吴漾.论新生代农民工的特点.东岳论丛(社会学研究),2009,30(8):57-60.

[10] 刘娜,钱波,章文川,郭家豪.杭州下沙新生代农民工生活满意度调查——基于有序 Probit 模型的实证研究.经济研究导刊,2012(6):124-127.

[11] 李丹,李玉凤.新生代农民工市民化问题探析——基于生活满意度视角.中国人口——资源与环境,2012,22(7):151-155.

[12] 李国珍,雷洪.互动论视角下的农民工生活满意度研究.南方人口,2011,26(3):25-34.

[13] 叶鹏飞.农民工城市生活满意度及其影响因素的实证分析.科学发展:社会管理与社会和谐——2011 学术前沿论丛(上),2011:96-107.

[14] 李虹,梅锦荣.测量大学生的心理问题:GHQ-20 的结构及其信度与效度.心理发展与教育,2002(1):75-79.

[15] 李义安,魏艳丽.一般健康问卷(GHQ-20)在大学生中的信效度检验.中国健康心理学杂志,2007,15(1):11-15.

[16] Veenhoven, R. Is Happiness? *Social Indicators Research*, 1991, 24:1-34.

[17] Diener, E., Sandvik, E., Seidlitz, A., Diener, M. The Relationship between Income and Subjective Well Being: Relative or absolute? *Social Indictors Research*, 1993,82(3):505-526.

[18] Shin, D. C., Johnson, D. M. Avowed Happiness as an Overall Assessment of the Quality of Life. *Social Indicators Research*, 1978.

[19] Diener, E., Emmons, R. A., Larsen, R. J., Griffin, S. The Satisfaction with Life Scale. *Journal of Personality Assessment*, 1985,49:71-75.

[20] Goldberg, D. P. *The Detection of Psychiatric Illness by Questionnaire*. Oxford University Press, 1972.

新生代农民工心理健康研究

目前我国有越来越多的专家学者开始关注新生代农民工的问题,比如新生代农民工的生存状况、就业、收入、犯罪、社会保障、市民化、城市融入等问题,这些问题都会影响到新生代农民工的心理健康状况。

一、研究综述

从 2000 年开始,国内便有研究者开始探讨农民工的心理健康状况。主要研究内容为农民工的总体状况、社会心态、对心理健康的影响因素以及心理健康与其他因素的关系等。

多数研究者使用 SCL - 90 研究农民工的心理健康,只有李晓芳在 2004 年的研究中合并使用了焦虑自评量表(SAS)、抑郁自评量表(SDS)进行综合考查,刘启营使用自制问卷或量表进行研究。此外,大部分研究者使用的常模相对陈旧。而且,SCL - 90 问卷项目较多,对于受教育程度较低的农民工来说,填写的数据也必将会有较大的误差,这必然会影响研究结果的准确性。

到目前为止,多数研究以整个农民工群体为研究对象,对新生代农民工群体的研究还相对较少,只有李晓芳、郭星华、朱永安等人专门以新生代农民工为对象进行心理健康问题的探索。[1][2]

---

① 李晓芳.青年民工心理卫生状况调查分析.中国健康心理学杂志,2004,12(6):468-469.
② 郭星华,才凤伟.新生代农民工的社会交往与精神健康——基于北京和珠三角地区调查数据的实证分析.甘肃社会科学,2012(4):30-34.

大部分研究成果指出,农民工的心理健康状况不容乐观。这些研究成果报告的农民工的心理问题检出率高于 18%,最高达到 62%,多数文献报告的农民工心理障碍检出率高于 21%。在报告的农民工的心理障碍中,以抑郁、焦虑、恐怖、人际关系问题最为严重。

大部分研究还将农民工的心理健康状况与全国常模做了比较,研究结果比较一致,均报告农民工心理健康水平显著低于全国常模。但有些学者考虑到这些报告应用的常模比较陈旧,于是将比较对象做了调整。例如,刘衔华等人的研究将农民工的心理健康状况的比较对象换成了与该群体相对应的留守农民群体,研究结果发现,农民工群体的心理健康水平与留守农民群体的没有显著差异。[①]

以往关于农民工心理健康研究中,研究者关注的影响心理健康的因素主要有两类,一类是人口学因素,另一类是主观因素和客观因素。

在关于人口学因素对农民工心理健康影响的研究中,性别与农民工心理健康的研究比较丰富,但研究结论很不一致。张波等人对农民工心理健康的性别差异进行了元分析,认为性别差异元分析效应值大部分不可靠,只有恐怖因子符合罗森塔尔(Rosenthal)标准,女性恐怖因子得分显著高于男性。[②]

郭星华等人基于北京和珠三角地区的调查数据,描述了新生代农民工心理健康状况并分析其影响因素。结果显示:新生代农民工群体心理健康状态欠佳,影响其心理健康的因素主要集中在社会交往方面。[③]

许多研究指出,社会支持对农民工的心理健康起到保护作用,农民工能否得到家人的帮助、是否单独外出打工等,对农民工的心理健康有着重要的影响。蒋善等人的研究发现,无论主观支持还是客观支持,都对农民工的心理健康状况有着显著的预测作用。[④]

刘衔华等人发现,农民工的心理健康状况与主观幸福感联系密切,心理健康状况好,主观幸福感水平就高;心理健康状况差,主观幸福感水平就低。[⑤]

一些学者对农民工的事件应对方式及其对心理健康的影响进行了研究。孟雁鹏等人指出,农民工的应对方式相对比较成熟,应对方式对农民工的心理健康有预测作用。[⑥] 梁静的研究结果指出,脑力劳动的农民工的应对方式比

---

① 刘衔华.春节返乡农民工心理健康调查.现代预防医学,2006,33(10):1926-1927.

② 张波,杨静,杨阳.中国农民工心理健康状况元分析.大理学院学报,2012,11(2):27-30.

③ 郭星华,才凤伟.新生代农民工的社会交往与精神健康——基于北京和珠三角地区调查数据的实证分析.甘肃社会科学,2012(4):30-34.

④ 蒋善,张璐,王卫红.重庆市农民工心理健康状况调查.心理科学,2007,30(1):216-218.

⑤ 刘衔华.春节返乡农民工心理健康调查.现代预防医学,2006,33(10):1926-1927.

⑥ 孟雁鹏,李祚山,谌旻明,赵和平.重庆农民工心理健康状况与社会支持关系研究.重庆教育学院学报,2012,25(2):27-30.

体力劳动者的更成熟,但脑力劳动的农民工心理健康水平却相对于体力劳动者更低。这说明,应对方式与心理健康之间的关系不是简单的正相关或负相关,应对方式可能通过其他中介变量而作用于农民工的心理健康。①

总体来看,以往关于农民工的心理健康研究还不够充分,特别是对新生代农民工的心理健康研究比较缺乏,对农民工群体的研究结论是否可以直接解释新生代农民工群体的心理健康状况还有待验证。

二、研究目标与研究假设

(一)研究目标

了解杭州新生代农民工心理健康现状和主要问题,针对青年农民工存在的心理健康问题,分析年龄、文化程度、月收入、公共参与度、公平感对心理健康的影响,并探讨其内在原因,提出改进杭州新生代农民工心理健康状况的对策和建议。

(二)研究假设

假设一:年龄较大的新生代农民工的心理健康水平较高。
假设二:受教育程度与新生代农民工心理健康水平存在正相关。
假设三:新生代农民工的月收入水平与心理健康状况存在正相关。
假设四:公共参与度与新生代农民工心理健康水平存在正相关。
假设五:公平感与新生代农民工心理健康水平存在正相关。

三、研究方法

(一)研究对象

本研究调查的新生代农民工,均为杭州市下沙经济开发区白杨街道邻里社区的外来务工人员。

---

① 梁静.青岛市外来务工人员心理状况、心理需求、应对方式及干预对策研究.青岛大学硕士学位论文,2012.

为方便研究,我们将不同新生代农民工按照 5 年间隔划分为三个年龄段,分别是高年龄段(1980～1984 年出生)、中年龄段(1985～1989 年出生)、低年龄段(1990～1994 年出生),其中 28～32 岁者占 8.8%,23～27 岁者占 30%,18～22 岁者占 61.2%。

(二)研究工具

1.《一般健康问卷》(GHQ-20);

2.《经济社会地位自评问卷》A 版本。

(三)数据处理

本研究所有数据均采用 SPSS 18.0 统计软件进行处理分析。

四、研究结果

(一)新生代农民工心理健康总体状况

经过数据分析,新生代农民工心理健康的总体状况如表 9-1 所示。

表 9-1 新生代农民工心理健康总体与各维度均分

	N	Min	Max	M	SD
自我肯定	360	0	9	5.54	2.24
忧郁因子	364	0	6	4.71	1.34
焦虑因子	367	0	5	2.52	1.65
健康总分	374	0	20	12.67	3.57

我们将 GHQ-20 反向计分题目的分数进行了转换。因此,表 9-1 中忧郁因子以及焦虑因子得分的解释为,得分越高代表该方面的倾向程度越低。自我肯定最高得分为 9 分,忧郁因子最高得分为 6 分,焦虑因子最高得分为 5 分,从表 9-1 中可以看出,除了忧郁因子得分之外,其他项得分均偏低。

(二)客观因素对新生代农民工心理健康的影响

1. 年龄

我们考察了不同年龄段的新生代农民工在心理健康上的差异,结果如表

9-2 所示。

表 9-2 不同年龄段的新生代农民工心理健康比较

		M	SD	F
自我肯定	低年龄段	5.44	2.26	
	中年龄段	5.46	2.26	3.049*
	高年龄段	6.48	1.88	
忧郁因子	低年龄段	4.70	1.39	
	中年龄段	4.71	1.28	0.008
	高年龄段	4.72	1.40	
焦虑因子	低年龄段	2.64	1.61	
	中年龄段	2.41	1.67	0.823
	高年龄段	2.47	1.80	
健康总分	低年龄段	12.67	3.39	
	中年龄段	12.50	3.65	1.191*
	高年龄段	13.55	4.09	

我们通过方差分析发现,如表 9-2 所示,不同年龄段的新生代农民工在健康总分上有显著差异($p<0.05$)。其中,自我肯定因子得分呈显著差异($p<0.05$),且自我肯定的得分随着年龄的增加而增加。

2. 文化水平

我们考察了不同文化水平的新生代农民工在心理健康上的差异,结果如表 9-3 所示。

表 9-3 不同文化水平的新生代农民工心理健康比较

		M	SD	F
自我肯定	小学毕业及以下	4.00	2.65	
	初中毕业	5.21	2.10	
	高中(技校、职高、中专)毕业	5.67	2.29	1.349
	大专(含在读)	5.33	2.25	
	大学本科(含在读)	6.19	1.64	

续表

		M	SD	F
忧郁因子	小学毕业及以下	4.00	1.00	
	初中毕业	4.42	1.27	
	高中(技校、职高、中专)毕业	4.69	1.41	2.365
	大专(含在读)	5.12	0.98	
	大学本科(含在读)	4.60	1.55	
焦虑因子	小学毕业及以下	1.00	1.00	
	初中毕业	2.22	1.52	
	高中(技校、职高、中专)毕业	2.51	1.66	2.457*
	大专(含在读)	2.71	1.70	
	大学本科(含在读)	3.40	1.59	
健康总分	小学毕业及以下	9.00	3.61	
	初中毕业	11.77	3.31	
	高中(技校、职高、中专)毕业	12.77	3.59	2.545*
	大专(含在读)	13.19	3.34	
	大学本科(含在读)	13.69	4.57	

从表 9-3 中可以看出,焦虑因子得分和心理健康水平在不同文化水平的新生代农民工群体中有着显著的差异($p < 0.05$)。

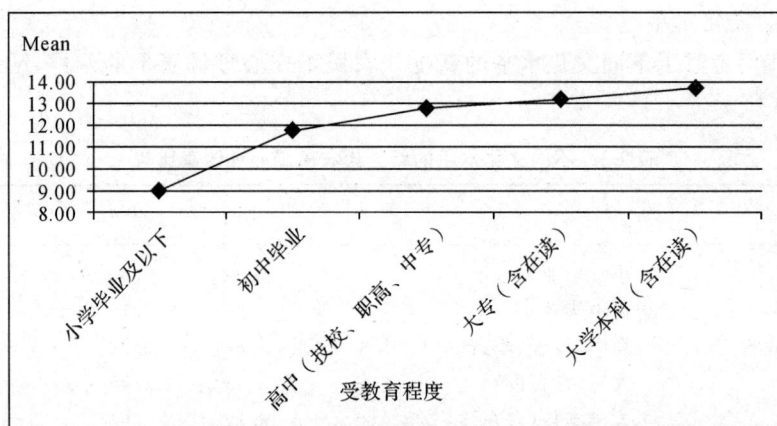

图 9-1　不同教育程度的新生代农民工在心理健康总分上的得分趋势

从图 9-1 中可以看出,新生代农民工的文化水平对心理健康有一定的影响作用,并且随着文化水平的升高,其心理健康水平也相应地升高。

　　分析各维度得分情况可以看出,不同文化水平的新生代农民工的焦虑因子得分差异显著,得分趋势与心理健康总分得分趋势相近似,如图 9-2 所示。

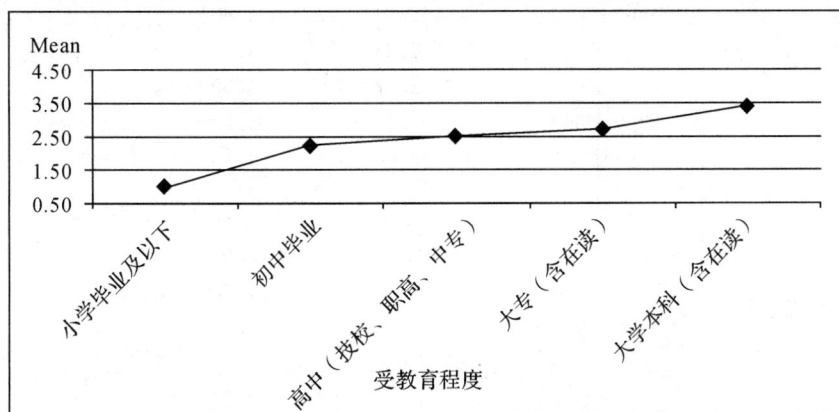

图 9-2　不同教育程度的新生代农民工焦虑因子得分趋势

3. 收入水平

　　我们考察了不同收入水平的新生代农民工心理健康的差异,结果如表 9-4 所示。

表 9-4　不同收入水平的新生代农民工心理健康比较

		M	SD	F
自我肯定	1000 元以下	6.60	1.67	2.268*
	1001～2000 元	5.47	2.22	
	2001～3000 元	5.43	2.32	
	3001～4000 元	6.09	1.99	
	4001～5000 元	3.88	1.96	
	5001 元以上	6.86	1.07	
忧郁因子	1000 元以下	5.17	0.41	0.672
	1001～2000 元	4.61	1.42	
	2001～3000 元	4.73	1.33	
	3001～4000 元	4.67	1.43	
	4001～5000 元	5.25	0.46	
	5001 元以上	5.17	0.75	

续表

		M	SD	F
焦虑因子	1000 元以下	2.83	0.75	1.481
	1001～2000 元	2.24	1.60	
	2001～3000 元	2.68	1.72	
	3001～4000 元	2.57	1.60	
	4001～5000 元	1.75	1.49	
	5001 元以上	2.00	1.15	
健康总分	1000 元以下	14.33	1.86	1.521
	1001～2000 元	12.15	3.61	
	2001～3000 元	12.79	3.75	
	3001～4000 元	13.26	3.01	
	4001～5000 元	10.88	2.36	
	5001 元以上	13.71	2.87	

从表 9-4 可以看出,不同收入水平新生代农民工在自我肯定因子得分上呈现显著差异($p < 0.05$),在总分上没有显著差异($p > 0.05$)。

我们通过事后检验发现,月收入在"4001～5000 元"之间的新生代农民工分别与收入在"1000 元以下"、"3001～4000 元"以及"5001 元以上"的新生代农民工自我肯定因子得分差异显著。如图 9-3 所示,月收入为"4001～5000元"之间的群体自我肯定得分最低,得分排前三位分别是"5001 以上"、"1000元以下",以及"3001～4000 元"的群体。

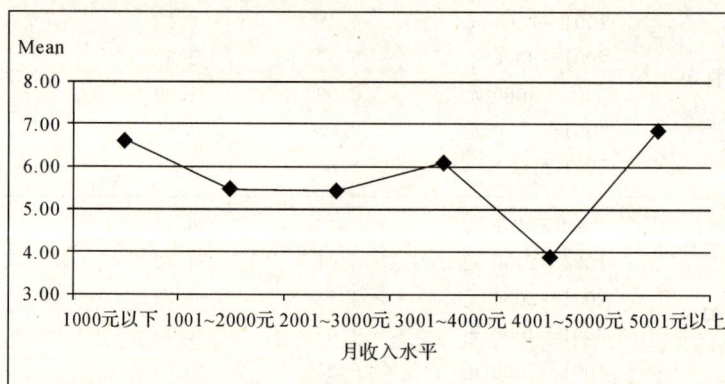

图 9-3 不同收入水平的新生代农民工自我肯定因子得分

4. 社区居住年限

我们考察了在社区居住不同年限的新生代农民工心理健康的差异,结果如表 9-5 所示。

表 9-5　不同社区居住年限的新生代农民工心理健康比较

		M	SD	F
自我肯定	1 年以下	5.42	2.32	0.395
	1～3 年	5.61	2.20	
	3～5 年	5.74	2.08	
	5～8 年	5.92	2.54	
忧郁因子	1 年以下	4.83	1.09	4.330*
	1～3 年	4.76	1.35	
	3～5 年	4.06	1.82	
	5～8 年	4.00	2.00	
焦虑因子	1 年以下	2.63	1.66	0.491
	1～3 年	2.47	1.63	
	3～5 年	2.29	1.77	
	5～8 年	2.46	1.76	
健康总分	1 年以下	12.76	3.36	0.455
	1～3 年	12.76	3.65	
	3～5 年	12.12	3.54	
	5～8 年	12.08	5.38	

从表 9-5 可以看出,社区居住不同年限的新生代农民工忧郁因子得分呈现显著差异,呈现趋势见图 9-4,随着居住年限的增加,忧郁因子得分降低。

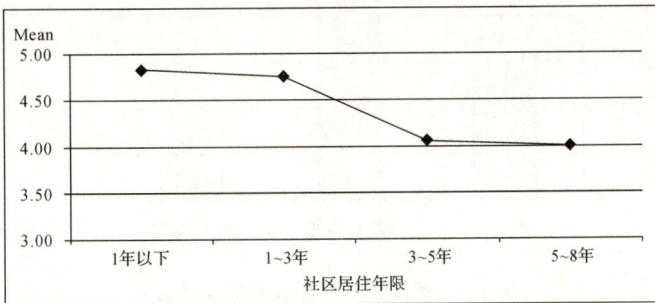

图 9-4　新生代农民工居住年限忧郁因子得分趋势

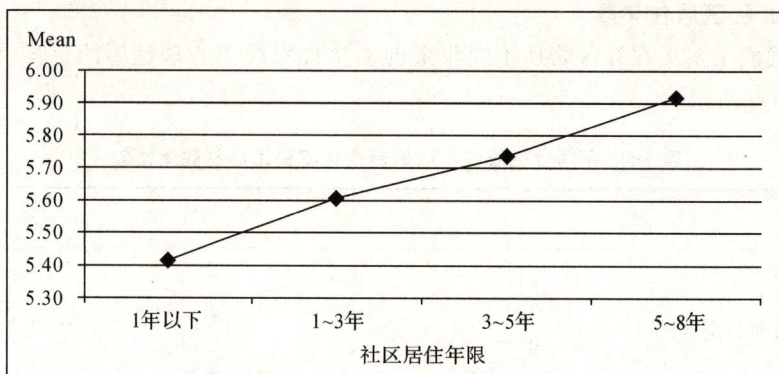

图 9-5　新生代农民工居住年限自我肯定因子得分趋势

我们发现，新生代农民工自我肯定因子得分虽然差异不显著，但存在一个明显的趋势，即随着社区居住年限的增加，自我肯定因子得分越来越高。如图9-5 所示，这种趋势走向与忧郁因子得分趋势相反。

（三）社会因素对心理健康的影响

1. 公共参与度

新生代农民工除了在城市打工之外，他们还期待与城里人享受同样的社会生活，渴望融入城市，他们参与社会活动的情况如图 9-6 所示。

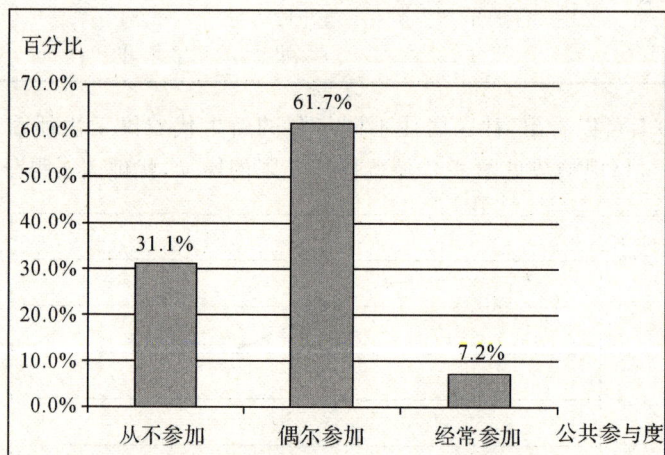

图 9-6　新生代农民工公共参与情况

　　从图9-6中可以看出,只有7.2%的新生代农民工经常参加社区组织的公共活动,可见新生代农民工的公共参与度并不高。

　　我们考察了不同公共参与度的新生代农民工在心理健康上的差异,如表9-6所示。

表9-6　不同公共参与度的新生代农民工心理健康得分比较

		M	SD	F
自我肯定	从不参加	5.78	2.29	
	偶尔参加	5.40	2.18	1.161
	经常参加	5.73	2.57	
忧郁因子	从不参加	4.49	1.59	
	偶尔参加	4.84	1.16	2.665
	经常参加	4.62	1.39	
焦虑因子	从不参加	2.19	1.65	
	偶尔参加	2.61	1.60	5.735*
	经常参加	3.30	1.84	
健康总分	从不参加	12.42	4.05	
	偶尔参加	12.71	3.27	1.198
	经常参加	13.59	3.71	

　　从表9-6中可以看出,不同参与度的新生代农民工焦虑因子得分差异显著,通过事后检验发现,随着新生代农民工的公共参与度的增加,焦虑因子得分越来越高,如图9-7所示。

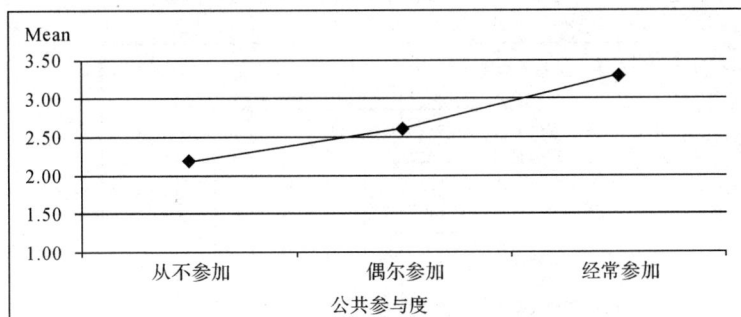

图9-7　新生代农民工公共参与度在焦虑因子得分趋势

2. 公平感

新生代农民工在融入城市的过程中遇到很大的阻力,经常遭遇不公平的对待,对他们的心理健康产生不利的影响。本研究考察了新生代农民工遭遇不公平待遇的频率和他们的解决方式,以及他们对社会公平程度的判断对心理健康的影响。

本研究用"工作种类不平等"、"同工不同酬"、"工作机会不平等"、"社会福利"、"人格侮辱"、"拖欠工资"、"社会交往被拒绝"以及"其他"等八个维度来考察了新生代农民工的公平感的总体状况,如图 9-8 所示。

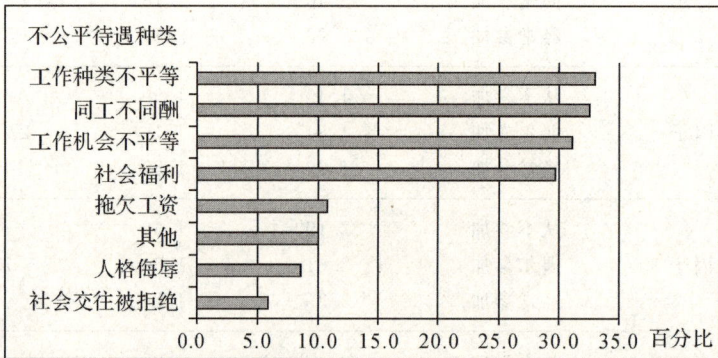

图 9-8　新生代农民工受到不公平待遇的状况

图 9-8 反映了新生代农民工受到不公平待遇的状况,在 8 项不公平待遇中,遭遇"工作种类不平等"待遇的新生代农民工占 32.62%,遭遇"同工不同酬"的占 32.09%、遭遇"工作机会不平等"的占 30.75%、遭遇"无法得到相应的社会福利"的占 29.41%。以上 4 项是新生代农民工遭遇最多的不公平待遇,而除了"拖欠工资"达到 10%,其他选项均未超过 10%。

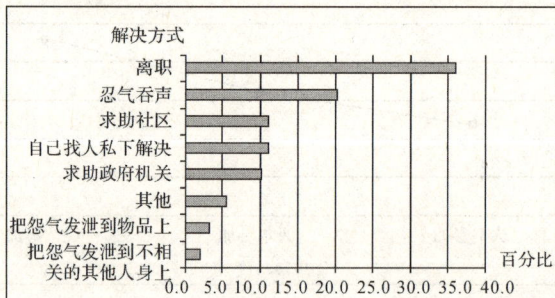

图 9-9　新生代农民工受到不公平待遇后的反应

图 9-9 反映了新生代农民工对待不公平待遇时的解决方式,"离职"或者"忍气吞声"的比例合计占 57.5%。可见多数新生代农民工对不公平遭遇的态度是消极的,只能无奈忍受或者选择离开。其中需要引起注意的是,选择"离职"的比例超过 35%。

图 9-10 反映了新生代农民工对社会公平的评价状况。从中可以看出,57.4% 的新生代农民工认为社会不公平。

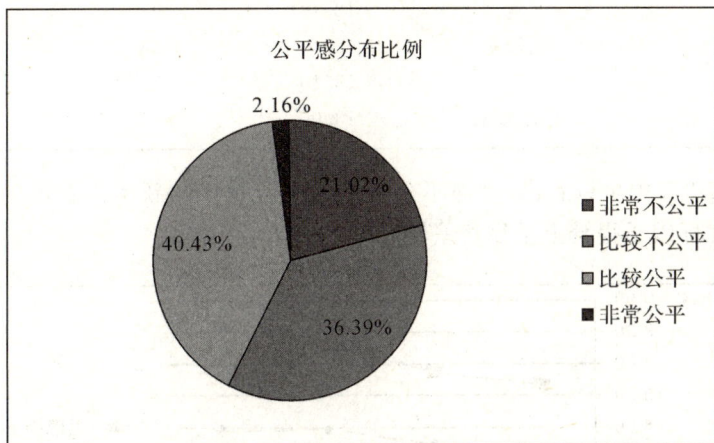

公平感分布比例

- 2.16%
- 21.02%
- 40.43%
- 36.39%

图例:
- 非常不公平
- 比较不公平
- 比较公平
- 非常公平

图 9-10　新生代农民工公平感现状分布

我们考察了新生代农民工的公平感对其心理健康的影响,结果如表 9-7 所示。

表 9-7　遭遇不公平待遇的新生代农民工心理健康得分比较

		M	SD	F
自我肯定	非常多	5.88	1.89	0.718
	比较多	5.44	2.14	
	比较少	5.58	2.36	
	根本没有	5.00	2.31	
忧郁因子	非常多	4.30	1.57	4.661*
	比较多	4.45	1.40	
	比较少	4.94	1.21	
	根本没有	4.88	1.17	

续表

		M	SD	F
焦虑因子	非常多	2.05	1.80	
	比较多	2.28	1.68	3.875*
	比较少	2.69	1.57	
	根本没有	3.29	1.57	
健康总分	非常多	12.10	3.97	
	比较多	12.14	3.63	2.146
	比较少	13.10	3.50	
	根本没有	13.00	3.34	

从表 9-7 中可以看出,遭遇不公平待遇不同频率的新生代农民工在焦虑因子与忧郁因子得分上呈显著差异。

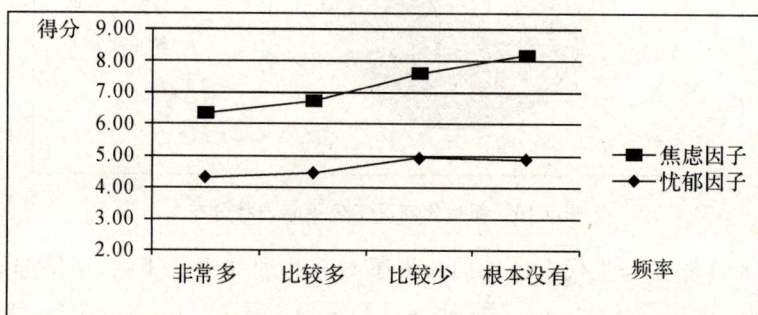

图 9-11　遭遇不公平待遇在忧郁因子与焦虑因子上的得分趋势

从图 9-11 中可以看出,遭遇的不公平待遇越多,越容易引发焦虑、抑郁等负面情绪,焦虑因子、忧郁因子得分较高。

我们考察了公平感对于新生代农民工心理健康的影响,如表 9-8 所示。

表 9-8　公平感对于新生代农民工心理健康的影响

		M	SD	F
自我肯定	非常不公平	5.49	1.98	
	比较不公平	5.60	2.31	0.777
	比较公平	5.58	2.33	
	非常公平	4.29	2.21	

续表

		M	SD	F
忧郁因子	非常不公平	4.18	1.56	5.504*
	比较不公平	4.74	1.34	
	比较公平	4.92	1.17	
	非常公平	5.00	0.53	
焦虑因子	非常不公平	1.78	1.64	7.533*
	比较不公平	2.62	1.61	
	比较公平	2.84	1.60	
	非常公平	2.38	1.51	
健康总分	非常不公平	11.44	3.59	4.774*
	比较不公平	12.84	3.52	
	比较公平	13.24	3.55	
	非常公平	11.75	2.55	

从表9-8可见,不同公平感的新生代农民工在焦虑因子、忧郁因子以及健康总分上均有显著差异。

从图9-12中可以看出,公平感越低的新生代农民工,忧郁因子得分越低。

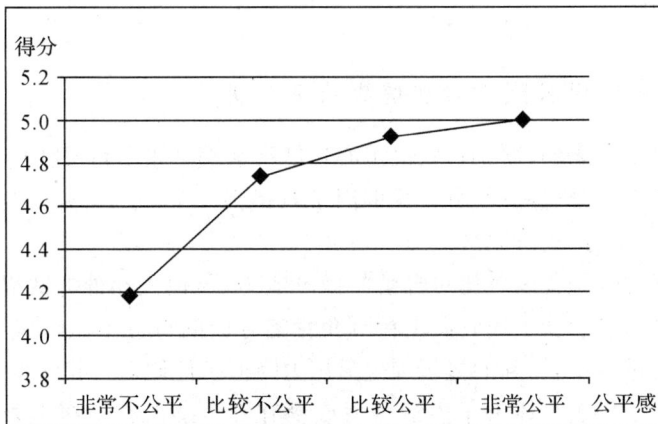

图 9-12　新生代农民工忧郁因子得分

新生代农民工遭受的不公平待遇频率与公平感之间的关系如何? 本研究对此进行了分析,如图9-13所示。

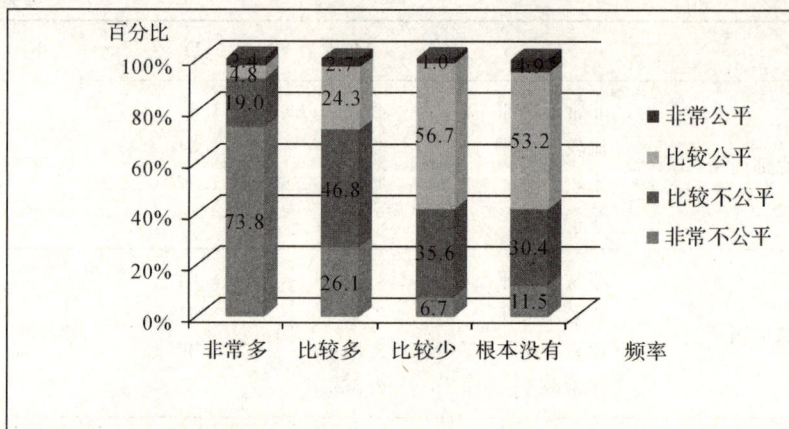

图 9-13　遭受不公平待遇的新生代农民工的公平感

我们从图 9-13 可以看到,新生代农民工遭受不公平的次数能够影响他们的公平感。随着遭受到不公平次数的降低,新生代农民工的公平感相应提高。

五、研究结论

(一)新生代农民工心理健康状况分析

我们的研究表明,新生代农民工心理健康水平总体不高,其中自我肯定因子只得到 5.544 分(满分 9 分),忧郁因子只得到 4.71 分(满分 6 分),焦虑因子只得到 2.52 分(满分 5 分)。

自我肯定因子代表个体对自己的做事能力、与他人相处方式以及日常生活状况比较满意。新生代农民工在自我肯定方面的得分不高,这说明他们在城市打工的过程中,受到的挫折和生活压力降低了他们对自我的评价。

焦虑因子代表个体由于生活压力或没有安全感而在情绪上处于焦虑状态。新生代农民工的焦虑倾向较高,说明他们的城市打工生活压力较大。

忧郁因子代表个体对自己和对未来的担忧或悲观预期。新生代农民工的忧郁情绪得分相对比较低,这说明新生代农民工并没有对自己和未来失去信心。

（二）客观因素对新生代农民工心理健康的影响分析

1. 年龄

本研究部分支持假设一。本研究表明,不同年龄段的新生代农民工在心理健康总分上虽然没有差异,但是在自我肯定因子上的得分差异显著。年龄越高的新生代农民工,自我肯定得分越高。这可能是新生代农民工随着年龄的增长,各方面能力不断提升,社会经验的累积,使得他们能够认识到自己的优点,更加乐观自信,因而自我肯定因子得分较高。但是,不同年龄段的新生代农民工在焦虑因子、抑郁因子上的得分差异并不显著。虽然高年龄段的新生代农民工的自我评价和能力好于低年龄段的新生代农民工,但是他们与低年龄段的新生代农民工一样,在面对现实困难时,同样会感到困惑和无奈。

2. 文化水平

本研究支持假设二。本研究发现,新生代农民工的文化水平对心理健康有着明显的影响作用,心理健康水平与文化水平之间存在正相关。但经过进一步事后检验,我们发现了一个有趣的现象:高中以下文化水平的新生代农民工与本科文化水平的新生代农民工在焦虑因子得分上呈现显著差异。但是大专学历的新生代农民工在焦虑因子上的得分与高中以下文化水平的新生代农民工没有显著差异。文化水平越高的新生代农民工,他们的焦虑情绪倾向越低,尤其是本科学历的新生代农民工,他们的焦虑倾向要明显低于高中以及以下文化水平的新生代农民工。通过筛选数据发现,高中以下学历的新生代农民工占新生代农民工总数的 80.11%。这表明,如果新生代农民工的文化水平能够提高的话,就有可能减少他们的心理问题的发生率。所以,努力提高新生代农民工的文化水平,是增进新生代农民工心理健康的有效途径。

3. 收入水平

本研究部分支持假设三。本研究表明,不同收入水平新生代农民工在自我肯定因子得分上呈现显著差异,在总分上没有显著差异。本研究发现,月收入在"4001~5000 元"之间的新生代农民工与收入在"1000 元以下"、"3001~4000 元"以及"5001 元以上"的三类群体自我肯定因子得分差异显著。月收入为"4001~5000 元"之间的群体自我肯定得分最低,得分排前三位分别是"5001 元以上"、"1000 元以下"以及"3001~4000 元"的群体。

在本研究对象中,"5001 元以上"是收入的最高选项,表明收入为"5001 元以上"的新生代农民工已经具备一定财力,还意味着他们有一定的成就感,所以自我肯定因子得分最高。

经过进一步的数据筛查发现,"1000元以下"群体的户籍均是"非本市农业户口",这就解释了该群体的自我肯定得分较高的原因,因为他们是从农村直接进入城市工作,环境的改变给予他们更宽阔的视野,行为方式也发生很大的改变,使他们的信心得到提升。另外,该群体自我肯定得分较高还有可能是因为工作岗位的变化,这些变化对于外来务工的新生代农民工来说,已经好于早先的状况,因而自我肯定得分相对较高。

收入水平对新生代农民工的心理健康水平的影响作用比较复杂,主要体现在对心理健康中的自我肯定因子的影响作用。

4. 社区居住年限

随着新生代农民工在城市的居住年限增加,他们的自我肯定因子得分同步增高。这也许是由于新生代农民工随着工作经验的增加,自身能力和物质条件都在提升,因而自我肯定因子分数相应提高。

(三)社会因素对新生代农民工心理健康的影响

1. 公共参与度

在本研究对象中,由于只有7.2%的新生代农民工经常参加社区组织的群众公共活动,新生代农民工的公共参与度并不高。这说明他们大部分时间投入工作,除了生活起居之外,空闲时间很少。这说明新生代农民工群与社会的互动和沟通不充分,心理需求远未得到满足,因此影响了他们的心理健康。

本研究支持假设四。不同公共参与度的新生代农民工在焦虑因子得分上差异显著,且焦虑水平随着参与度提高而降低。很明显,多参与社区活动,丰富了他们与外界沟通交流的途径,因而减少了积压的心理问题或负面情绪。另一方面,在参与社区公共活动的过程中,可以转移新生代农民工对焦虑事件的关注。

2. 公平感

本研究支持假设五。本研究发现,随着遭遇不公平待遇的次数增多,新生代农民工容易积累焦虑、忧郁等负面情绪。新生代农民工的不公平遭遇影响对他们的公平感,公平感对新生代农民工的心理健康有着明显的影响作用。

新生代农民工在城市打工过程中遭遇较多的是工作中的薪酬或福利上的

不公平,不公平待遇遭受得越多,他们的公平感就会越低,因此而产生的焦虑情绪就会增多,进而影响他们的心理健康水平。

参考文献

[1] 李晓芳.青年民工心理卫生状况调查分析.中国健康心理学杂志,2004(6):468-469.

[2] 郭星华,才凤伟.新生代农民工的社会交往与精神健康——基于北京和珠三角地区调查数据的实证分析.甘肃社会科学,2012(4):30-34.

[3] 刘衔华.春节返乡农民工心理健康调查.现代预防医学,2006(10):1926-1927.

[4] 张波,杨静,杨阳.中国农民工心理健康状况元分析.大理学院学报,2012(2):27-30.

[5] 蒋善,张璐,王卫红.重庆市农民工心理健康状况调查.心理科学,2007(1):216-218.

[6] 孟雁鹏,李祚山,谌旻明,赵和平.重庆农民工心理健康状况与社会支持关系研究.重庆教育学院学报,2012(2):27-30.

[7] 梁静.青岛市外来务工人员心理状况、心理需求、应对方式及干预对策研究.青岛大学硕士学位论文,2012.

[8] Goldberg, DP. *The Detection of Psychiatric Illness by Questionnaire*. Oxford University Press,1972.

[9] 李虹,梅锦荣.测量大学生的心理问题:GHQ-20 的结构及其信度与效度.心理发展与教育,2002(1):75-79.

[10] 李义安,魏艳丽.一般健康问卷(GHQ-20)在大学生中的信效度检验.中国健康心理学杂志,2007(1):11-15.

[11] 陆学艺.农民工体制需要根本改革.中国改革(农村版),2003(12):29-31.

[12] 林吕建.浙江蓝皮书——2012 年浙江社会发展报告.杭州:杭州出版社,2012.

[13] 蒋丽平.青年农民工心理健康与社会支持及生存质量的关系研究.福建师范大学硕士学位论文,2010.

[14] 钱胜,王文霞,王瑶.232 名河南省农民工心理健康状况及影响因素.中国健康心理学杂志,2008(4):459-461.

[15] 王毅杰,倪云鸽.成都市在城农民现状调查与分析.四川大学学报

（哲学社会科学版），2001(5)：42-49.

　　[16] 袁海燕.上海市青年农民工的心理健康现状及教育研究.华东师范大学硕士学位论文,2008.

　　[17] 蒋立新.深圳市工业企业外来工心理健康状况的分析.现代预防医学,2004(1)：57-59.

　　[18] 李昌庆,何木叶,张鑫.我国农民工心理健康的整合性研究.健康研究,2011(4)：267-270.

　　[19] 王怀勇.企业员工公平感研究：责任归因的视角.华东师范大学硕士学位论文,2008.

新生代农民工与老市民社会心态比较研究

一、问题提出

在杭州,政府和媒体给予来杭州工作和生活的外来务工人员一个特殊的称谓——"新市民","新市民"生动地体现了当前我国农民工的市民化过程。随着政府主导的促进农民工融入城市社区实践的不断推进,共同生活在同一座城市的新市民和老市民正逐渐成为两个不得不相互正视,且在社会生活乃至社会资源和机会配置等方面呈现出更多交集的群体。从社会心理学的角度来看,两者能否以必要的相关制度改革为前提,建构起一个多元、开放、平等的"我们"概念,实现心理相容,已成为促进农民工融入城市的关键。

那么,在我国当前农民工"市民化"进程中,新生代农民工(新市民)和老市民作为两个不同社会群体或社会类别,各自有着什么样的社会心态呢? 其社会心态与身份认同之间存在着什么样的互动关联呢? 对这一问题的考察和探析,将有助于我们以老市民为参照,更好地了解和把握新生代农民工对城市社区的融入状况(包括制度融入、社会融入及心理融入三个层面)。

二、分析框架

法国社会学家涂尔干(E. Durkheim)认为,社会心态同道德、集体意识、集体表象、社会潮流等一样,也算得上是一种"非物质性社会事实"(nonmaterial facts)：它作为社会层次上的突生特征（emergent property），源生于个体，但又决然不同于纯粹的个体事实。换言之，社会心态是在由一定数量的人们参与的社会沟通过程中生成的超越于个体的集体产物。对于这样一种集体产物的了解和理解，我们不能仅仅停留于对与之相关联的群体社会需求满足状况的考察，还要看到潜隐其后的社会制度设计、社会结构以及身份认同。

越来越多的建基于互动主义社会心理学视角的自我、角色及认同理论建构表明，现代社会的高度分化特征亦被自我所"复制再现"：具有反身性的自我集多元认同于一体，这些认同根植于个体与他人之间所拥有的各式各样的结构化关系，或者更进一步说，依附于角色、关系以及社会地位。当然，它们之于个体的重要性彼此并不能比量齐观，相反还可能呈现出显著的等级结构（salience hierarchy），其决定因素主要有三个：自我与他人的支持程度、自我的信奉与投入程度以及相关的内在和外在满意度。[1]

依马斯洛的需要层次理论来看，身份作为"与社会地位相一致的权力、责任和社会预期等一系列因素的集合"，关涉个体生理需要、安全需要、归属与爱的需要、尊重需要和自我实现需要等多个层次需要的满足状况（具体表现为各种内在和外在满意度）。因此，身份认同——"我（我们）是谁，他人认为我（我们）是谁，我（我们）与他人有何不同"——被个体给予较其他类型的认同更多的关注和心理投入，进而在自我多元认同等级排序中占据优势地位。简言之，身份认同是一种相对较为凸显的自我认同，它将微观个体与宏观社会结构、主观心理现实与客观社会现实紧密联系起来。

因此，我们可以认为社会心态是个体与宏观社会以身份认同为中介的相互建构的产物。具体来看，身份认同透过自我期许（self-expectation）与自我实现（self-actualization）动机影响个体的社会需求及其满足感。作为参与社会心态建构的主体，个体一方面通过回馈其社会需求满足感，借以发挥自我验证作用，增强或削弱既有身份认同感；另一方面则有意或无意地以已有社会需求满足感为心理背景，参与并卷入到社会成员之间相互认同、沟通和感染的过程中，借以推动和促进社会心态的建构。而社会心态作为相同或相近处境者内在和外在满意度的群体表征，在客观上对个体身份认同的建构起到了共识验证作用，如图 10-1 所示。

联系上文所述来看，如果说前一方面所体现的是"自我支持"，那么，后一方面所体现的可谓是"他人支持"。正是基于"他人支持"，个体才得以更为清

① McCall, G. J., Simmons, J. L. *Identities and Interactions*. New York：Free Press，1978.

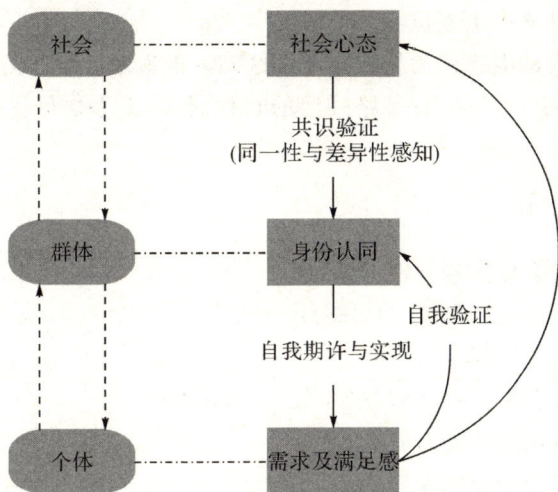

图 10-1　分析框架图

晰地获得同一性感知——"我们"是谁,以及差异性感知——"他们"是谁,"我们"和"他们"究竟有何不同。"我们"与"他们"的心理边界由此得到划分。从共享现实理论(shared reality theory)来看,这里所谓"他人支持"并非不需要自我的参与,它主要是指个体透过与他人一起分享和体验彼此之间以外部世界为指向的内在状态(inner states),以此建构共享现实(Echterhoff, Higgins & Levine, 2009)。通俗地说,就是了解他人与自己是否有相同或相近的看法或感受。

　　基于上述分析框架,下面我们就首先以"生活压力感"、"社会支持感"、"社区安全感"、"社会信任感"、"社会公平感"等为主要考察指标,对杭州新生代农民工"市民化"进程中的新老市民社会心态进行初步"勾勒"和比较,而后分别以新市民、老市民为研究对象,对上述指标对总体生活满意度以及身份认同的影响作探讨,以期形成对新老市民社会心态更为全面的认识,并基于此进行更深一步的比较。

三、研究方法

（一）研究对象

本研究调查的新生代农民工(新市民)均为杭州市下沙经济开发区白杨街

道邻里社区的外来务工人员。

　　本研究调查的老市民为杭州市上城区湖滨街道东坡路社区、岳王路社区、吴山路社区、涌金门社区、青年路社区的长住居民,大多数居民长期生活和工作在杭州市。

　　（二）研究工具

　　1.《生活满意度问卷》(SWLS)；

　　2.《领悟社会支持量表》(PSSS)；

　　3.《生活压力感问卷》；

　　4.《经济社会地位自评问卷》A 版本、B 版本；

　　5.《公私观调查问卷》；

　　6.《社会参与调查问卷》；

　　7.《新生代农民工身份认同调查问卷》；

　　8.《社会信任问卷》。

　　（三）数据处理

　　本研究的所有数据均使用 SPSS 18.0 统计软件进行分析。

四、分项性统计分析与比较

　　（一）新生代农民工与老市民的生活压力感比较

　　生活压力感是指人们在面对来自社会生活中的某一或多个方面的要求时,对自己能否通过动用自身现有资源或身边可资利用的社会支持资源做出有效适应的感受。通常来说,生活压力主要来自社会环境、生活状况、工作与职业发展以及人际关系等四个方面,我们从这四个方面对杭州新生代农民工与老市民的生活压力感进行了调查。

　　从样本均值来看,老市民所感受到的生活压力感处于较低水平（均值为1.87,最高值为5）,即介于"不严重"与"有点严重"之间；而新市民所感受到的总体生活压力感处于较低水平（均值为2.32,最高值为5）,即介于"有点严重"与"一般"之间。从总体水平上来看,新市民所感受到的生活压力感高于老市民所感受到的生活压力感。

为了进一步了解新生代农民工的生活压力状况,下面我们对上述四个方面的生活压力感进行分析。

1. 与社会环境有关的生活压力感

老市民在社会环境方面的生活压力感主要源于"社会道德风气"、"社会治安"等,它们所带来的生活压力感均高于总体平均水平(均值分别为 2.39、2.13),可算作是"有点严重"的生活压力感,即介于"有点严重"和"不确定"之间[①](参见图 10-2)。

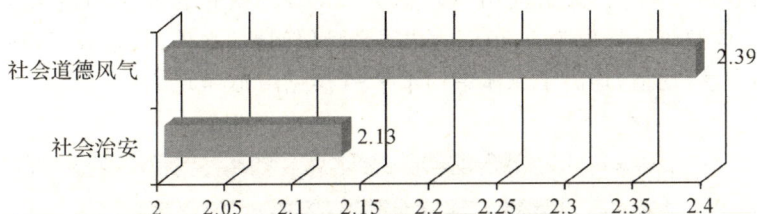

图 10-2　老市民与社会环境有关的生活压力感(均值)

新生代农民工在社会环境方面的生活压力主要源于"社会道德风气"(均值为 2.42)、"社会治安"(均值为 2.36)等。其中,"社会道德风气"给居民带来的生活压力感高于总体平均水平(参见图 10-3)。

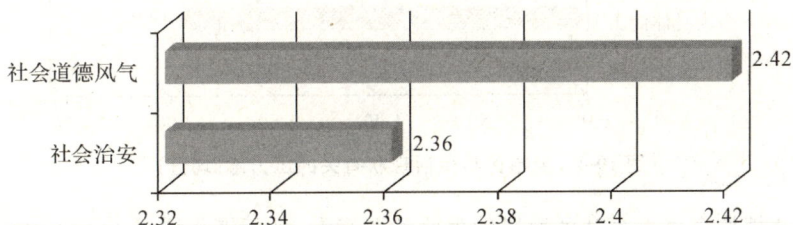

图 10-3　新市民与社会环境有关的生活压力感(均值)

由图 10-3 可以看出,新生代农民工与老市民在所感知到的"社会道德风气"带来的压力感上基本相当,但在所感知到的"社会治安"所带来的压力感上存在差异:新生代农民工高于老市民,这从侧面反映出其所居之地人口流动频繁,社会治安状况较为复杂。

---

① 在测量压力感时所使用的量尺为:"不严重"=1,"有点严重"=2,"不确定"=3,"比较严重"=4,"很严重"=5。均值越大表示压力感越大。

2. 与生活状况有关的生活压力感

在生活状况方面,我们主要考察了来自"住房条件"、"自己或家庭收入"、"赡养老人"、"子女教育费用"、"个人身体健康"、"医疗支出"、"人情支出"、"城乡身份问题"等方面的生活压力感。

从样本均值来看,对于老市民而言,"医疗支出"所带来的压力感最大(均值为 2.33),"城乡身份问题"所带来的压力感最小(均值为 1.53),中间依次为"住房条件"(均值为 2.30)、"自己或家庭收入"(均值为 2.14)、"子女教育费用"(均值为 2.06)、"人情支出"(均值为 2.02)、"赡养老人"(均值为 1.97)、"个人身体健康"(均值为 1.89)。除"城乡身份问题"之外,其余给居民带来的生活压力感(均值)均高于总体平均水平[①](参见图 10-4)。

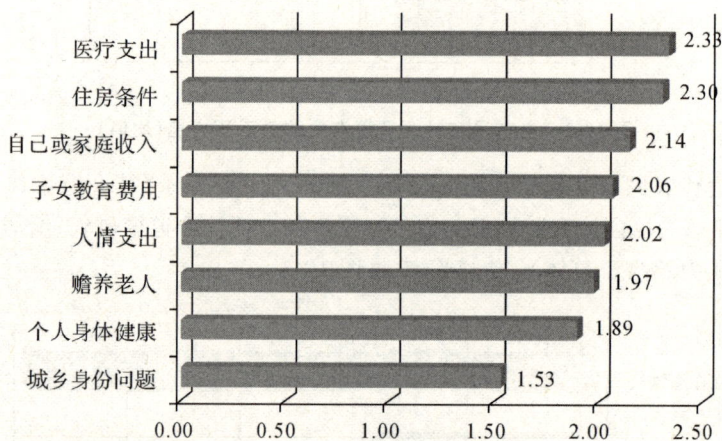

图 10-4　老市民与生活现状有关的压力感(均值)

从被调查的五个社区市民的生活状况来看,由于老年居民占了较大比重,大多数家庭首先要面对的是医疗支出问题,因此,"医疗支出"问题带来的压力感最大。紧随"医疗支出"问题之后的是"住房条件"——五社区居民的住房大多为旧式楼房,条件较差,存在"厨房、卫生间面积狭小"、"楼间距较小"等问题。这不可避免地给居民带来了较大的生活压力,为数不少的被调查居民在回答"什么是您想要的生活呢"时,都提及了住房问题,希望"住房条件好一点"、"房子大一点"、"有自己的房子,有厕所有卧室的"。

对于新生代农民工而言,"自己或家庭收入"所带来的压力感最大(均值

---

① 总体平均水平是指所有被调查居民感受到的所有类型的生活压力感的平均值。

为 2.63），"个人身体健康"所带来的压力感最小（均值为 1.57），中间依次为"子女教育费用"（均值为 2.59）、"住房条件"（均值为 2.55）、"医疗支出"（均值为 2.47）、"人情支出"（均值为 2.34）、"赡养老人"（均值为 2.22）、"城乡身份问题"（均值为 1.76）。除"赡养老人"、"城乡身份问题"、"个人身体健康"之外，其余各项给居民带来的生活压力感均高于总体平均水平（参见图 10-5）。

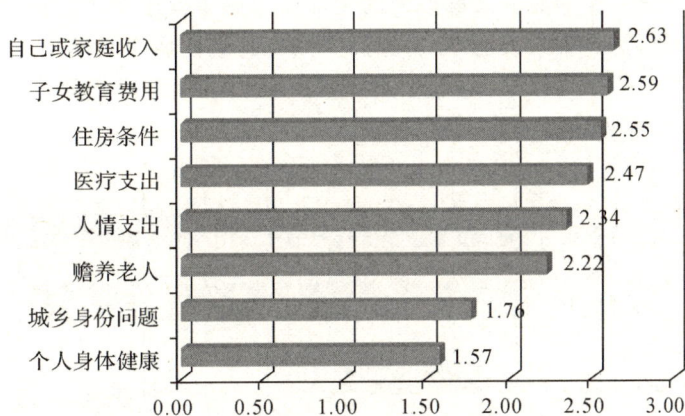

图 10-5　新市民与生活现状有关的压力感（均值）

从调查的情况来看，居住在邻里社区的新生代农民工首先要应对的是"自己或家庭收入"这一最大压力源，自己或家庭收入状况直接影响到生活质量的优劣。其次要应对的是另一压力源"子女教育费用"（这其中包括补课费、择校费、住宿费、生活费）。对于高昂的子女教育费用所带来的压力，老市民尚且觉得"有点严重"，更何况是收入较低的新生代农民工。位列"自己或家庭收入"、"子女教育费用"所带来的压力感之后，是"住房条件"所带来的压力感，这可能一方面是因为这些新市民所属公司在邻里社区的住房条件尚令人满意，住房问题不再成为燃眉之急；另一方面是因为杭州楼市价格水平已远远超出这些新生代农民工的实际购买力，他们中的大多数人尚无购房意愿。对他们而言，努力提高自己或家庭收入才最具现实意义。

紧随上述压力感之后的是"医疗支持"、"人情支出"、"赡养老人"所带来的压力感。尽管居民处于青壮年阶段，"个人身体健康"问题所带来的压力感小之又小，但他们却不得不应对由父母健康问题所带来的各类医疗支出，"医疗支出"也因此成为较为凸显的生活压力来源之一。此外，与老市民一样，新生代农民工在现实生活中要面对人情应酬，但相对于其较低的收入水平来说,"人情支出"更是不能承受之重。同时他们还要承担赡养老人的责任,但由于与老人分居两地,难以照顾等原因,其所感受的压力感相对较高,亦达到了"有点严重"的程度。最后,尤为值得一提的是,"城乡身份问题"给新生代农民工带来的压力感并不严重,这可能在很大程度上是因为户籍对流动人口的意义逐渐降低。

3. 与工作和职业发展有关的生活压力感

老市民在工作与职业发展方面的生活压力感主要来源于"自己或家人就业"、"工作压力"、"个人技能/学历提高"等方面,它们所带来的生活压力感略高或略低于总体平均水平,均未达到"有点严重"这一程度(均值分别为1.97、1.95、1.72)(参见图10-6)。

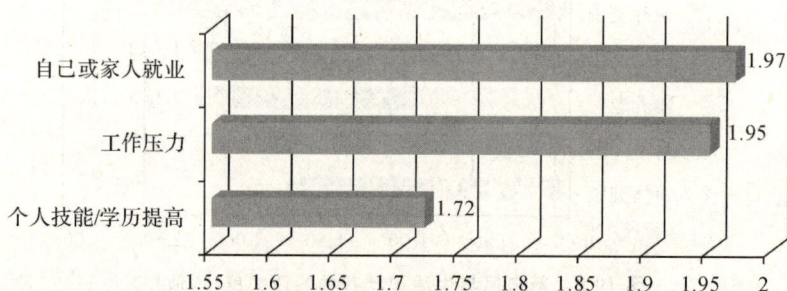

图 10-6 老市民工作与职业发展有关的压力感(均值)

新生代农民工在工作与职业发展方面的生活压力主要来源于"自己或家人就业"、"工作压力"、"个人技能/学历提高"等方面,它们所带来的压力感均高于总体平均水平(均值分别为2.46、2.51、2.52),达到了"有点严重"这一程度(参见图10-7)。

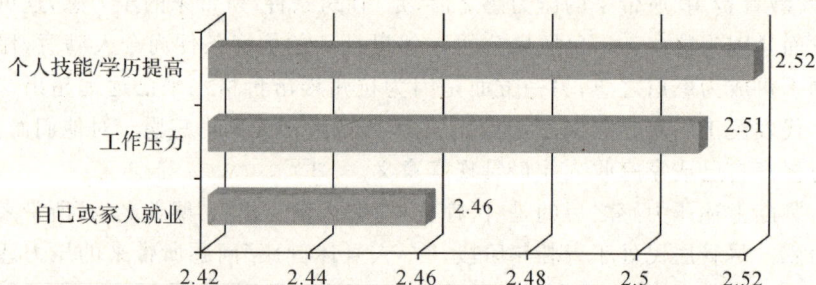

图 10-7 新生代农民工与工作和职业发展有关的压力感(均值)

由上可见,与工作和职业发展有关的生活压力感,新生代农民工明显高于老市民。这主要根源于他们所处生命周期阶段及相应的生涯发展任务不同：新市民大多数处于青年期（14～25 岁）和成年初期（25～45 岁），其主要的生涯发展任务是认识自我，提升自我，确认目前的职业选择，并寻找心仪的工作机会，逐步在一个相对合意的职位上安定下来。老市民大多数处于成年中期（45～65 岁）与成年晚期（65 岁以上），其主要的生涯任务是接受生理衰退的现实，调整心态，发展非职业性角色。

4. 与人际关系有关的生活压力感

老市民在人际关系方面的生活压力感主要来源于"家庭成员关系"、"邻里关系"、"受到他人歧视"、"不敢信任外人"等方面。其中，"不敢信任外人"所带来的压力感最大（均值为 2.05），高于总体平均水平，达到了"有点严重"的程度；其余所带来的压力感均低于总体平均水平，介于"不严重"与"有点严重"之间（参见图 10-8）。

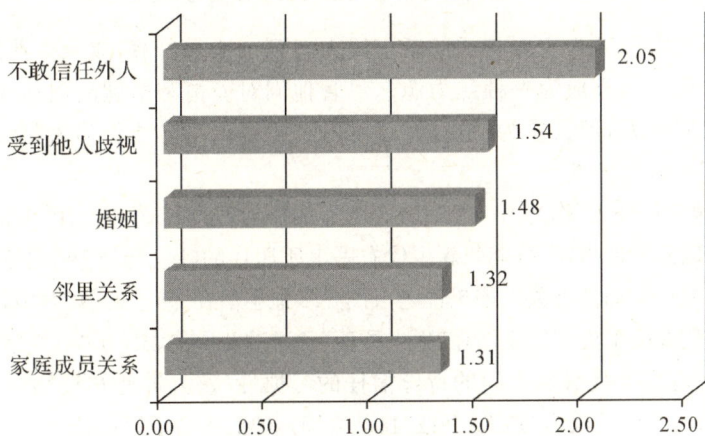

图 10-8　老市民与人际关系有关的压力感（均值）

总的来看，老市民家庭成员以及邻里之间关系较为融洽，彼此互有信任感。这种信任显然是基于熟悉而产生的信任。他们对外人的不信任，在一定程度上说明老市民的人际信任感仍然被束缚在"熟人社会"之内（老市民社区本身就是一个"熟人社会"）。

新生代农民工在人际关系方面的生活压力主要来源于"家庭成员关系"、"邻里关系"、"受到他人歧视"、"不敢信任外人"等方面。其中，"婚姻"、"不敢信任外人"所带来的压力感相对较高（均值分别为 2.52、2.33），高于总体平均水平，达到了"有点严重"的程度；其余各方面的压力感均低于总体平均水平，介于"不严重"与"有点严重"之间(参见图 10-9)。

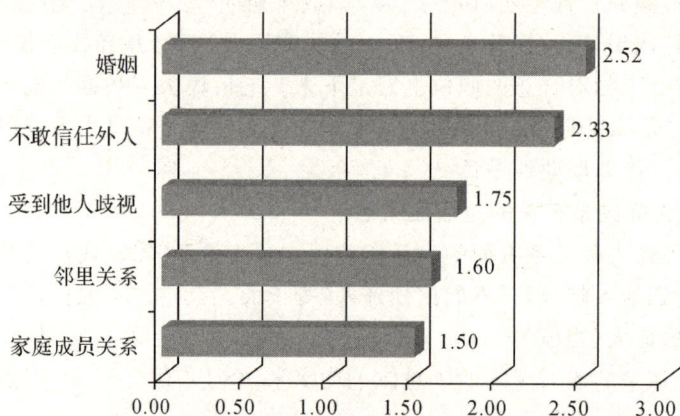

图 10-9　新市民与人际关系有关的压力感(均值)

以新生农民工为主要构成的新市民大多到了谈婚论嫁,成家立业的年龄,"婚姻"也随之凸显成为一种压力源。尽管他们对爱情和婚姻的向往无异于老市民中的同龄人,但其作为城市的"过客"或"边缘人",却往往陷入"梦难圆"或"梦易碎"的尴尬境地。

"不敢信任外人"作为另一相对较为凸显的压力源,给新生代农民工带来的压力感之所以高于老市民,可能与新生代农民工所居住的社区乃至整个下沙工业园区较高的人口流动性有关。如果说老市民更多地生活在"熟人群落"之中,那么,可以说新生代农民工更多地生活在"生人群落"。透过新生代农民工"不敢信任外人"的现状,可以看出其对熟人间的特殊信任的习惯性(熟人彼此知根知底,信息对称)。只有当"外人"成为"熟人"甚或"自己人"时,他们才会予以信任。

新生代农民工大多远离家人,在"邻里关系"、"家庭成员关系"方面感受到的压力相对较小。通常来说,其人际交往范围较为狭窄,与其交往者多有着相同或相近的生存处境,由于所在的社区与企业管理理念较为先进,他们无论是在社区还是企业中,也多会受到管理者的尊重,因此,在"受到他人歧视"方面所感受到的压力感也相对较小。

(二)新生代农民工与老市民的社会支持感比较

在现有的制度安排条件下,生活压力往往可以通过社会支持的途径得以化解。因此,我们把社会资本的拥有感也作为一个指标进行考察。在本研究中,我们主要考察三种社会支持感:来自家庭的社会支持感(简称"家庭支持感")、来自朋友的社会支持感(简称"朋友支持感")以及来自领导、亲戚或同事的社会支持感(简称"重要人物支持感")。这三种支持感的划分是与个人社会关系的紧密程度相关联的。

从总体来看,老市民的社会支持感处于中等偏上水平(均值为3.87,满分为5)。其中,家庭支持感居于首位(均值为4.04);朋友支持感居于第二位(均值3.84);重要人物社会支持感居于第三位(均值为3.70)(参见图10-10)。

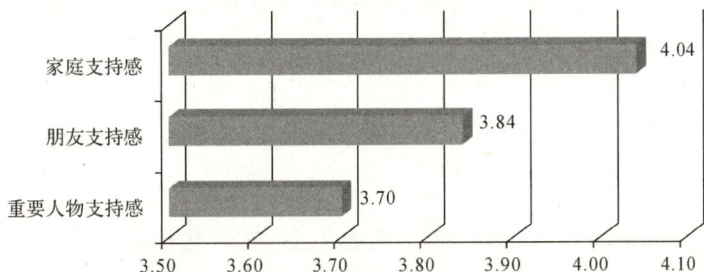

图 10-10 老市民的三种社会支持感(均值)

可以看出,老市民的社会支持感主要来自私人领域,这些社会支持大多是建立在特定的人际关系基础之上的。客观地说,来自公共领域的社会支持(如图10-10、图10-11所示),是来自私人领域的社会支持所不能替代的。对受支持的个人或家庭而言,来自公共领域的社会支持无疑承载着政府的关怀、社区的关爱,其对社区的认同感也往往会因此而增强。对于社区而言,这又无疑是一条拉近与居民的心理距离,凝聚价值共识,提升居民社区满意度的重要途径。

从总体来看,新生代农民工的社会支持感处于中等偏上水平(均值为3.59,满分为5)。其中,家庭支持感居于首位(均值为3.71);朋友支持感居于第二位(均值为3.67);重要人物支持感居于第三位(均值为3.39)(参见图10-11)。

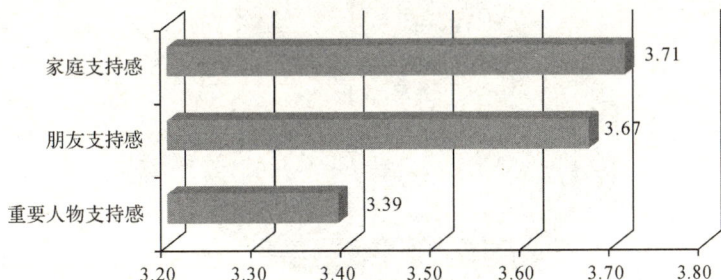

图 10-11 新生代农民工的三种社会支持感(均值)

可见,尽管随着中国社会的转型,家庭在"促进社会整合,保障个人生存"方面所发挥的功能作用日渐衰微,但从现实生活看,家庭仍不失为重要的社会支持资源。这一点在新老市民的社会支持感上均得到了证实。当然,需要特别指出的是,随着社会开放性与流动性的不断增强,家庭作为一种颇具封闭性、地域局限性的社会支持资源,其对个体生存与发展的保障与支持作用愈发显得有限。新生代农民工的家庭支持感明显低于老市民的家庭支持感,充分说明了这一点。与此相应,"朋友"作为一种颇具开放性、扩增性的社会支持资源,其作用与地位显得越发重要,尤其是对那些流动在外的新市民而言更是如此。尤为值得一提的是,重要人物例如单位同事、社区工作人员等,作为一种社会支持资源,其作用与地位虽逊于家庭、朋友,但在提供特定资源方面却慢慢接近这两者,也变得不可替代了。

(三)新生代农民工与老市民的社区安全感比较

对于新生代农民工与老市民而言,社区无疑是最近的社会组织,其安全状况直接影响到其正常的日常生活。社区安全感作为新生代农民工与老市民对社区安全状况的主观感知,必然会影响其社区认同感以及社区满意度。此外,需要特别说明的是,尽管社区安全感存在个体差异,但这并不妨碍我们透过新生代农民工与老市民社区安全感,对社区安全整体现状做出评价。

在老市民心目中,感到目前居住社区非常不安全者占 1.95%;比较不安全者占 9.31%;一般安全者占 22.08%;比较安全者占 50.87%;非常安全者占 14.94%。总的来看,居民对居住社区安全状况比较满意。认为安全的人占 87.89%,接近于九成(参见图 10-12)。

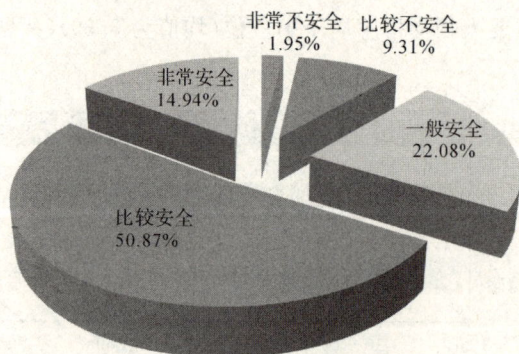

图10-12 老市民社区安全感分布

在新生代农民工中,认为目前居住社区非常不安全者占 6.27%;比较不安全者占 16.30%;一般安全者占 32.29%;比较安全者占 40.75%;非常安全者占 4.39%。总的来看,居民对居住社区安全状况比较满意。认为安全的人占 77.43%,接近于八成(参见图 10-13)。

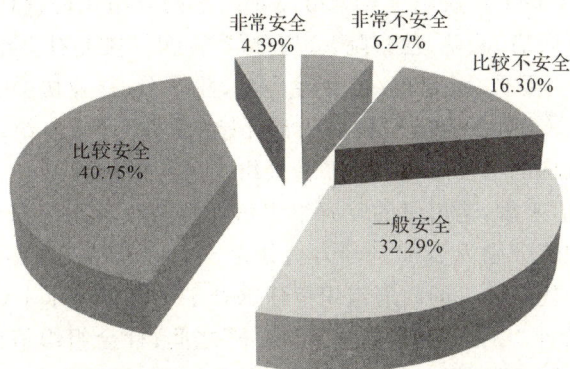

图 10-13　邻里社区新生代农民工安全感分布

整体来看,新生代农民工与老市民都对居住社区安全现状比较满意,这说明社区安全整体现状良好。但具体的安全感分布来看,新生代农民工社区安全整体现状差于老市民社区安全整体现状,这与新市民社区具有较高的人口流动性不无关联。

我们在本研究中发现,社区安全感与社区满意度的各维度(包括"社区/街道工作人员服务满意度"、"社区环境满意度"、"社区文化满意度"、"社区/街道工作人员作风满意度")均存在显著正相关,其中与"社区环境满意度"这一维度的相关程度最高(相关系数为 0.303),亦即社区安全感越强,社区环境满意度越高。这意味着增强社区安全感是提升社区满意感工作的题中应有之义。

(四)新生代农民工与老市民的社会信任感比较

我们主要考察了新生代农民工与老市民三种类型的社会信任感:对人的信任感(以下简称"人际信任感")、对组织机构的信任感(以下简称"组织信任感")、对媒体的信任感(以下简称"媒体信任感")。此外,还考察了新生代农民工与老市民遭遇各种骗局的频次。

1. 人际信任感

从样本均值来看,老市民对人的信任感处于上等水平(均值为 4.59,满分为 5),即介于"比较信任"与"非常信任"之间;新生代农民工对人的信任感处于中等水平(均值为 3.01,满分为 5),即"一般信任"。

通过进行统计分析,确认更多地生活在"熟人群落"中的老市民对人的信任感,显著高于更多地生活在"生人群落"中的新生代农民工对人的信任感。

2. 组织信任感

主要考察了新生代农民工与老市民对以下两类组织的信任感:一是政府组织机构,包括政府、法院、检察院、公安部门等,另一类是社会组织机构,包括妇联、工会、业主委员会、街道/居委会、学术性学会、行业协会、宗教组织等。为了方便表述,将"对政府组织机构的信任感"简称为"政府组织信任感";将"对社会组织机构的信任感"简称为"社会组织机构信任感"。

从样本均值来看,老市民的政府组织信任感与社会组织信任感均处于中等偏上水平(均值分别为 3.47、3.40,满分为 5),即介于"一般信任"与"比较信任"之间。新生代农民工的政府组织信任感处于中等偏上水平(均值为 3.25,满分为 5),即介于"一般信任"与"比较信任"之间;社会组织信任感处于中等水平(均值为 3.02,满分为 5),即"一般信任"。通过统计分析,确认老市民的政府组织信任感与社会组织信任感均显著高于新生代农民工。

那么,新生代农民工与老市民是否在政府组织信任感与社会组织信任感上存在显著差异呢? 通过统计分析,发现新生代农民工与老市民的政府组织信任感均显著高于社会组织信任感(参见图 10-14、图 10-15)。相比之下,新市民的政府组织信任感与社会组织信任感的差距更明显。

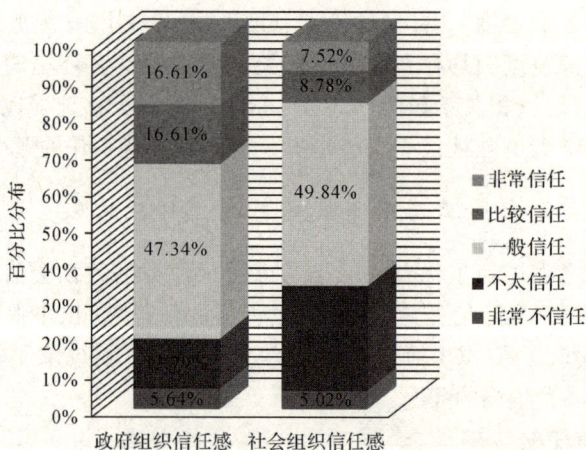

图 10-14　新生代农民工的政府/社会组织信任感交叉分析

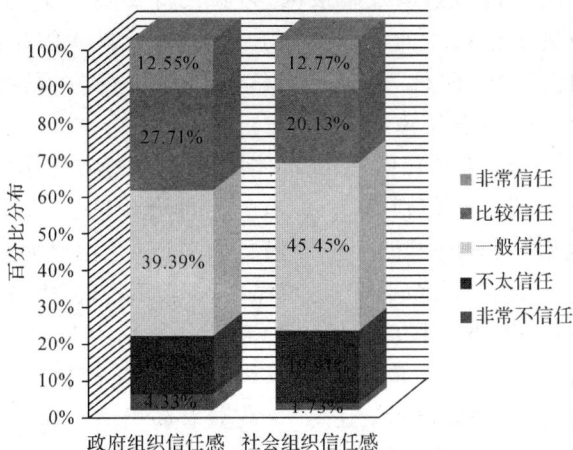

图 10-15　老市民的政府/社会组织信任感交叉分析

　　新生代农民工与老市民在组织信任感上所呈现出的上述情况,在折射出政府组织与社会组织公信力缺失的同时,也折射出了当前中国城市社会管理现状及所存在的一些问题。现联系实际分析如下:

　　当前的中国社会结构在很大程度上仍然是一种人情式结构,新老市民对政府组织的信任感系于其对政府对自身及家庭需要的照顾程度的感知。在现行户籍制度下,老市民在住房、就业、教育、医疗以及社保等方面,明显受到了较新市民更多、更优的照顾,其政府组织信任感自然高于新市民。与此同时,应该看到的是,由于历史、政治、文化原因,中国的社会组织总体发育不良,规模较小,力量分散,在社会管理中并不能发挥其应有的作用,对新生代农民工尤其是新生代农民工生活的帮助和影响不大。新生代农民工与老市民对社会组织机构相对较弱的信任感即根源于此。

　　值得一提的是,老市民最为信任的是"街道办事处"和"居委会"(对应均值为 3.75),而新生代农民工对"街道办事处"和"居委会"的信任感较弱(对应均值为 3.13)。显然,这主要是与来往疏密有关,从中可见上述人情式结构的存在。

　　3. 媒体信任感

　　主要考察了新生代农民工与老市民对以下三类传媒的信任感:中央主流媒体(包括中央电视台、中央人民广播电台以及人民网、新华网等中央政府网站)、地方主流媒体(包括杭州电视台、杭州广播电台、《都市快报》、《钱江晚报》、《杭州日报》,以及杭州市政府政务公开网站)与新兴媒体(包括网上新闻、微博、手机短信以及新浪网、搜狐网等商业网站）。为了表达的方便,现将"中央主流媒体的信任感"简称为"中央媒体信任感";将"对地方主流媒体的信任感"简称为"地方媒体信任感";将"对新兴媒体的信任感"简称为"新兴媒体信任感"。

从样本均值来看,老市民的"中央媒体信任感"、"地方媒体信任感"均处于中等偏上水平（对应均值分别为 3.69、3.67）,即介于"一般信任"与"比较信任"之间;"新兴媒体信任感"处于中等偏下水平（对应均值为 2.85）,即介于"不太信任"与"一般信念"之间。与老市民相似,新市民的"中央媒体信任感"、"地方媒体信任感"均处于中等偏上水平（对应均值均为 3.38）,"新兴媒体信任感"处于中等偏下水平（对应均值为 2.70）。通过统计分析,确认老市民在"中央媒体信任感"、"地方媒体信任感"上均显著高于新生代农民工,但在"新兴媒体信任感"上与新生代农民工基本相当。

那么,新生代农民工与老市民是否在"中央媒体信任感"、"地方媒体信任感"上存在显著差异呢? 通过相关统计分析,确认新生代农民工的"中央媒体信任感"弱于"地方媒体信任感";老市民的"中央媒体信任感"强于"地方媒体信任感"（参见图 10-16、图 10-17）。

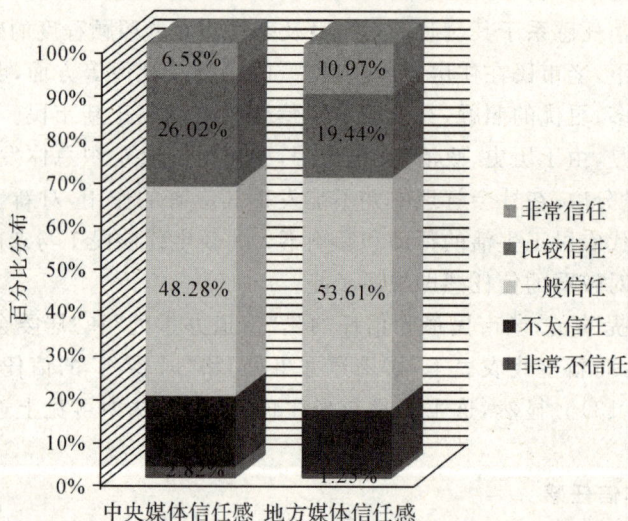

图 10-16 新生代农民工的中央/地方媒体信任感交叉分析

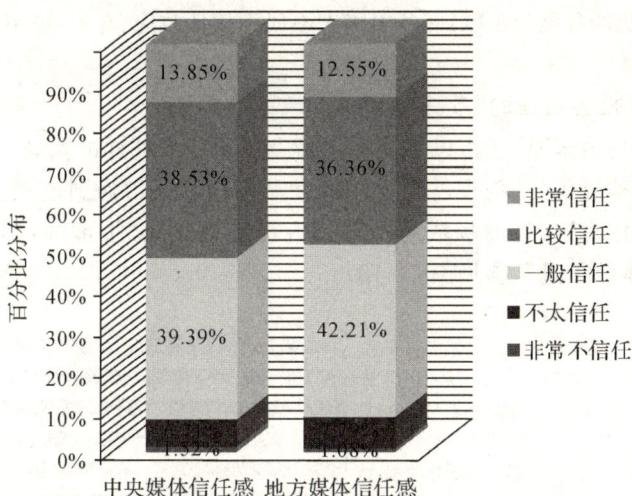

图 10-17　老市民的中央/地方媒体信任感交叉分析图

老市民在"中央媒体信任感"上之所以高于新生代农民工,可以从老市民与新生代农民工两个不同的角度进行分析。

从老市民的角度来看,他们以中青年与老年人居多,中央主流媒体(特别是纸介质媒体)早已为其所熟知,他们因熟知而更易信任。

从新生代农民工的角度来看,他们以青年人居多,更易接受新事物、新思潮。由于每天工作时间占去了生活的大半,其中的大多数人无暇甚或无条件接触中央主流媒体。另外,随着社会转型的日益深入,他们也不免会像青年与中青年老市民那样,对颇具威权政治色彩的中央主流媒体失去兴趣。

上述诸多因素相互交织,共同促成了"新生代农民工的'中央媒体信任感'弱于老市民"这一事实。那么,新生代农民工的"中央媒体信任感"为何会弱于地方媒体信任感呢? 这可能主要是因为:

(1)从个人安居、谋职的角度来讲,地方主流媒体所提供的信息远较中央主流媒体提供的信息更有价值,地方主流媒体所关注的议题远较中央主流媒体关注的议题更具切身性,比如,杭州电视台的"我们圆桌会"、杭州网的"新闻会客厅"在新生代农民工与老市民中享有较高的欢迎度即充分说明了这一点。

(2)新生代农民工对杭州城市社区已有较强的心理融,以及杭州市的建设与发展。

此外,颇为值得关注与思考的是,新生代农民工与老市民对不断涌现出来的新兴媒体的接受与使用,并未理所当然地带来较高的信任感。这从侧面反映出中国人信任危机的蔓延与扩散:许多中国人不仅不信任政府、专家,也不信任传统媒体与新兴媒体。

4. 损害社会信任的"欺骗"现象

从样本均值来看,老市民只是偶尔遭遇过这样或那样的骗局,其中最为常见的五种受骗经历是"购买过假冒伪劣食品/营养品"、"遇到过某些政府工作人员渎职不作为"、"被商场或超市促销人员欺骗过"、"被虚假广告欺骗过"、"被公共媒体欺骗过"(参见图10-18)。

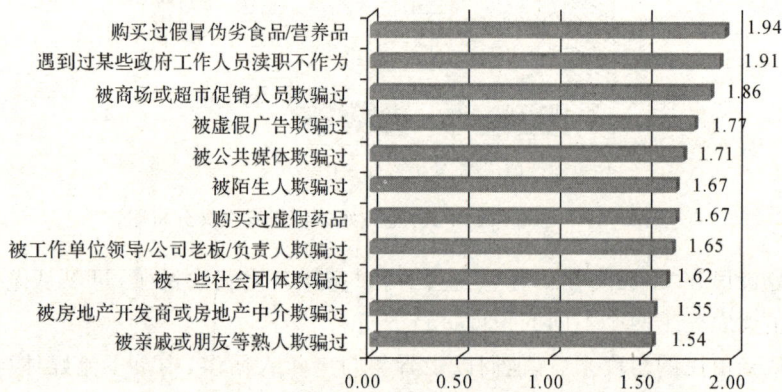

图 10-18　老市民遭遇各类骗局的频次(均值)

从样本均值来看,新生代农民工只是偶尔遭遇过这样或那样的骗局,其中相对常见的六种受骗经历是"购买过假冒伪劣食品/营养品"、"被工作单位领导/公司老板/负责人欺骗过"、"被商场或超市促销人员欺骗过"、"遇到过某些政府工作人员渎职不作为"、"购买过假药"及"被陌生人欺骗过"(参见图10-19)。

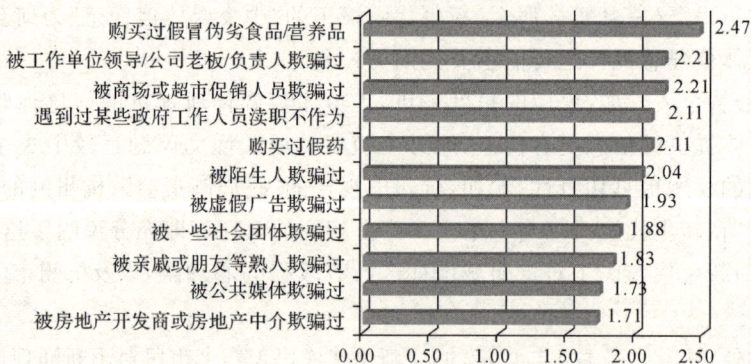

图 10-19　新生代农民工遭遇各类骗局的频次(均值)

从上述比较中,至少可以看出两点:其一,新生代农民工与老市民在现实生活中都共同地面对着诸如食品安全、诚信缺失、公职人员渎职等社会问题。其二,相较于老市民,新市民有更多的受骗经历,这在一定程度上折射出了新生代农民工作为外来人口的弱势地位。比如,以"被工作单位领导/公司老板/负责人欺骗过"这一类型的骗局为例来看,新生代农民工所遭遇到的平均频次为2.21(介于"偶尔"与"说不清"之间),而老市民所遭遇到的平均频次仅为1.65(介于"从没有"与"偶尔"之间)。

（五）新生代农民工与老市民的社会公平感比较

"社会公平感"的一个来源是个体基于社会比较(尤其是同与自己身份相近或相同的人进行的社会比较)而产生的,以自身处境为指向的主观感知。

通过统计,发现新生代农民工与老市民的社会公平感基本相当,如图 10-20 所示。这从侧面反映出在当前社会转型的背景下,社会不公平感在新生代农民工与老市民大众中是普遍存在着的,并非为新生代农民工所独有,老市民所感受到的社会不公平感亦不可小觑。

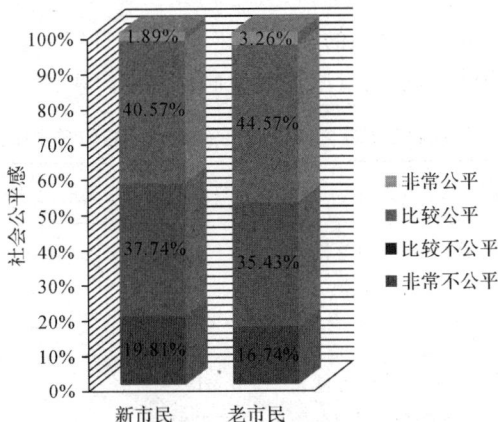

图 10-20　新生代农民工与老市民社会公平感分布

与此相关,新生代农民工与老市民在主观地位认同上更多地表现出向低认同的倾向。调查显示,43.66％的老市民自认为居于社会的中下层或下层。新生代农民工中 66.88％的人自认为居于社会的中下层或下层,如图 10-20 所示。

进一步从以老市民为对象的相关分析来看,主观地位认同与月收入呈显著正相关(相关系数为 0.245),即月收入越高,主观地位认同越高;与社会公

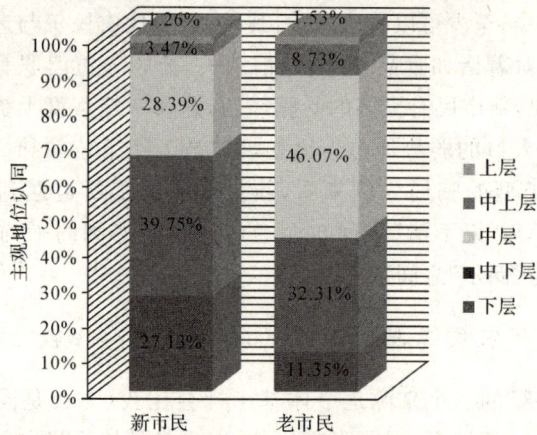

图 10-21 新生代农民工与老市民主观地位认同分布

平感亦呈显著正相关（相关系数为 0.307），如表 10-1 所示，即主观地位认同越高，社会公平感越强，相对剥夺感越弱。然而，从以新生代农民工为对象的相关分析来看，主观地位认同与月收入未呈显著相关，但却与社会公平感呈微弱正相关（相关系数仅为 0.132），如表 10-2 所示。换言之，即使是向下认同，新生代农民工也并未表现出太强的相对剥夺感（对以青年人居多的新市民而言，确切地说，是一种因与同龄老市民进行横向比较而产生的剥夺感）。

表 10-1 有关老市民主观认同感与社会公平感的多重相关分析

		月收入	主观地位认同	社会公平感
月收入	Pearson 相关性	1	0.245**	0.051
	显著性（双侧）		0.000	0.284
	N	438	435	436
主观地位认同	Pearson 相关性	0.245**	1	0.307**
	显著性（双侧）	0.000		0.000
	N	435	458	457
社会公平感	Pearson 相关性	0.051	0.307**	1
	显著性（双侧）	0.284	0.000	
	N	436	457	460

注：**. 在 0.01 水平（双侧）上显著相关。

表 10-2　有关新生代农民工主观认同感与社会公平感的多重相关分析

		月收入	主观地位认同	社会公平感
月收入	Pearson 相关性	1	0.075	−0.079
	显著性(双侧)		0.182	0.161
	N	317	315	316
主观地位认同	Pearson 相关性	0.075	1	0.132*
	显著性(双侧)	0.182	0.019	
	N	315	317	316
社会公平感	Pearson 相关性	−0.079	0.132*	1
	显著性(双侧)	0.161	0.019	
	N	316	316	318

注:*. 在 0.05 水平(双侧)上显著相关。

(六)总体生活满意度比较

从样本均值来看,老市民的总体生活满意度(以下简称"生活满意度")处于中等偏上水平(均值为 3.43,满分为 5),即处在"一般"和"比较满意"之间。被调查新生代农民工生活满意度居于中等偏下水平(总体均值为 2.61,满分为 5),即介于"不太满意"与"一般"之间。

通过进行统计分析,确认老市民的生活满意度显著高于新市民。对此,可以从客观与主观两个方面进行分析。

从客观上讲,生活满意度的高低有其现实基础。现行的户籍制度是一项内外有别的"社会屏蔽"(social closure)制度,有城市户籍的老市民较新市民,享有更多的社会资源与社会机会,这为其较高的生活满意度奠定了坚实的基础。

从主观上讲,生活满意度与对生活的预期有关:现实总会与预期有差距,预期越高,差距越大,满意度越低。老市民以中青年与老年人居多,他们多能以一种宽和的心态面对现实与预期之间的差距。故而,他们具有较以青年人居多的新生代农民工更高的生活满意度。

五、因果关联性统计分析与比较

（一）有关生活满意度的多元线性回归分析

以上我们采用描述统计以及相关统计，分别从生活压力感、社会支持感、社区安全感、社会信任感、社会公平感等具体方面对新老市民的社会心态进行了比较分析。那么，这五个具体方面对总体生活满意度有着什么样的影响呢？下面，我们分别以新生代农民工与老市民为对象，使用 STATA 12.0 软件，对此进行多元线性回归分析。为了更为细致地考察生活压力感、社会支持感、社会信任感对总体生活满意度的影响，特在以下统计分析中将其各分维度作为自变量纳入进来。

1. 以新生代农民工为对象的多元线性回归分析

首先，以"生活压力感"、"工作/发展压力感"、"人际压力感"、"环境压力感"、"社区安全感"、"人际信任感"、"组织信任感"、"媒体信任感"、"社会公平感"、"家庭支持感"、"朋友支持感"以及"重要人物支持感"为自变量，以"总体生活满意度"为因变量进行多元线性回归分析。其后，进行多元共线性检验（VIF 检验），检验表明，该模型并不存在严重的多元共线性[①]。最后，借助逐步回归分析获得相对最为精简的预测模型，如表 10-3 所示。

表 10-3　逐步回归预测模型

自变量	模型 （因变量：总体生活满意度） 标准化回归系数	标准误	显著性（p）
截距	2.109071***	0.3414125	0.000
生活压力感	−0.2472853**	0.0503593	0.001
媒体信任感	0.216838**	0.0984234	0.003
有效个数	179		
R^2	0.0994		
调整后的 R^2	0.0891		

注：* 表示在 0.05 水平上显著（$p < 0.05$）；** 表示在 0.01 水平上显著（$p < 0.01$）；*** 表示在 0.001 水平上显著（$p < 0.001$）。

[①] VIF（Variance Inflating Factor）是方差膨胀因子，一般认为当 VIF≥5 或 VIF≥10 时，模型存在较严重的多重共线性。

由此获得的标准化回归方程为：ZTSHMYD＝－0.25SHYLG＋0.22MTXRG＋2.11。[①]

从表10-3可见，生活压力感对新生代农民工的总体生活满意度有着较为显著的负向预测力；媒体信任感对新生代农民工的总体生活满意度有着较为显著的正向预测力。亦即是说，生活压力感越高，新生代农民工所感受到的总体生活满意度就越低；媒体信任感越高，新生代农民工所感受到的总体生活满意度就越高。

2. 以老市民为对象的多元线性回归分析

首先，同样以"生活压力感"、"工作/发展压力感"、"人际压力感"、"环境压力感"、"社区安全感"、"人际信任感"、"组织信任感"、"媒体信任感"、"社会公平感"、"家庭支持感"、"朋友支持感"以及"重要人物支持感"为自变量，以"总体生活满意度"为因变量进行多元线性回归分析。其后，进行多元共线性检验，检验表明，该模型并不存在严重的多元共线性。[②] 最后，借助逐步回归分析获得相对最为精简的预测模型，如表10-4所示。

表10-4　逐步回归预测模型

自变量	模型（因变量：总体生活满意度）标准化回归系数	标准误差	显著性(p)
截距	0.5817489	0.3179512	0.068
生活压力感	－0.1580185**	0.0338757	0.001
人际信任感	0.2936685***	0.0661933	0.000
组织信任感	0.2200155***	0.0616322	0.000
家庭支持感	0.1507381**	0.0625079	0.001
社会公平感	0.096818*	0.0576174	0.045
有效个数	332		
R^2	0.3719		
调整后的 R^2	0.3622		

注：* 表示在0.05水平上显著（$p<0.05$）；** 表示在0.01水平上显著（$p<0.01$）；*** 表示在0.001水平上显著（$p<0.001$）。

---

① 为了方便表达，以 SHYLG 代表"生活压力感"；以 GZFZYLG 代表"工作/发展压力感"；以 RJYLG 代表"人际压力感"；以 HJYLG 代表"环境压力感"；以 SQAQA 代表"社区安全感"；以 RJXRG 代表"人际信任感"；以 ZZXRG 代表"组织信任感"；以 MTXRG 代表"媒体信任感"；以 SHGPG 代表"社会公平感"；以 JTZCG 代表"家庭支持感"；以 PYZCG 代表"朋友支持感"；以 ZYRWZCG 代表"重要人物支持感"；以 ZTSHMYD 代表"总体生活满意度"；以 XHZRSFRTG 代表"新杭州人"身份认同感；以 NMGSFRTG 代表"农民工"身份认同感；以 HZRSFRTG 代表"杭州人"身份认同感。

② 在本模型中，各自变量所对应 VIF 值均相对较低（介于1与3之间）。

由此获得的标准化回归方程为：ZTSHMYD = − 0.16SHYLG + 0.29RJXRG+0.22ZZXRG+0.15JTZCG+0.10SHGPG。

可见，生活压力感对老市民的总体生活满意度具有较为显著的负向预测力；人际信任感、组织信任感对老市民的总体生活满意度均具有非常显著的正向预测力；家庭支持感对老市民的总体生活满意度具有较为显著的正向预测力；社会公平感对老市民的总体生活满意度具有一般显著的正向预测力。亦即是说，生活压力感越高，老市民的总体生活满意度就越低；人际信任感、组织信任感、家庭支持感越高，老市民的总体生活满意度就越高；社会公平感越高，老市民的总体生活满意度就越高。进一步从回归系数来看，在对老市民总体生活满意度的影响上，人际信任感高于组织信任感。

组织信任感对老市民的总体生活满意度的显著较高的正向预测力，进一步从侧面佐证了人情式的社会结构特征。在中国人（尤其是"50 后"、"60 后"）的概念里，"组织"在一定程度上即是"公"的化身，而"私"则嵌入并依附于"公"。个人一旦遇到困难，就会习惯性地"找组织"以寻求帮助。在这样一种公私关系结构下，能否得到组织的公平公正的对待和照顾，是个体建立组织信任感，确立身份认同感的一个心理基点。

（二）有关新生代农民工与老市民身份认同感的多元线性回归分析

1. 以新市民为对象的多元线性回归分析

首先，同样以生活压力感、工作/发展压力感、人际压力感、环境压力感、社区安全感、人际信任感、组织信任感、媒体信任感、社会公平感、家庭支持感、朋友支持感、重要人物支持感、总体生活满意度为自变量，以"新杭州人"身份认同、"农民工"身份认同为因变量进行多元线性回归分析。其后，进行多元共线性检验，检验表明，该模型并不存在严重的多元共线性。最后，借助逐步回归分析获得相对最为精简的预测模型，如表 10-5 所示。

表 10-5　逐步回归预测模型

自变量	模型 I （因变量："新杭州人"身份认同）			模型 II （因变量："农民工"身份认同）		
	回归系数	标准误差	显著性	回归系数	标准误差	显著性(p)
截距	0.4307197	0.3815961	0.261	3.710744***	0.2443207	0.000
总体生活满意度				−0.1660237*	0.0802046	0.040
工作/发展压力感				−0.269877***	0.0560472	0.000

续表

自变量	模型 I (因变量:"新杭州人"身份认同)			模型 II (因变量:"农民工"身份认同)		
	回归系数	标准误	显著性	回归系数	标准误	显著性(p)
重要人物支持感	0.1930913*	0.0764998	0.013			
组织信任感	0.4361787***	0.1070875	0.000			
社会公平感	0.3190769***	0.0885949	0.000			
有效个数	177			177		
R^2	0.2472			0.1383		
调整后的 R^2	0.2342			0.1284		

注:*表示在 0.05 水平上显著($p<0.05$);** 表示在 0.01 水平上显著($p<0.01$);*** 表示在 0.001水平上显著($p<0.001$)。

由此获得的标准化回归方程 I 为 XHZRSFRTG = 0.19ZYRWZCG + 0.44ZZXRG + 0.32SHGPG;标准化回归方程 II 为:NMGSFRTG = -0.17ZTSHMYD-0.27GZFZYLG+3.71。

逐步回归分析表明,这两种身份认同感各自有着不同的影响因素。首先,从"新杭州人"身份认同感来看,重要人物支持感具有一般显著的正向预测力;组织信任感与社会公平感具有非常显著的正向预测力。亦即是说,重要人物支持感、组织信任感、社会公平感越高,新生代农民工的"新杭州人"身份认同就越高。对应的回归系数显示出,组织信任感的影响高于社会公平感的影响。而后,从"农民工"身份认同感来看,总体生活满意度具有一般显著的负向预测力;工作压力感对新生代农民工的"农民工"身份认同感具有非常显著的负向预测力。亦即是说,生活满意度、工作压力感越高,新生代农民工的"农民工"身份认同感就越低。

从上述分析中能够看出,新生代农民工在身份认同上相对较为被动(他们并不缺乏主动性,只不过,相比较而言,被动性特征更为突出一些),多受制于诸多自身难以操控的因素,并因此而易于陷入一种尴尬的境地:当总体生活满意度提升,或工作/发展压力感增大时,新生代农民工对"农民工"这一身份的认同感就会降低,亦即会出现一种解离化倾向,或趋向"新杭州人"身份认同,或趋向"农民"身份认同(在前一种情况下可能更多地趋向于"新杭州人"身份认同)。但问题在于,"新杭州人"身份认同的建构并不是单凭新生代农民工的主观愿望就能实现的,它还取决于诸多外在因素,例如老市民(尤其是那些重要人物)能否予以接纳;政府机构能否予以公平公正的对待;新生代农民工与老市民在社会处境上的差距能否逐步得到弥合等。另外,从中亦能看出人情式社会结构的存在及其对身份认同建构的影响,这可从重要人物支持感及组织信任感对新生代农民工的"新市民"身份认同感显著较高的正向预测力中窥见一二。

一个值得研究的问题是,在对新生代农民工的"农民工"身份认同感的抑制性影响中,工作/发展压力感的哪一因素最为凸显呢?我们通过结构方程模型进行分析,发现"城乡身份问题"、"受人歧视"两个因素相对最为凸显(如图10-21所示,因子负荷越大,意味着影响就愈为凸显)。由此可见,二元户籍制及其在一定程度上促成的群际非对称性互动(如歧视、偏见等),对新生代农民工的"新杭州人"身份认同的建构具有不可忽视的阻滞作用。

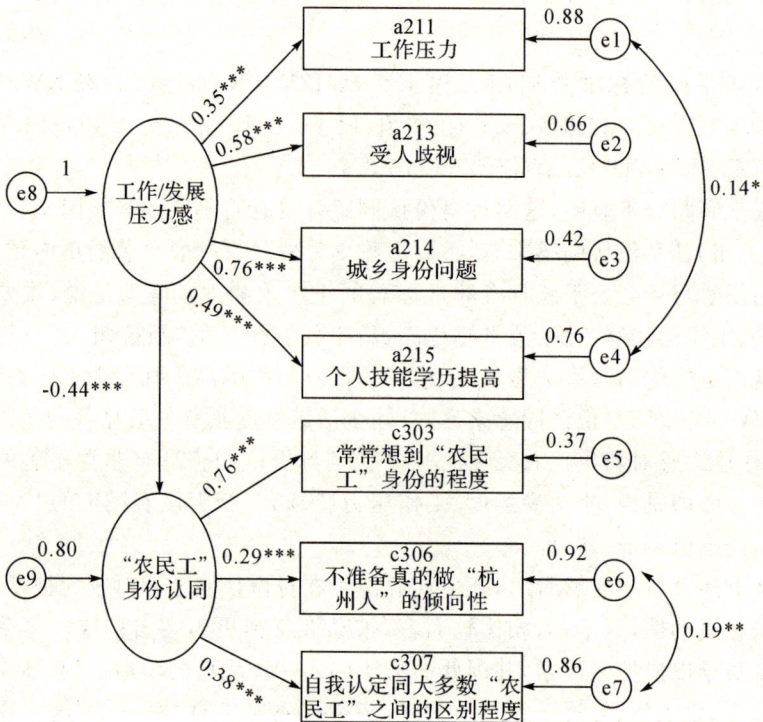

图 10-22   结构方程模型

注:* 表示在 0.05 水平上显著($p<0.05$);** 表示在 0.01 水平上显著($p<0.01$);*** 表示在 0.001水平上显著($p<0.001$)。调整后模型的主要拟合指数为:$X_2(\mathrm{df})=4.379(11)$;RMSEA $=0.000$;CFI$=1.000$;TLI$=1.057$;CD$=0.884$。参照有关标准来看,该模型的拟合程度较好。

2. 以老市民为对象的多元线性回归分析

首先,同样以生活压力感、工作/发展压力感、人际压力感、环境压力感、社区安全感、人际信任感、组织信任感、媒体信任感、社会公平感、家庭支持感、朋友支持感、重要人物支持感、总体生活满意度为自变量,以"杭州人"身份认同为因变量进行多元线性回归分析。其后,进行多元共线性检验,检验表明,该模型并不存在严重的多元共线性。最后,借助逐步回归分析获得相对最为精简的预测模型,如表 10-6 所示。

表 10-6　逐步回归预测模型

自变量	模型 I (因变量:"杭州人"身份认同感)		
	回归系数	标准误	显著性
截距	1.179586***	0.2490012	0.000
总体生活满意度	0.1121299*	0.0500245	0.026
人际信任感	0.1706282*	0.0666653	0.011
组织信任感	0.183182**	0.0600798	0.003
朋友支持感	0.1907904*	0.0747189	0.011
重要人物支持感	0.1541782*	0.0698861	0.028
有效个数	306		
R^2	0.3389		
调整后的 R^2	0.3279		

注:* 表示在 0.05 水平上显著($p<0.05$);** 表示在 0.01 水平上显著($p<0.01$);*** 表示在 0.001水平上显著($p<0.001$)。

由此获得的标准化回归方程为:$HZRSFRTG = 0.11SHMYD + 0.17RJXRG + 0.18ZZXRG + 0.19\ PYZCG + 0.15ZYRWZCG + 1.18$。

从表 10-6 中可见,老市民的"杭州人"身份认同感影响因素较多,其中以组织信任感的影响最为显著。具体来说,总体生活满意度、人际信任感、朋友支持感、重要人物支持感对老市民的"杭州人"身份认同感均具有一般显著的正向预测力;组织信任感对老市民的"杭州人"身份认同感具有非常显著的正向预测力。从表 10-6 中也可以看出,人情性社会结构对老市民的"杭州人"身份认同建构亦有影响。进一步说,所谓"人情式社会结构"在一定程度上可视为一种上下结构,"杭州人"或"新杭州人"身份认同建构本质上是对这一上下结构的嵌入。

我们通过对上述统计结果进行梳理发现,人际信任感与组织信任感不仅对老市民的总体生活满意度具有显著预测力,而且对老市民的"杭州人"身份认同感也具有显著预测力。这意味着总体生活满意度在其间起到了一定的中介作用。那么,总体生活满意度在其间究竟是起完全中介作用,还是起部分中介作用呢? 这一问题颇为值得探究。针对这一问题,我们以"人际信任感"、"组织信任感"为自变量,以"总体生活满意度"为中间变量,以"'杭州人'身份认同感"为因变量进行路径分析(所得模型如图10-22所示)。分析表明,无论从老市民的人际信任感对其"杭州人"身份认同感的影响,还是组织信任感对"杭州人"身份认同感的影响来看,"总体生活满意度"均在其间起到了部分中介作用。换言之,人际信任感与组织信任感对老市民的"杭州人"身份认同感既有直接影响,又有间接影响。以人际信任感为例来看,也就是说,其对"杭州人"身份认同的影响有两个路径:其一是直接路径——"人际信任感→'杭州人'身份认同感";另一是间接路径——"人际信任感→总体生活满意度→'杭州人'身份认同感"。

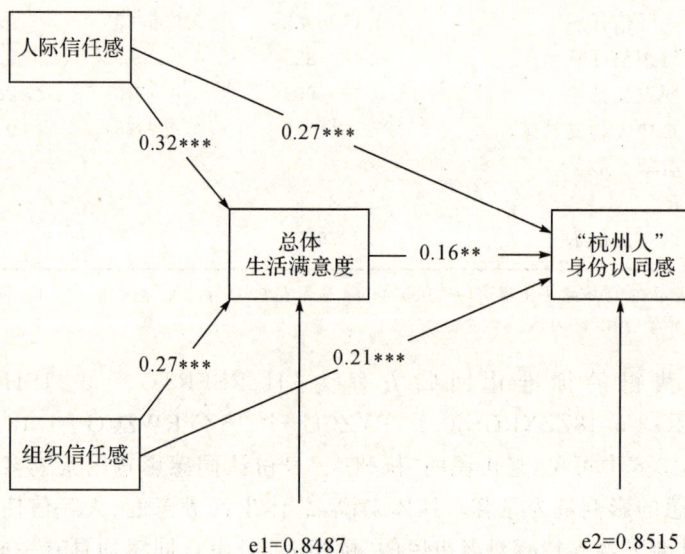

图 10-23 路径分析模型

注:* 表示在 0.05 水平上显著($p<0.05$);** 表示在 0.01 水平上显著($p<0.01$);*** 表示在 0.001 水平上显著($p<0.001$)。

有意思的是,上述的中介效应并未在新生代农民工群体中出现:总体生活满意度在对新市民的身份认同感的影响上与其他指标是相剥离的,事实上,它也只是在一般显著水平上对新生代农民工的"农民工"身份认同感存在负向的直接影响,对新生代农民工的"新杭州人"身份认同感无显著影响。通俗地讲,新生代农民工的总体生活满意度的高低,可能会影响到其认同"农民工"这一身份的程度,但跟他们会不会认同"新杭州人"这一身份却并无明显因果关系。正如前文所述,身份认同的建构并非仅靠新生代农民工自身就能够完成,它还需要政府与老市民的共同参与。

六、研究结论

本研究报告基于"社会需求满足状况评价指标→总体生活满意度→身份认同感"这一分析框架,首先采用描述统计对杭州新生代农民工与老市民的社会心态进行了"勾勒"与比较;而后在此基础上分别以新生代农民工、老市民为研究对象,采用多元回归分析(逐步回归分析)、结构方程模型及路径分析等方法探察了诸如生活压力感、社区安全感、社会支持感、社会信任感、社会公平感等社会需求满足状况评价指标对总体生活满意度的影响,以及包括总体生活满意度在内的上述这些指标对身份认同感的影响。

现将主要结论概括如下:

(1)新生代农民工与老市民的生活压力感有明显差异:老市民生活压力较低,主要承受着来自"社会道德风气"、"医疗支出"、"住房条件"、"不敢信任外人"等方面的压力。新生代农民工生活压力较高,主要承受着来自"社会道德风气"、"自己或家庭收入"、"子女教育费用"、"婚姻"等方面的压力。

(2)新生代农民工与老市民的社会支持感均主要来自私人领域,其中家庭支持感相对最强,朋友支持感其次,重要人物支持感相对最弱。

(3)新生代农民工与老市民社区安全整体现状令人满意,但由于新生代农民工所居住的社区具有较高的人口流动性,其安全感弱于老市民。

(4)新生代农民工与老市民在社会信任感状况上有异有同:虽然同样倚重于熟人间的特殊信任,但老市民因更多地生活在"熟人群落"之中,较生活在"生人群落"之中的新市民具有更高的对人的信任感。老市民在政府组织信任感与社会组织信任感上均显著高于新生代农民工,新生代农民工与老市民的政府组织信任感均显著高于社会组织信任感。老市民在"中央媒体信任感"、"地方媒体信任感"上均显著高于新生代农民工,但在"新兴媒体信任感"上与新生代农民工基本相当,新生代农民工的"地方媒体信任感"显著高于"中央媒体信任感",老市民的"地方媒体信任感"显著弱于"中央媒体信任感"。

（5）新生代农民工与老市民在现实生活中都共同地面对着诸如食品安全、诚信缺失、公职人员渎职等社会问题，均偶尔遭遇过诸如"购买过假冒伪劣食品/营养品"、"遇到过某些政府工作人员渎职不作为"、"被商场或超市促销人员欺骗过"等骗局，但新生代农民工作为外来人口，有着较老市民更多的受骗经历。

（6）新生代农民工与老市民在社会公平感上无显著差异，在主观地位认同上均更多地表现出了向下认同的倾向。相较而言，这一倾向在新生代农民工中更为凸显。

（7）老市民在生活满意度上显著高于新市民。

（8）生活压力感、媒体信任感对新生代农民工的总体生活满意度具有显著影响。其中，生活压力感具有较为显著的负向预测力，媒体信任感具有较为显著的正向预测力。

（9）生活压力感、人际信任感、组织信任感、家庭支持感、社会公平感对老市民的总体生活满意度具有显著影响。其中，社会公平感具有一般显著的正向预测力，家庭支持感具有较为显著的正向预测力，生活压力感具有较为显著的负向预测力，人际信任感与组织信任感均具有非常显著的正向预测力。

（10）总体生活满意度与工作/发展压力感对新生代农民工的"农民工"身份认同感具有显著影响。其中，总体生活满意度具有一般显著的负向预测力，工作/发展压力感具有非常显著的负向预测力。

（11）重要人物支持感、组织信任感、社会公平感对新生代农民工的"新杭州人"身份认同感具有显著影响。其中，重要任务支持感具有一般显著的正向预测力，组织信任感与社会公平感均具有非常显著的正向预测力。

（12）总体生活满意度、人际信任感、组织信任感、朋友支持感、重要人物支持感对老市民的"杭州人"身份认同感具有显著影响。其中，组织信任感具有较为显著的正向预测力，总体生活满意度、人际信任感、朋友支持感与重要人物支持感均具有一般显著的正向预测力。

（13）总体生活满意度仅在老市民群体中存在中介效应，即对人际信任感与组织信任感对"杭州人"身份认同感起到部分中介作用。

从本研究结果可以看出，新生代农民工与老市民生活在同一城市空间之中，生活在同一社会环境之下，但因户籍制度具有不同的身份。在社会需要满足状况评价指标中，总体生活满意度是衡量新生代农民工与老市民社会需要满足状况的"晴雨表"。但相比较而言，总体生活满意度仅仅对其"农民工"身份认同感存在显著影响，对其"新杭州人"身份认同感并无显著影响，这一点明显不同于老市民。

参考文献

［1］郎晓波.从"生存"到"发展"：金融危机下的农民工问题——基于"60后"、"70后"、"80后"三代农民工进城心态的差异研究.中国青年研究,2009(11).

［2］刘丽.新生代农民工"内卷化"现象及其城市融入问题.河北学刊,2012(4).

［3］唐仁健.目前中国"新生代农民工"大约有 1 亿人.http://www.chinanews.com.cn/cj/cj－gncj/news/2010/02－01/2102110.Shtml,2012-5-7.

［4］杨宜音.社会心态形成的心理机制及效应.哈尔滨工业大学学报（社会科学版）,2012(6).

［5］朱永安.新生代农民工研究.南京师范大学硕士学位论文,2005.

［6］Diener,E,Emmons,R. A,Larsen,R. J & Griffin,S. The Satisfaction with Life Scale. *Journal of Personality Assessment*,1985,49:71-75.

［7］Echterhoff, G. , Higgins, E. T. , & Levine, J. M. Shared Reality: Experiencing commonality with others' inner states about the world. *Perspective on Psychological Science*,2009,4:496-521.

［8］Granovetter, Mark. The Strength of Weak Ties. *American Journal of Sociology*,1978.

［9］McCall,G. J. ,Simmons,J. L. *Identities and Interactions*. Free Press,1978.

［10］Stryker, S. *Symbolic Interactionism：A social structural version*. Benjamin Cummings,1980.

新生代农民工与大学生社会心态比较研究

新生代农民工和大学生是生活在城市中的两个既有共同点又有不同点的群体。我们梳理已有研究,发现新生代农民工与大学生在社会人口学特征上存在多方面的异同。以 2010 年国家统计局对新生代农民工群体在全国 10 个省份范围内进行的专项调查数据[①],以及 2010 年国民经济和社会发展统计公报[②]和《中国统计年鉴》[③]为根据,我们发现,新生代农民工和大学生在社会人口学特征上存在以下几个共同点:(1)年龄主要集中于 20~29 岁之间;(2)男女比例较为平衡,女性比例分别为 40.8% 和 52.0%;(3)主要是一个未婚群体;(4)主要业余活动为上网和看电视;(5)居住地点大多在宿舍等。当然,新生代农民工和大学生之间还存在不同的地方,主要表现为:(1)群体规模不同,新生代农民工人数多于大学生人数。截至 2010 年,全国新生代农民工总人数为 8487 万,大学生在校人数共 3814.2 万人。(2)受教育年限不同,新生代农民工受教育年限少于大学生。前者平均受教育年限为 9.8 年,而后者按照 9 年义务教育加上 3 年高中计算,受教育年限在 12 年以上。(3)生活内容不同。新生代农民工主要从事制造业和服务业等工作,每天工作时间在 8 小时以上;大学生主要从事专业学习和社会实践等活动。

新生代农民工与大学生的相同点能体现同时代同龄人的共同心理特征,而两者的不同点则能揭示这两个特殊群体的独特性,继而探讨社会文化、经历

---

① 新生代农民工基本情况研究课题组.新生代农民工的数量、结构和特点.数据,2011(4):68-70.

② 中华人民共和国国家统计局.中华人民共和国 2010 年国民经济和社会发展统计公报.中国统计,2011(3):4-12.

③ 中华人民共和国国家统计局.中国统计年鉴.http://www.stats.gov.cntjsjndsj/,2013-4-20.

等对人的影响。因此,研究新生代农民工群体与大学生群体的社会心态,并进行比较分析具有重要的价值和意义。本研究以新生代农民工和大学生为对象,分别从经济层面、社会层面和心理层面对新生代农民工和大学生的社会心态进行比较,从而探究新生代农民工和大学生社会心态的异同,并进一步阐明新生代农民工社会心态的独特性。

一、研究综述

(一)生活满意度

生活满意度(Life Satisfaction,LS)是主观幸福感的重要组成部分,是个体基于自身设定的标准对其生活质量所做出的主观评价,具有整体性、主观性和相对稳定性。可分为一般生活满意度和特殊生活满意度,一般生活满意度是对个人生活质量的总体评价;特殊生活满意度是对不同生活领域的具体评价,如家庭满意度、学校满意度、社区满意度等。一般生活满意度较特殊生活满意度更为抽象和稳定。[①]

现有针对新生代农民工和大学生生活满意度的研究已取得相当丰富的成果。不同的研究者从不同的角度考察了新生代农民工生活满意度现状。如刘娜等人注重个体与环境的互动,从社会关系、自身状况、社会条件、政府扶持、劳动条件等方面考察了新生代农民工的生活满意度状况。[②] 李国珍等人则更注重个体的权利,从"你和单位签订合同没有"、"单位给你买了什么保险没有"、"工资领取情况"、"每天劳动时间"、"每月的休息时间"、"城市职能部门的服务"、"城市居民对自己的态度"、"社区服务"、"自己的权利受损"、"一定维权"等方面来考查农民工的生活满意度。[③] 林林等人从身心协调的角度出发,认为生活满意度应包括整体生活质量评价、自觉健康满意度评价6个维度(生理、心理、社会关系、环境、子女受教育、就业)。总体而言,研究发现农民工生

---

① 陈丽娜,张建新.大学生一般生活满意度及其与自尊的关系.中国心理卫生杂志,2004(4):222-224.

② 刘娜,钱波,章文川等.杭州下沙新生代农民工生活满意度调查——基于有序 Probit 模型的实证研究.经济研究导刊,2012(6):124-139.

③ 李国珍,雷洪.互动论视角下的农民工生活满意度研究.南方人口,2011(3):25-34.

活满意度处于中等偏低水平。[①] 选择"非常满意"和"比较满意"的合计仅为30.7%,选择"不满意"和"非常不满意"的合计有27%。[②] 分析其原因,发现人口学变量(如性别、婚姻状况、年龄、月收入)和文化水平成为影响新生代农民工生活满意度的两大主要因素。国内外关于大学生生活满意度的研究主要集中于测量工具的开发及影响因素的探讨。值得关注的是,除了大量关注人口学变量对大学生生活满意度影响的研究,还有些研究则将人口学变量与其他变量相结合,进一步探索不同影响因素之间的相互作用。如刘丹将户籍与经济条件两个人口学变量相结合,发现来自城镇的大学生相比于来自农村的大学生具有更高的生活满意度,这是由于两者经济条件的水平不同。[③] 经济水平造成了城镇大学生和农村大学生在生活满意度上的分离。

(二)领悟社会支持

领悟社会支持概念最早由兹迈特(Zimet)等人提出,指个体能获得来自他人(包括家庭、朋友、同事等)以及来自社会各方面的心理上、物质上的支持和援助。[④] 从社会心理刺激与个体心理健康之间关系的角度来看,社会支持是个体通过社会联系所获得的能减轻心理应激反应、缓解精神紧张状态、提高社会适应能力的影响。[⑤] 本研究关注领悟社会支持和实际社会支持之间的差异,将领悟社会支持的概念定义为:个体对来自他人可能的实际支持的理解与感受,自己能在多大程度上期待或感受到来自他人对自己的鼓励、关注、尊重或理解。

社会学、心理学等领域对新生代农民工社会支持的研究比较丰富,如研究发现不同人格特质(宜人性和外向性)对农民工感知社会支持有重要影响。[⑥] 然而,关于新生代农民工的领悟社会支持的研究并不多,这可能与测量工具的匮乏有关。考虑到这点,刘礼艳、刘电芝等人结合新生代农民工实际情境,编

---

① 崔澜骞,姚本先. 新生代农民工社会支持与生活满意度研究. 湖南农业大学学报(社会科学版),2012(4):41-44.

② 李国珍. 武汉市农民工生活满意度调查. 南京人口管理干部学院学报,2009(1):47-50.

③ 刘丹. 大学生生活满意度调查研究——以四川师范大学为例. 赤峰学院学报(自然科学版),2012(9):118-120.

④ Bishop, G. D. *Health Psychology: Integrating mind and body.* Allyn & Bacon Press, 1994:498.

⑤ 李强. 社会支持与个体心理健康. 天津社会科学,1998(1):1.

⑥ 武燕,疏德明,刘电芝. 农民工感知社会支持与宜人性外向性关系. 苏州科技学院学报(社会科学版),2012(2):74-78.

制了信度和效度较好的《新生代农民工感知社会支持情境问卷》[1]，但遗憾的是，该问卷尚未被广泛使用。关于大学生领悟社会支持研究多集中于探索领悟社会支持对大学生个体身心发展的积极作用，以及影响领悟社会支持的因素。许多以大学生为研究对象的领悟社会支持相关研究发现，领悟社会支持能促进大学生的心理健康、幸福感、抑制消极情绪等，如刘焕青对 400 名大学生的研究发现，大学生领悟社会支持可在一定程度上减轻或缓解负性情绪，提高个体心理健康水平。[2] 龙忆等人发现领悟社会支持影响着亲社会行为的发生，感受到社会支持度越高的人，越倾向于产生亲社会行为。[3] 然而，领悟社会支持对大学生的积极作用会受到个人因素和家庭因素的影响，如人格、性别、年级等。陈克娥、陈丹在考察大学生领悟社会支持的现状时发现，女生领悟社会支持分数显著高于男生，不同年级的大学生在领悟社会支持的三个维度均有着显著的差异。[4]

（三）心理健康

心理健康，亦称"心理卫生"，指个体的各种心理状态（如一般适应能力、人格的健全状态等）保持正常或良好水平，且自我内部（如自我意识、自我控制、自我体验等）以及自我与环境之间保持和谐一致的良好状态。心理健康正常状态有四种含义：（1）正常即健康状态，以有无心理疾病为判断标准；（2）正常即平均状态，从统计学角度强调正常和异常之间的程度变化，处于正态分布中间范围属正常；（3）正常即理想状态，用以评价行为，而非描述行为；（4）正常即适应过程，将正常视作不断发展进步的过程，心理健康者能不断学习有效的技巧以应对紧张状态。[5]

对新生代农民工和大学生心理健康的研究已有较为丰富的成果。早在 2000 年，国内就有研究者开始探讨农民工的心理健康状况。研究内容主要为农民工的心理健康状况、社会心态、心理健康的影响因素以及心理健康与其他

① 刘礼艳,刘电芝,任璐等.农民工社会支持感知概念的提出及其情境问卷的编制.中国临床心理学杂志,2011(5):615-618.

② 刘焕青.大学生领悟社会支持与负性情绪的研究.社会心理科学,2012(11):39-42.

③ 龙忆,吴明蔚,龙建.大学生志愿行为和领悟社会支持的关系研究.中国健康心理学杂志,2012(2):286-288.

④ 陈克娥,陈丹.大学生领悟社会支持的现状调查.湖北理工学院学报(人文社会科学版),2012(5):48-52.

⑤ 林崇德,杨治良,黄希庭主编.心理学大辞典.上海:上海教育出版社,2003:1395.

因素的关系等。在大部分的研究中,农民工的心理问题检出率在 18%—62% 之间,与国内其他职业群体的心理问题检出率相比,其检出率偏高。其中,抑郁、焦虑、恐怖、人际关系等因子尤为严重,显著低于全国常模。导致新生代农民工心理健康水平较低的原因可能来自人口学变量和主客观的影响因素。例如,性别作为一种典型的人口学变量常用于新生代农民工心理健康研究。有趣的是,性别对农民工的心理健康影响的研究虽然比较丰富,但研究结论却并不一致。为了一探这一矛盾成因,张波等人对农民工心理健康性别差异的相关研究进行了元分析。他们认为性别差异元分析效应值大部分不可靠,只有恐怖因子符合罗森塔尔标准,且女性恐怖因子得分显著高于男性。[①] 大学生群体是心理障碍的高发人群,为社会各界学者所关注。有调查结果表明,大学生心理问题检出率较高,1/4 的大学生需要精神卫生服务,1/10 的大学生有明显的心理障碍症状,急需心理咨询与心理治疗。[②] 较多的研究都证实了这一点。如张迪然、郑勇等采用 SCL - 90 量表及自编问卷进行调查,结果表明大学生的心理问题检出率为 30.12%。[③] 曹珊珊对某高校大学生的调查发现大学生心理障碍检出率约为 19%。[④] 影响大学生心理健康的因素归纳起来有两类,即自身因素和外部的社会因素,如人口学变量以及人格、生活事件和社会支持等。以个性特点对大学生心理健康的影响为例,马惠霞等采用 SCL - 90 和 16PF 研究发现大学生的心理问题与 16 项个性因素都有不同程度的相关,并得出人格(个性特点),尤其是稳定性、敢为性、怀疑性、忧虑性、自律性和紧张性等特点对心理健康有着不可忽视的作用的研究结论。[⑤]

(四)自尊

自尊(self-esteem)一词来源于拉丁语 aestimare,是指个体对自身价值的估计。[⑥] 关于自尊的学术概念,学者们从不同的角度提出了不同的界定。最早正式提出自尊概念的是美国心理学家威廉·詹姆斯(William James)。他认

① 张波,杨静,杨阳.中国农民工心理健康状况元分析.大理学院学报(综合版),2012(2):27-30.
② 黄丽娜,赵德军,王建中等.大学生心理健康现状研究综述,高校心理健康教育新进展——全国第十届高校心理健康教育与心理咨询学术交流会论文,2007:213-214.
③ 张迪然,郑勇.贵州省少数民族和汉族大学生的心理健康及其个性因素分析.中华精神科杂志,1997(2):103-106.
④ 曹珊珊.某高校大学生心理健康状况及其影响因素研究.山东大学硕士学位论文,2010:21-55.
⑤ 马惠霞,韩向明,张克让.大学生的个性因素与心理健康状况的相关性分析.中国临床心理学杂志,1995(2):116-117.
⑥ 丛晓波.自尊的本质研究.东北师范大学硕士学位论文,2006:22-120.

为自尊可以用一个公式来表述：自尊＝成功/抱负，其含义为自尊不仅由个体获得的成功决定，而且还受到所获得的成功对自身的意义大小的影响，这意味着增大成功或者降低抱负水平都可以提升自尊水平。[①] 罗杰斯、库伯·史密斯、罗森伯格等人强调自尊中的态度和行为成分，认为自尊是指个体对自己所持有的一种肯定或否定的态度，表明个体在多大的程度上相信自己是有能力的（capable）、重要的（significant）、成功的（successful）和有价值的（worthy）。[②] 斯蒂夫哈芬（R. A. Steffenhafen）从整合观出发，认为自尊是指个体对自我的知觉的综合，包括自我概念（心理的）、自我意象（身体的）和社会概念（文化的）。[③] 在本研究中，我们将自尊定义为：个体在社会实践中逐渐形成的对自我价值的积极与消极的感知和评价。

国内外对新生代农民工和大学生自尊的研究从数量上看并不平衡，新生代农民工的自尊研究大大少于大学生自尊研究，但结论基本一致。梳理现有新生代农民工自尊的研究，发现研究内容主要集中在自尊与心理健康、幸福感、孤独感等变量之间的关系及影响自尊水平的因素。曹运华、牛振海等人通过对337名农民工的调查，发现农民工的自尊与心理健康（SCL-90分数）负相关，与自我效能感正相关。[④] 杨青、崔捷等人对284名农民工的调查发现自尊、自我效能感对孤独感有显著的预测作用。[⑤] 安明龙将新生代农民工作为一个特殊的群体，并将其与服刑劳教人员进行了比较研究，结果发现相较于服刑劳教人员，新生代农民工劳教人员的自尊与应对方式可以有效预测其攻击性。[⑥] 朱媛媛通过自编的新生代农民工尊严量表进行调查后认为，新生代农民工的尊严水平为中等程度偏低，并且受到性别、年龄、收入水平、工作稳定性、外出务工目的、父母是否外出打工等因素的影响。国内外大学生自尊研究成果较为丰富，多为探索大学生自尊的发展特点、自尊的作用以及自尊的影响因素。如简（Jean）和凯斯（Keith）通过元分析研究发现大学生的自尊水平

①　[西]威廉·詹姆斯.心理学原理.田平,译.北京:中国城市出版社,2010:151.

②　张静.家庭因素对大学生自尊及人际信任的影响研究.华东师范大学硕士学位论文,2010:10-52.

③　魏运华.自尊的概念、结构及其测评.社会心理学,1997(3):55.

④　曹运华,牛振海,张丽宏.农民工心理健康与自尊、自我效能的相关研究.齐齐哈尔医学院学报,2010(12):1933-1935.

⑤　杨青,崔捷,梁晓新.新生代农民工孤独感与其自尊、自我效能感的关系.中国健康心理学杂志,2011(10):1229-1231.

⑥　安明龙.新生代农民工服刑劳教人员自尊、应对方式与攻击的关系研究.哈尔滨工程大学硕士学位论文,2011:11-66.

随着时代的发展有了大幅度的提升。[1] 李虹在对 788 名大学生自尊状况的分析中发现,约 80％大学生显示高自尊,且不存在性别和年级差异,但在学科方面差异显著,社科类专业的学生自尊水平显著高于理科类专业的大学生。[2] 此外,多变量研究发现自尊是非适应性完美主义人格与成人依恋之间的中介变量[3],动机(成就动机)是自尊对个体其他因素(职业价值观)起作用的中介变量[4],饮酒动机是自尊与饮酒行为的中介变量[5]等。

国外学者库利认为,自尊是一种社会的建构,来自他人的积极的关注形式,如赞许、尊敬等是决定自尊的关键因素,而这种赞许和尊敬可以被称为社会支持。哈特(Harter)等人最早正式研究了自尊与社会支持之间的关系,结果表明个体感知到的社会支持水平与其自尊的相关系数在 0.50—0.65 之间,个体的社会支持水平越高,其自尊水平也越高,但两者的相关并不是一种简单的直线关联。[6] 菲尼(Feeney)研究表明,给予朋友的积极性支持对于个体获得预期奋斗目标具有促进作用,能促使个体体验到幸福感,进而提高其自尊。[7] 盖罗(Gallo)的研究结果表明自尊和自我感知到的社会压力以及控制感有关。[8]

在中国城市化进程的大背景之下,新生代农民工和大学生定会对自己当前的生活状态、所处的社会环境以及自身将如何在社会中生存和发展有着不同的观念,这些观念对新生代农民工和大学生自尊和社会支持有着不同的影响。国内已出现少量有关新生代农民工和大学生的领悟社会支持与自尊的关系研究,得出的结果较为一致,但研究内容并不局限于这两个变量之间的探

---

[1] Jean M. Twenge, W. Keith Campbell. Age and Birth Cohort Differences in Self-Esteem: A cross-temporal meta-analysis. *Personality and Social Psychology Review*, 2001,5:321-344.

[2] 李虹. 大学生自尊状况的调查研究. 心理与行为研究,2003(2):133-136.

[3] Kenneth G. Rice, Frederick G. Lopez. Maladaptive Perfectionism, Adult Attachment, and Self-Esteem in College Students. *Journal of College Counseling*, 2004,11:118-128.

[4] 张颖倩. 大学生职业价值观与自尊、成就动机的相关研究. 吉林大学硕士学位论文,2007:11-66.

[5] Melissa A. Lewis, Jerome Phillippi, Clayton Neighbors. Morally Based Self-Esteem, Drinking Motives, and Alcohol Use among College Students. *Psychology of Addictive Behaviors*, 2007,21: 398-403.

[6] 张海燕. 师范院校大学生自尊发展与其社会支持、主观幸福感的关系研究. 辽宁师范大学硕士学位论文,2011:11-46.

[7] Feeney, B. C. A secure Base: Responsive support of goal strivings and exploration in adult intimate relationships. *Personality and Social Psychology*, 2004,87:631-648.

[8] Gallo, L. C., Bogart, L. M., Vranceanu, A. M. Socioeconomic Status, Resources, Psychological Experiences, and Emotional Responses: A test of the reserve capacity model. *Journal of Personality*, 2005,88:38-39.

索。对新生代农民工自尊和领悟社会支持的研究非常少,只有胡美娟、刘电芝等人对整个农民工群体的感知社会支持、自尊与主观幸福感的关系进行了研究,发现自尊在农民工的领悟社会支持与幸福感之间起着中介作用。[1] 对大学生的领悟社会支持与自尊的关系研究较为丰富,也发现自尊在社会支持和幸福感之间起到部分中介作用[2],即社会支持既能直接影响幸福感,也能通过自尊的中介作用间接影响幸福感[3]。除此之外,还有研究发现,大学生的领悟社会支持对其社交自尊具有显著的预测作用,尤其是来自于家庭以外的朋友、同学及其他关系密切者的情感支持与协助对社交自尊的影响更为突出。[4]

新生代农民工和大学生作为两大特殊群体,其自尊与社会支持的关系可能具有独有的特征。然而,目前大部分相关研究只探讨自尊和领悟社会支持变量总分之间的关系,对自尊和领悟社会支持的各维度的细致探究还不够。不同的人口学因素和环境因素对新生代农民工、大学生自尊和社会支持有着不同的影响,这些因素在以往研究中也较少涉及。这些尚未充分探讨的课题可能对新生代农民工和大学生的自我发展以及如何更好地适应社会有重要理论意义和实践作用。

二、研究方法

(一)研究对象

本研究调查的新生代农民工,均为杭州市下沙经济开发区白杨街道邻里社区的外来务工人员。

本研究调查的大学生,均为杭州师范大学的全日制本科生和研究生。

为了尽可能减少新生代农民工和大学生之间社会人口学变量上的差异以降低研究误差,本研究根据统计学样本匹配原理对调查对象进行了筛选,调查

---

① 胡美娟,彭文波,杨允等.当代农民工感知社会支持、自尊和主观幸福感的关系.心理科学,2011 (6):1414-1421.

② 严标宾,郑雪.大学生社会支持、自尊和主观幸福感的关系研究.心理发展与教育,2006(3):60-64.

③ 李正根,冯建新,刘亚朱等.大学生社会支持与幸福感的关系:自尊的中介作用.中国健康心理学杂志,2012(11):1748-1750.

④ 姚晓琳,刘洪,郭成.大学生领悟社会支持与社交自尊的关系.中国学校卫生,2010(11):1332-1334.

样本的具体情况如表 11-1 所示。

表 11-1　调查样本的构成

样本特征	类别	新生代农民工		大学生	
		人数(人)	有效百分比	人数(人)	有效百分比
性别	男	182	70.8%	75	29.2%
	女	178	30.2%	412	69.8%
	总计	360	100.0%	487	100.0%
年龄	28~32 岁	33	89.2%	4	10.8%
	23~27 岁	112	53.8%	96	46.2%
	18~22 岁	229	37.4%	383	62.6%
	总计	374	43.6%	483	56.4%
户口	本市城镇户口	10	11.8%	75	88.2%
	本市农业户口	19	34.5%	36	65.5%
	非本市城镇户口	88	43.1%	116	56.9%
	非本市农业户口	228	49.1%	236	50.9%
	总计	367	43.2%	483	56.8%
受教育水平	小学毕业及以下	3	100.0%	0	0.0%
	初中毕业	66	100.0%	0	0.0%
	高中毕业	229	100.0%	0	0.0%
	大专(含在读)	58	90.6%	6	9.4%
	大学本科及以上(含在读)	16	3.5%	438	96.5%
	研究生(含在读)	0	0.0%	43	100.0%
	总计	372	43.3%	488	56.7%

注:高中包括普高、技校、职高、中专;28~32 岁为高年龄段,23~27 岁为中年龄段,18~22 岁为低年龄段。

(二)研究工具

1.《经济社会地位自评问卷》A 版本、C 版本;

2.《生活满意度问卷》(SWLS);

3.《领悟社会支持量表》(PSSS);

4.《一般健康问卷》(GHQ-20);

5.《自尊量表》(SES)。

（三）数据处理

本研究的所有数据均使用 SPSS 18.0 统计软件进行分析。

三、研究结果

（一）经济层面

本研究首先从经济层面的收入来源、可支配收入及收入支出三个方面比较新生代农民工和大学生的异同。

1. 新生代农民工和大学生经济收入来源较单一，途径大不相同

新生代农民工和大学生经济收入来源单一，但来源方式大不相同。新生代农民工经济收入主要来源于工资，多数从事非脑力工作。新生代农民工由于文化和专业技能水平较低，绝大多数人在工厂工作。在调查对象中，51.3%是一线工人，25.2%是专业技术人员，6.4%是商业服务人员，2.3%是党政部门、企业、事业单位负责人。大学生的主要收入来源为父母给予，占93.2%，其他来源还有校外兼职、校内勤工助学、奖助学金及其他，所占比例分别为16.6%、9.3%、12.4%、7.8%。[①] 可见，大学生的经济收入多为向父母索取，较少需要自己付出劳动。

2. 新生代农民工和大学生可支配收入相近，消费习惯大不相同

新生代农民工和大学生的经济收入来源虽然不同，但刨除基本生活成本后，可支配收入水平较相近。新生代农民工的月收入水平如图 11-1 所示。从图中可以看到，新生代农民工月收入划分为六个水平，每个水平的人数比例分别为 1000 元以下占 1.9%；1001～2000 元占 26.8%；2001～3000 元占54.8%；3001～4000 元占 12.7%；4001～5000 元占 1.9%；5001 元以上占1.9%。可见，大部分新生代农民工的月经济收入在 2001～3000 元之间。进一步统计分析发现，新生代农民工平均月收入为 2416 元。针对杭州下沙高教园区大学生月消费水平的研究发现，大部分大学生月消费水平在 600～1000间，占 42%，平均月消费水平为 734.4 元。值得注意的是，"90 后"大学生的月

---

① 郑飞，赵春鱼，张健.杭州下沙高教园区大学生消费状况调查研究.教育界：高等教育研究,2011(2):20-21.

消费水平远远高于 734.4 元这个数字,60% 以上的"90 后"大学生月消费在 1200 元,23% 的"90 后"大学生月消费将近 2000 元,只有极个别的 90 后大学生的消费水平在 1000 元左右。①

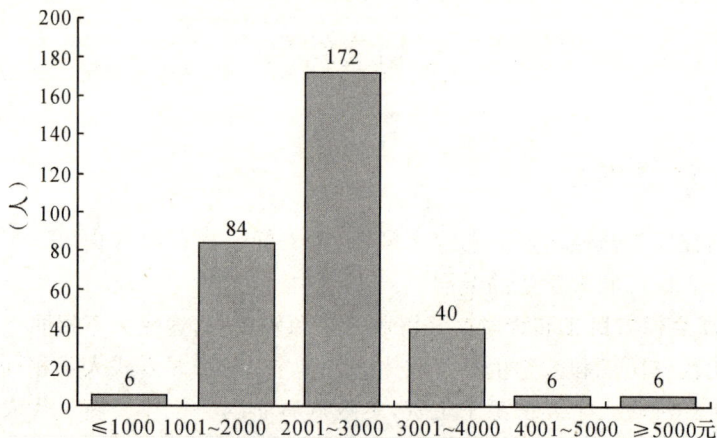

图 11-1 新生代农民工月收入分布

从经济收入数额上看,新生代农民工的月收入似乎远高于大学生。但是需要注意的是,新生代农民工的基本生活成本也远高于大学生。以最简单的计算方法进行模拟计算:新生代农民工 2416 元月收入中将有很大一部分用作基本生活成本,包括交通费、通讯费、饮食、生活必需品、水电、储蓄等,最低生活成本在每月 1200~1500 元左右。如果需要租房,则另需增加 600 元以上的房租费,月最低生活成本在 2000 元以上。按照 1200 元计算,收入为 2416 元的新生代农民工可支配月收入为 1216 元。

如前所述,大部分"90 后"大学生可支配月收入为 1200 元左右,新生代农民工可支配月收入为 1216 元,因此,两者的可支配收入较为相近。但是,新生代农民工和大学生对这笔钱的消费安排大不相同。前者的收入支出项目较为固定,体现出一定的计划性和现实性。相比之下,后者的经济支出就不那么具有计划性和现实性了,反而表现出"消费计划性不强"、"视情况而定"的普遍特点及追求新潮、时尚、情趣的特点。研究发现,大学生经济支出主要集中于食品、娱乐交际、学习和恋爱四个方面;仅占 19.5% 的大学生会对自己的消费情

① 杭州网. 6 成 90 后大学生月消费 1200 元. 今日看点,2010(1). http://www.hangzhou.com. cn/hzwtv/tvjrkd/2010—01/20/content_3017095.htm,2013-4-20.

况作计划;超过半数的大学生习惯于网络购物,并倾向于购买品牌商品。

(二)社会层面

现以生活满意度和社会支持为指标,比较新生代农民工群体和大学生群体在社会层面的心态异同。

1. 新生代农民工与大学生生活满意度的比较研究

(1)生活满意度的群体效应,新生代农民工生活满意度低于大学生

新生代农民工与大学生在生活满意度上的比较结果如图 11-2 所示。

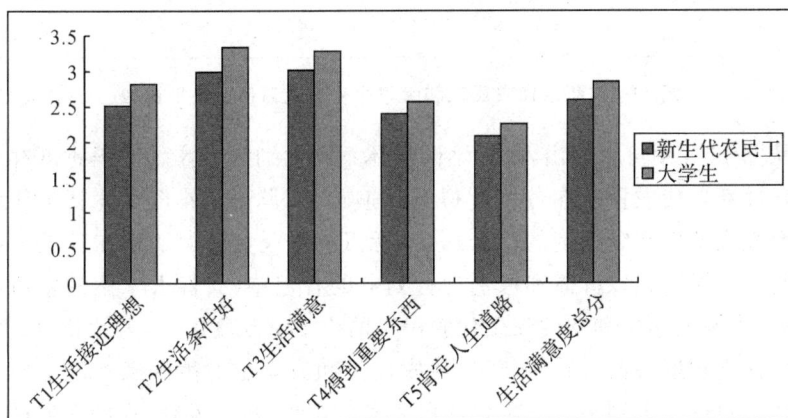

图 11-2　新生代农民工与大学生在生活满意度上的比较

从图 11-2 中可以看到,无论是在生活满意度五个分维度上,还是生活满意度总分上,新生代农民工的得分都低于大学生,表现出生活满意度的群体一致性。进一步均值比较发现,新生代农民工生活满意度水平显著低于大学生($p<0.001$)。且每个维度新生代农民工的分数显著低于大学生的分数($p<0.05$)。这说明新生代农民工的生活满意度低于大学生。具体地说,在现实生活与理想生活的接近程度上,新生代农民工的接近程度比大学生低;在生活硬件条件上,新生代农民工的生活条件比大学生差;在生活满意度上,新生代农民工体验到的满足比大学生少;在获得重要东西方面,新生代农民工所获得的重要东西少于大学生;在对自身人生取向和人生道路选择上,新生代农民工比大学生表现出更多的不确定和迷茫。

(2)生活满意度的性别效应,跨群体一致性

不同性别的新生代农民工和大学生的生活满意度情况如图 11-3 所示。

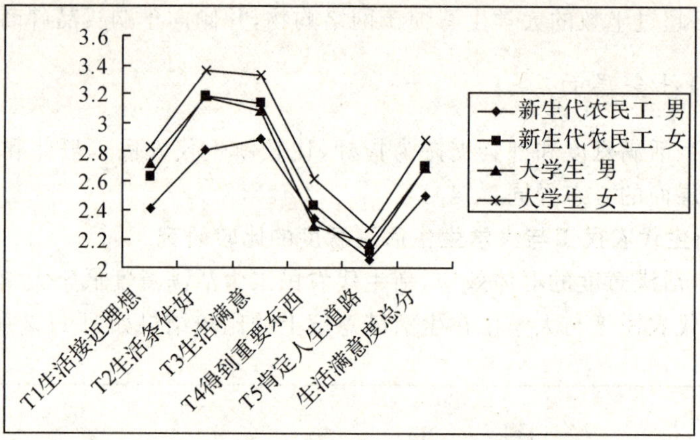

图 11-3　新生代农民工和大学生生活满意度的性别比较

从图 11-3 中可以看出,首先不同群体不同性别的个体生活满意度存在差异。男性新生代农民工在各维度得分普遍最低(除 T4 外),女性新生代农民工和男性大学生在各维度的得分居中(除 T4 外),女性大学生在各维度的得分最高。这说明在以群体和性别进行划分的各组中,女性大学生的生活满意度最高,男性大学生和女性新生代农民工的生活满意度居中,男性新生代农民工的生活满意度最低。其次,新生代农民工和大学生的生活满意度呈现性别跨群体一致性。分别来看新生代农民工和大学生,可以发现,在两个群体中性别差异的表现形式相同,女性的生活满意度均高于男性的生活满意度。

(3)生活满意度的年龄效应,高年龄段特殊性

不同年龄段的新生代农民工和大学生的生活满意度情况如图 11-4 所示。

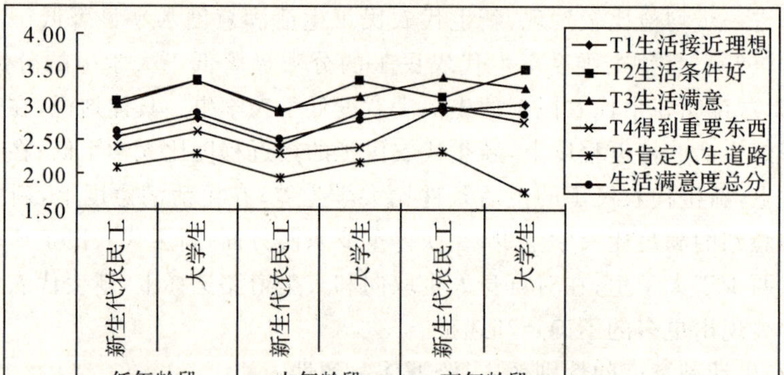

图 11-4　新生代农民工和大学生生活满意度的年龄比较

　　从图 11-4 中可以看到,新生代农民工和大学生生活满意度的年龄效应主要表现为两个方面:第一,在低年龄段和中年龄段,新生代农民工和大学生的生活满意度表现为新生代农民工得分低于大学生,且各维度趋势一致。第二,在高年龄段,新生代农民工和大学生的生活满意度大多表现为新生代农民工得分低于大学生,但各维度情况并不一致。"T2 生活条件好"这一维度新生代农民工的得分高于大学生。这说明随着年龄的增长,新生代农民工的生活满意度慢慢超越了大学生,27～28 岁可能是发生改变的关键时期。至于"T2 生活条件好"这一维度由于受到现实硬件条件的制约,高年龄段新生代农民工对生活条件的满意度仍然低于大学生。

2. 新生代农民工与大学生领悟社会支持比较研究

(1)领悟社会支持的群体效应,新生代农民工领悟社会支持低于大学生

　　新生代农民工与大学生在领悟社会支持上的差异比较如图 11-5 所示。

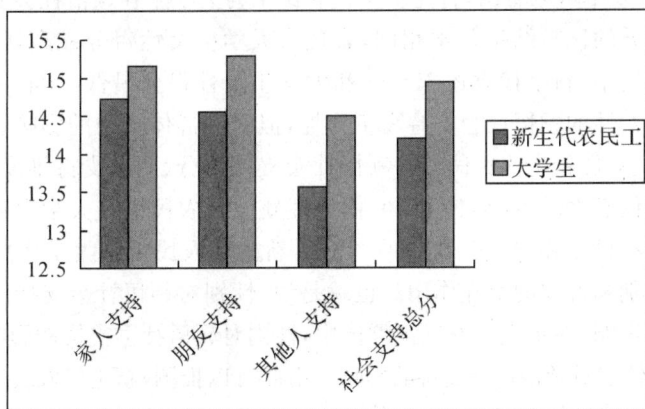

图 11-5　新生代农民工与大学生领悟社会支持的差异比较

　　从图 11-5 中可以看到,无论是在领悟社会支持三个分维度上,还是社会支持总分上,新生代农民工的得分都低于大学生,表现出领悟社会支持的群体一致性。进一步均值比较发现,新生代农民工领悟社会支持得分显著低于大学生($p<0.001$),且每个维度新生代农民工的得分显著低于大学生的得分($p<0.05$)。这说明新生代农民工的领悟社会支持低于大学生,具体地说,新生代农民工所获得的家人支持、朋友支持和其他人的支持都比大学生少。

　　(2)领悟社会支持的性别效应,性别与群体的交互作用

　　新生代农民工与大学生的领悟社会支持在性别上的比较结果如图 11-6 所示。

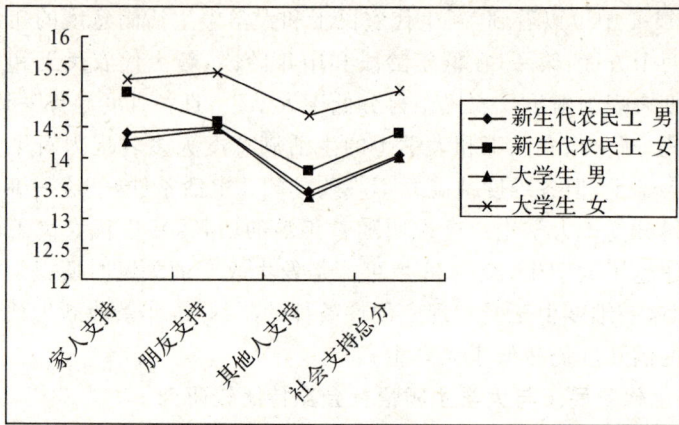

图 11-6　新生代农民工与大学生领悟社会支持的性别比较

从图 11-6 中可以看出,首先新生代农民工与大学生在领悟社会支持不同维度上性别差异的比较结果基本相同,表现为大学生女性得分最高,新生代农民工女性得分居中,新生代农民工男性和大学生男性得分最低,且前者略高于后者。这说明女性的领悟社会支持高于男性,但受到群体特征的影响。进一步均值比较发现,女性新生代农民工的领悟社会支持总分、朋友支持维度得分、其他人支持显著低于大学生($p<0.001$),而男性新生代农民工与大学生的领悟社会支持水平没有显著差异($p>0.05$)。其次,新生代农民工和大学生的领悟社会支持受到性别和群体的交互作用。也就是说,性别对领悟社会支持的影响受到群体特征的影响,在新生代农民工群体中,性别对领悟社会支持的影响少于在大学生群体中性别对领悟社会支持的影响。由此可以推测,新生代农民工的某种群体特征可能对男性的领悟社会支持能力具有促进作用,从而造成这种交互影响。

(3)领悟社会支持的年龄效应,高年龄段的特殊性

新生代农民工与大学生领悟社会支持的年龄比较结果如图 11-7 所示。

从图 11-7 中可以看到,新生代农民工和大学生生活满意度的年龄效应主要表现为两个方面:第一,在低年龄段和中年龄段,新生代农民工和大学生的领悟社会支持表现为新生代农民工得分低于大学生,且各维度表现一致。进一步均值比较发现,低年龄段新生代农民工的领悟社会支持总分、朋友支持维度得分、其他人支持显著低于大学生($p<0.001$),其他年龄段的新生代农民工与大学生的领悟社会支持水平均没有显著差异($p>0.05$)。第二,在高年龄段,新生代农民工和大学生领悟社会支持得分几乎成反相关,且各维度表现不一致。具体表现为在朋友支持、其他人支持和社会支持总分三个维度,新生

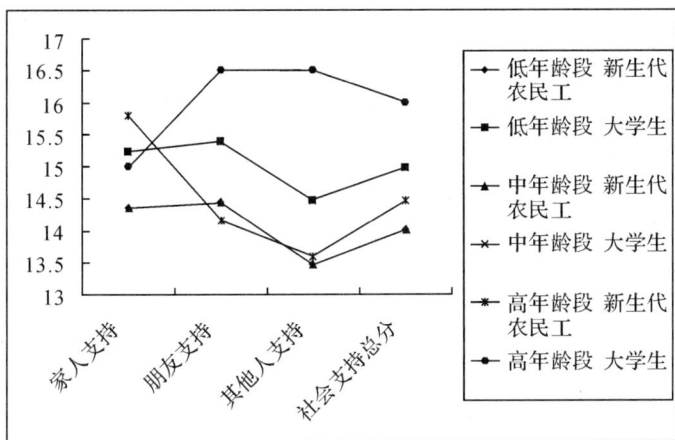

图 11-7　新生代农民工与大学生领悟社会支持的年龄比较

代农民工的得分低于大学生,在家人支持这一维度新生代农民工的得分高于大学生。从图 11-8 中可见,随着年龄的增长,新生代农民工和大学生的领悟社会支持的维度发展趋势不同。具体表现为在其他人支持和社会支持总分上表现出跨群体一致性,两个群体的得分均在高年龄段得到增加。在家庭支持和朋友支持上,新生代农民工和大学生的发展趋势正好相反,新生代农民工的家人支持提高了,而大学生的家人支持下降了,且导致新生代农民工的家人支持超过了大学生的家人支持。新生代农民工的朋友支持下降了,而大学生的朋友支持提高了,两者差距较中低年龄阶段更大了。

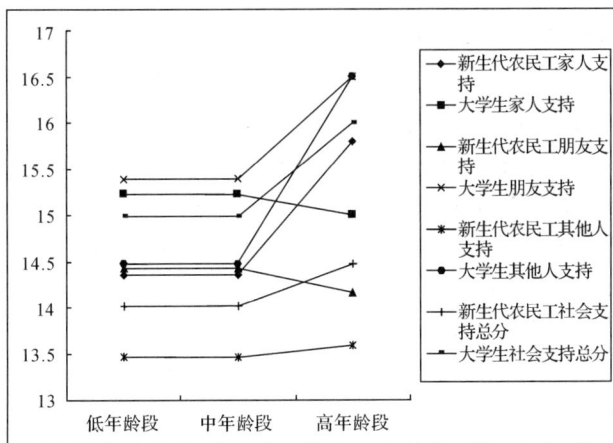

图 11-8　不同年龄段新生代农民工与大学生的领悟社会支持

(三)心理层面

本研究以心理健康和自尊为指标，比较新生代农民工群体和大学生群体在心理层面的心态异同。

1. 新生代农民工与大学生心理健康的比较研究

(1)心理健康的群体效应，新生代农民工的心理健康低于大学生

新生代农民工与大学生在心理健康上的比较结果如图 11-9 所示。

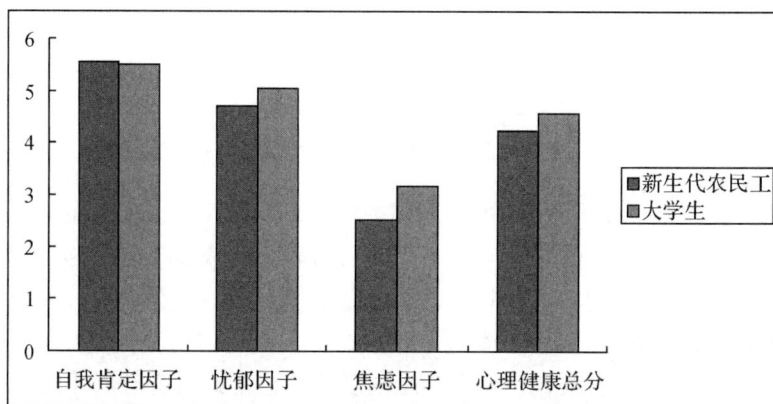

图 11-9　新生代农民工与大学生的心理健康比较

从图 11-9 中可以看到，在心理健康总分上，新生代农民工的得分低于大学生，但各因子得分情况并不一致。具体表现为，在忧郁因子和焦虑因子上新生代农民工的得分低于大学生，而在自我肯定因子上新生代农民工的得分略高于大学生。无论是在生活满意度五个分维度上，还是生活满意度总分上，新生代农民工的得分都低于大学生，表现出生活满意度的群体一致性。进一步均值比较发现，新生代农民工心理健康水平显著低于大学生群体（$p <$ 0.001）。其中，除自我肯定因子外，忧郁因子、焦虑因子均有显著差异（$p <$ 0.001）。这说明新生代农民工总体心理健康水平低于大学生，新生代农民工比大学生更多地体验到忧郁和焦虑。

(2)心理健康的性别效应，群体一致性

不同性别的新生代农民工和大学生的心理健康情况如图 11-10 所示。

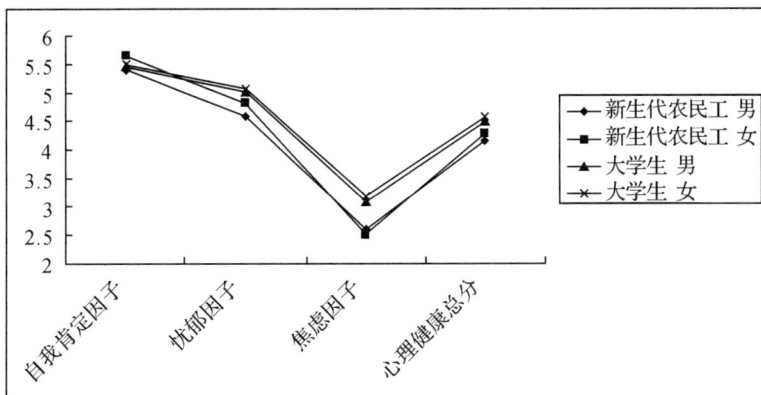

图 11-10　新生代农民工和大学生心理健康的性别比较

从图 11-10 中可以看到,新生代农民工和大学生心理健康的性别差异主要体现在以下两个方面:第一,在忧郁因子、焦虑因子和心理健康总分三个维度,新生代农民工和大学生的性别差异不显著,表现为明显的群体一致性,新生代农民工的得分低于大学生。这说明在这三个维度上,新生代农民工和大学生的心理健康的群体效应大于性别效应,新生代农民工比大学生体验到更多的忧郁和焦虑,心理健康水平也较低。第二,在自我肯定因子维度,新生代农民工的得分发生了性别分离,虽然女性新生代农民工和男性新生代农民工得分都提高了,但女性新生代农民工得分的提高幅度大大高于男性新生代农民工,并且超过了大学生群体,而男性新生代农民工的得分与大学生群体基本相同。这说明女性新生代农民工的自我肯定水平最高,男性新生代农民工和大学生的自我肯定水平次之,且基本相同。

(3)心理健康的年龄效应,跨年龄阶段一致性

新生代农民工与大学生心理健康的年龄比较结果如图 11-11 所示。

从图 11-11 中可以看到,新生代农民工和大学生生活满意度的年龄效应在不同维度的表现不同,主要有三个方面:第一,在忧郁因子和焦虑因子两个维度,新生代农民工和大学生的得分表现为跨年龄一致性,但不存在随年龄变化的发展特点。即无论是哪个年龄段的新生代农民工和大学生,前者的得分都低于后者。第二,在自我肯定维度上,新生代农民工和大学生的得分不存在跨年龄一致性,但随着年龄的增长得分也增长了。具体地说,低年龄段和中年龄段的新生代农民工和大学生的自我肯定水平表现为前者低于后者,但高年龄段的新生代农民工的自我肯定水平高于大学生的自我肯定水平。另一方

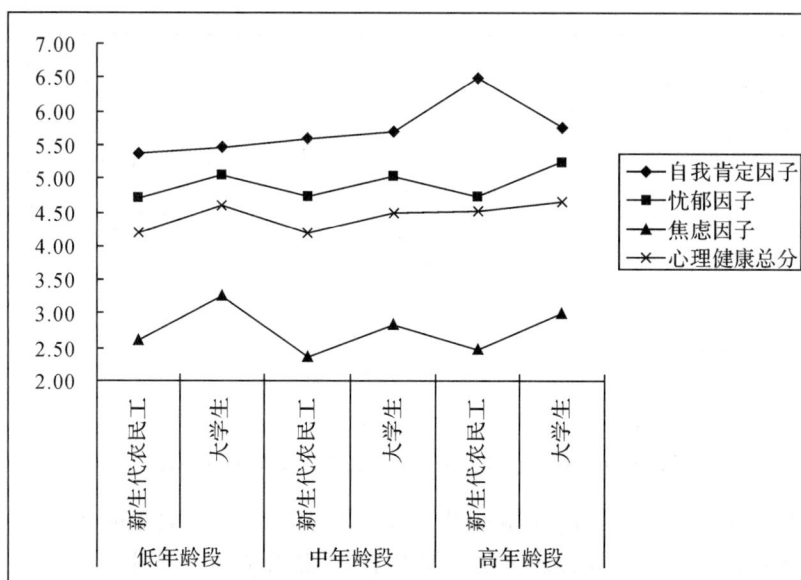

图 11-11　新生代农民工与大学生心理健康的年龄比较

面,随着年龄的增长,新生代农民工和大学生的自我肯定水平都提高了,特别是新生代农民工的自我肯定在高年龄段有大幅度提高,这也是其超过同年龄段大学生自我肯定水平的原因。这说明 27—28 岁是新生代农民工自我肯定水平提高的关键时期。

2. 新生代农民工与大学生自尊的比较研究

(1)自尊的群体效应,新生代农民工自尊低于大学生

新生代农民工与大学生自尊的比较结果如图 11-12 所示。

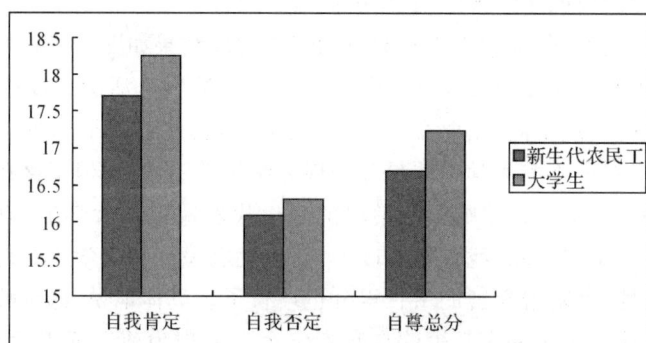

图 11-12　新生代农民工与大学生自尊的比较

从图11-12中可以看到,无论是在自尊的两个分维度上,还是自尊总分上,新生代农民工的得分都低于大学生,表现出自尊的群体一致性。进一步均值比较发现,新生代农民工与大学生的自尊水平有显著差异,且新生代农民工的自尊总分($p < 0.01$)和自我肯定得分($p < 0.05$)显著低于大学生。这说明新生代农民工的自尊低于大学生,具体地说,新生代农民工对自我的肯定程度低于大学生,对自我的否定程度也低于大学生,但前者的幅度大于后者的幅度。

(2)自尊的年龄效应,高年龄阶段的特殊性

不同年龄段的新生代农民工和大学生的生活满意度情况如图 11-13 所示。

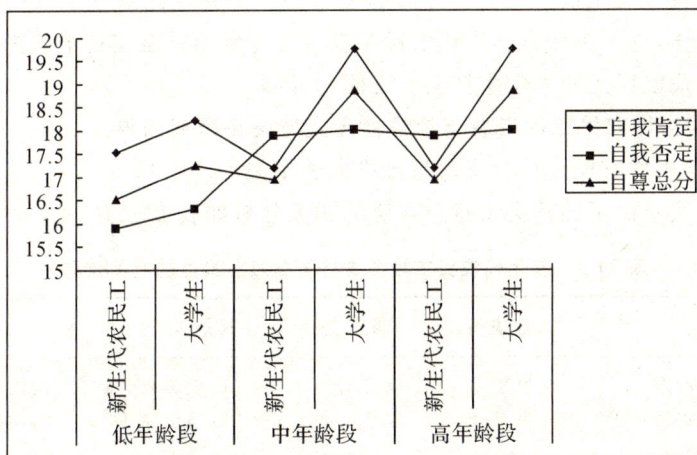

图 11-13 新生代农民工和大学生自尊的年龄比较

从图中可以看到,新生代农民工和大学生自尊的年龄效应体现在三个方面:第一,在自我肯定维度上,新生代农民工和大学生的得分表现为跨年龄一致性,但随年龄变化新生代农民工和大学生自我肯定发展与年龄呈负相关。即无论是哪个年龄段的新生代农民工和大学生,前者的得分都低于后者。但随着年龄的增长,大学生的自我肯定水平提高了,新生代农民工的自我肯定水平下降了。第二,在自尊总分维度上,新生代农民工和大学生的得分表现为跨年龄一致性,且随年龄变化新生代农民工和大学生自我肯定发展趋势基本相同。即无论是哪个年龄段的新生代农民工和大学生,前者的得分都低于后者。随着年龄的增长,新生代农民工和大学生的自我肯定水平都提高了。第三,在

自我否定维度上,年龄效应减弱了,但随年龄变化新生代农民工和大学生自我肯定发展趋势基本相同。即除低年龄段新生代农民工的自我否定得分低于大学生外,其他两个年龄阶段的新生代农民工和大学生的自我否定水平基本相同。随着年龄的增长,无论是哪个年龄段的新生代农民工和大学生,前者的得分都低于后者。随着年龄的增长,新生代农民工和大学生自我否定水平的发展趋势相同,表现为先快速增长后保持稳定,其中22—23岁是自我否定水平提高的关键时期。

(四)社会层面和心理层面的相互作用

本研究以自尊和社会支持的相互关系为研究指标,探索新生代农民工与大学生在自尊与领悟社会支持方面的关系特点。并在此基础上,以大学生作为比较群体,进一步探索新生代农民工在自尊与领悟社会支持上的内在联系,揭示新生代农民工和大学生社会心态间的异同。

1. 新生代农民工的自尊与领悟社会支持关系研究结果

(1)新生代农民工社会支持与自尊显著相关

新生代农民工的社会支持与自尊的相关分析如表 11-2 所示。

表 11-2　新生代农民工社会支持与自尊各维度的相关矩阵

	家庭支持	朋友支持	其他人支持	社会支持总分
自我肯定	0.293***	0.387***	0.277***	0.377***
自我否定	−0.011	−0.061	−0.036	−0.035
自尊总分	0.163**	0.200**	0.135**	0.205***

由表 11-2 可见,新生代农民工的社会支持与自尊之间的关系为显著相关。其中,自尊中的自我肯定与社会支持的各维度以及社会支持总分的相关极其显著($p<0.001$),自尊总分与社会支持维度以及社会支持总分的相关极其显著($p<0.01$)。其中,新生代农民工的自我肯定与其朋友支持关系最为密切,其次是自我肯定与家庭支持之间的关系。而自尊中的自我否定与社会支持各位以及总分的相关均未达到显著水平($p>0.05$)。

(2)社会支持对新生代农民工自尊的正向预测作用

本研究以新生代农民工的社会支持的三个维度作为自变量,分别对新生代农民工的自尊做回归分析,采用逐步回归法考察三类领悟社会支持对新生代农民工的自尊的影响程度。经过回归分析后发现,三类领悟社会支持维度中只有朋友支持进入回归方程,根据回归模型汇总,模型的复相关系数 R 等于 0.201,决定系数 R^2 等于 0.040,调整后的决定系数 R^2 为 0.037,这意味着朋友支持可以解释新生代农民工自尊的 3.7%。但新生代农民工其他类型的领悟社会支持没有对其自尊产生显著的预测作用。

以新生代农民工的自尊总分为因变量,把新生代农民工的社会支持总分作为预测变量引入回归方程,采用强迫回归法从整体上考察新生代农民工领悟社会支持对自尊的影响作用。结果表明,新生代农民工的领悟社会支持对其自尊有着显著的影响作用($p < 0.001$),并且新生代农民工的领悟社会支持可以解释其自尊的 4%。

(3)新生代农民工的自尊与领悟社会支持的关系分析

本研究发现,新生代农民工领悟社会支持的各维度都与自尊的自我肯定显著相关。其中,自我肯定与朋友支持的关系最为密切,其次是自我肯定与家庭支持之间的关系,在进一步的回归预测分析中可以得出,新生代农民工的家庭支持与朋友支持对可以解释其自我肯定的 16.7%。从总分来看,新生代农民工的领悟社会支持亦可以解释其自尊的 4%。可见,新生代农民工的社会支持可以有效预测自我肯定自尊,提高新生代农民工的领悟社会支持有利于他们自尊水平的提升。

新生代农民工的领悟社会支持对他们的自我肯定有更大的促进作用。这主要是因为,当他们感受到更多的社会支持时,他们在城市生活的心理压力便会有很大程度的缓解,会冲淡他们在城市中的"边缘"境遇,有利于建立城市主人翁的身份,而这些很容易提升新生代农民工对自我价值的判断,因此自我肯定的水平会更高。

本研究结果中显示,新生代农民工的领悟社会支持与自我否定没有显著的相关关系。可能的原因为,新生代农民工生活和工作的环境比较艰苦,他们的领悟社会支持水平普遍偏低。该结论可以说明,当新生代农民工遇到困难或挫折的时候,并不完全将问题归因于自己的能力不足等主观原因,而更多的时候会归因于自己能得到的社会支持比较少。因此,新生代农民工领悟社会支持与自我否定的关系并不密切。

2. 大学生自尊与领悟社会支持关系的分析结果

(1)大学生领悟社会支持与自尊显著相关

大学生的社会支持与自尊的相关分析如表 11-3 所示。

表 11-3　大学生社会支持与自尊各维度的相关矩阵

	家庭支持	朋友支持	其他人支持	社会支持总分
自我肯定	0.331***	0.331***	0.265***	0.378***
自我否定	0.114*	0.154***	0.119**	0.150***
自尊总分	0.261***	0.281***	0.219***	0.306***

由表 11-3 可知,大学生的领悟社会支持与自尊之间的关系为显著相关。其中,在领悟社会支持与自尊中各维度上,大学生的自我肯定与其领悟性家庭支持、朋友支持关系最为密切($r=0.331$),其次是自我肯定与其他人支持之间的关系($r=0.265$)。而自尊中的自我否定与社会支持各维度以及总分的相关关系相对低一些,但均达到显著水平($p<0.05$)。

(2)大学生社会支持对自尊的显著正相关

本研究以大学生的社会支持的三个维度作为自变量,分别对大学生的自尊做回归分析,采用逐步回归法考察三类领悟社会支持对大学生的自尊的影响程度。经过回归分析后发现,三类领悟社会支持维度中只有其他人支持未进入回归方程,根据回归模型汇总,模型的复相关系数 R 等于 0.302,决定系数 R^2 等于 0.091,调整后的决定系数 R^2 为 0.087,这意味着朋友支持可以解释大学生自尊的 8.7%,但大学生其他人领悟社会支持没有对其自尊产生显著的预测作用。

以大学生的自尊总分为因变量,把大学生的社会支持总分作为预测变量引入回归方程,采用强迫回归法从整体上考察大学生领悟社会支持对自尊的影响作用。结果表明,大学生的领悟社会支持对其自尊有着显著的影响作用($p<0.001$),并且大学生的领悟社会支持可以解释其自尊的 2%。

(3)大学生的自尊与领悟社会支持的关系分析

本研究发现,大学生的领悟社会支持总分与自尊总分相关显著,各维度之间均有显著相关关系。其中,领悟性家庭支持和朋友支持与自我肯定相关关系最密切。进一步回归分析得出,领悟性家庭支持和朋友支持可以共同预测自我肯定变异的 13%。由此可以看出,领悟性家庭支持与朋友支持是大学生的核心社会支持,对自尊有影响,其他人的支持暂时不能对自尊造成明显的影响。这主要是因为,自尊可以看作是自己内心一贯对自己的态度或能力的价值判断,只有核心的社会支持感受或期待才能影响到内心最深层的体验。

领悟社会支持与自尊维度中相关关系较密切的,是朋友支持与自我否定的相关关系。回归分析得出,朋友支持对自我否定的解释力为2.2%。可以看出,来自朋友的社会支持很容易让大学生对自己的价值产生怀疑。因为在大学生日常的校园生活中,与朋友接触得最多,如果与他人相比,认为自己在来自朋友支持方面的受益比较少,则很可能降低对自己的能力或价值的肯定,否定自己的不足或怀疑自己的能力,那么自我价值感就比较低。

四、研究结论

(一)新生代农民工的生活满意度低于大学生,但发展趋势不同

新生代农民工的生活满意度显著低于大学生,并且在每个项目上都有显著差异。但在性别和年龄的比较上,其发展趋势略有不同。这可能是因为生活满意度更多的是对生活的主观感受,而客观的人口学变量很难产生较大的区分度。进一步分析其原因可能如下:

第一,生活环境不同。新生代农民工处于城市生活的边缘,新生代农民工是弱势群体,受到各种不公的对待。而大学生的生活环境相对较好。

第二,生活方式不同。新生代农民工担负着养活自己甚至还有家人的责任,他们本身的工资水平就不高,而且还要忍受艰辛的工作压力来维持生计,并且由于工作环境的关系,他们的休闲娱乐方式很少,甚至很难有休息日。即便是一些有设施条件的农民工社区为新生代农民工提供了一些简单的学习和娱乐条件,但这远不能满足新生代农民工的要求。大学生大多是靠家人养活自己,没有太多的生活压力,高校为大学生提供了很好的平台让他们能有开阔的视野和多种可供选择的生活方式。

第三,对未来生活预期的不同。新生代农民工由于缺乏必要的知识技能,并且受制于户籍制度的影响,他们的就业方向狭窄,职业前景黯淡,因此他们的生活预期不太高,进而影响生活满意度。而大学生的未来发展前景相对而言好太多了,他们实现理想的可能性也较大,有着更多的职业方向可供选择。

第四,社会地位及享受的政策不同。新生代农民工的社会地位不高,他们从事的工作大多是那些不需太多知识和技能的工作,挣的工资不高。绝大多数新生代农民工都是城市的过客。大学生群体则有着较高的社会地位,他们有着更多的发展的可能性。

　　基于此,笔者建议完善或出台相关措施与规定,以提高农民工的收入水平,保障农民工的经济权益。新生代农民工市民化的心理健康受收入的影响。因此提升新生代农民工的收入是提高其心理健康的重要途径。而要保障新生代农民工的收入,各级政府应着力完善劳动力市场和公平的就业制度,提供有效的公共就业服务,改善农民工的居住和工作环境,提升农民工工资水平,并着力解决农民工工资拖欠问题。

　　(二)新生代农民工的领悟社会支持低于大学生,具性别与群体的交互作用

　　第一,性别对新生代农民工与大学生领悟社会支持的影响。男性新生代农民工与大学生的领悟社会支持无差异,而女性个体有差异。首先,男女无差异是由于他们的交往方式和社会期望不同,男性更倾向于外界交往,而相较于男性,女性更倾向于团体内部的交往,因而团体的大小影响了他们的社会支持的得分。其次,两个群体女性在领悟社会支持方面的差异及成因分析如下:在家人支持方面,两个群体都能获得家人的支持,因而差异不大;在朋友支持和其他人支持上,由于大学生有着更多的交往平台,如高校校园、院校同学和大学社团,因而女大学生更容易获得支持。新生代农民工由于工作环境的限制,人际交往少,因而得分低。在社会期望上亦是如此,社会总体对大学生期望较高,因而女大学生的得分较之女新生代农民工的得分要高。

　　第二,年龄对新生代农民工与大学生群体领悟社会支持的影响。本研究表明,在低年龄段的新生代农民工与大学生群体中存在领悟社会支持的显著差异,而中年龄段和高年龄段上两群体没有差异。我们认为,低年龄段的新生代农民工踏入城市的时间不久,面临的现实困难比较多,人际交往面比较窄,适应城市生活比较困难,虽然急需更多的物质与精神上的支持与帮助,但是他们因社会资源比较有限,真正得到帮助的机会也比较少,因此主观感受到的社会支持也比较少。而低年龄段的大学生虽然也有适应校园环境生活问题,但是相对于新生代农民工来说,他们有着更多的支持来源,如班主任、思想政治辅导员、心理健康教师等均能帮助大学生排忧解难,提高人际交往能力,获得更多的友谊支持。因此,即便在低年龄段的大学生,他们的领悟社会支持水平也不会偏低,总体水平显然会高于新生代农民工群体。但是,中、高年龄新生代农民工因为在城市中生活的时间较长,积累了人际关系与社会资源,与人交往也更加顺畅,因而感知到的社会自持就会越来越多,最终与大学生的领悟社会支持水平持平。

第三，总体来说新生代农民工领悟社会支持显著低于大学生。但在家人支持维度上，两群体得分无差异，说明家人支持是这两个群体的核心社会支持，无论是新生代农民工离开家乡去城市打工，还是大学生离开父母到大学来求学，都不会影响其对来自家人的关爱、支持的感受。在朋友支持和其他人支持上，大学生得分要高于新生代农民工的得分。结合前文的研究结果，笔者认为两群体在这些方面有差异的原因有以下三个：

其一，大学生可利用的社会公共资源比新生代农民工的多。大学校园给大学生的学习、人际交往、社会实践提供了专门的平台，并且在制度上落实和保障。大学生有班主任、思想政治辅导员、班级心理委员、班委、学校心理健康辅导教师等人际关系和社会资源的支持。相比之下，新生代农民工的生活条件和工作环境中，便没有大学生那么多的社会支持体系了，可利用公共资源而获得朋友和他人的支持比较少，更多的时候要靠自己的努力才能慢慢积累人际关系或其他社会资源。所以大学生比农民工群体更能感受到社会支持，领悟社会支持分数更高。

其二，新生代农民工个人遭遇不公平待遇的频率普遍高于大学生。新生代农民工认为在自己外出打工过程中遭遇不公平待遇的人数比例占到42%，而大学生认为自己遭遇不公平待遇的比例为25.4%，可见，新生代农民工要比大学生经历的不公平待遇更多。不公平遭遇频率会对大学生领悟社会支持有显著影响，随着遭遇不公平待遇次数的增多，领悟社会支持会降低。但是新生代农民的领悟社会支持没有出现这样的规律特点，主要原因是他们普遍遭遇不公平待遇次数更多，在领悟社会支持上的区分比较小，出现了"地板效应"。因此，新生代农民工因遭遇的不公平待遇的频率更高而造成了领悟社会支持更低。

其三，新生代农民工的社区安全感普遍比大学生的低。无论大学生还是新生代农民工，他们的地位感和社区安全感均会对领悟社会支持产生显著的影响作用。随着安全感的上升，其领悟社会支持也会有所提高。由于新生代农民工的社区安全感水平普遍低于大学生，所以，其自尊水平也普遍低于大学生。

基于此，笔者建议政府或相关部门需完善新生代农民工居住社区的服务和管理体制，提供更多的公共文化设施、多开展丰富的业余文化活动、了解他们的内心诉求，改善和解决农民工的就业、教育、住房、医疗和社会保障问题，从而提高新生代农民工社区安全感。另外，还要鼓励新生代农民工多参与社区管理与自治，与城市居民和谐相处，促进他们更好地融入城市。

（三）新生代农民工的心理健康水平低于大学生，发展趋势具一致性

新生代农民工与大学生的心理健康水平有差距。随着年龄段的增加，两群体的差异越来越小。分析认为，主要有以下几个原因：

第一，两者存在差异的原因主要有二。首先，新生代农民工与大学生所处的生活环境有很大的不同。大学生在校园生活中，有丰富的社团活动，人际交往的互动比较充分，不容易积累焦虑、抑郁情绪。而新生代农民工除了必要的休息之外，大部分时间都要忙于工作，在工作和生活中遇到不公平待遇也无法解决，只能选择忍耐或者辞职，他们的心理健康很容易受到负面影响。其次，高校拥有相对完善的心理健康服务体系和心理咨询辅导机构，而企业中几乎没有相应的机制解决新生代农民工的心理问题。当面临生活和工作压力时，新生代农民工缺乏渠道来进行舒缓和解决，更容易积累负面情绪，导致心理不健康。

第二，随着年龄的增加、社会阅历的增长、收入的提高、社会环境的良好适应等，新生代农民工的心理健康水平也会逐步提高。从而使得两个群体的差异慢慢缩小。

基于此，笔者建议企业要关注新生代农民工在工作和生活中的心理诉求，例如可通过引入 EAP 项目，为新生代农民工的心理健康做主动的引导，在这个过程中新生代农民工能够更多地感受到除了家人、朋友之外的其他人的社会支持，弥补因新生代农民工的流动性导致的家庭功能的缺失，间接促进他们的自尊。

（四）新生代农民工的自尊水平低于大学生，但发展趋势不同

新生代农民工与大学生的自尊水平只有在低年龄段群体上有差异，之后差异就消失了。这说明阅历与经验可能对自尊有着较为有效的促进作用。在低年龄段，阅历少与不成熟影响了个体的自尊，尤其是新生代农民工，他们背井离乡，之前的生活经历和现在的工作氛围迥然不同，不免会对过去和现在的自己产生怀疑，因而自尊水平比大学生更低一些。之后，随着年龄的增长，农民工和大学生都经历了很多社会上的事情，阅历的增加和心智的成熟，使得他们学会了自我调节，两者的自尊水平差异也自然而然地消失了。当然，在低年龄段上的群体差异也有上文提到的两群体的生活环境、未来预期、社会期望等因素的影响。

对此,我们认为主要有四方面的原因:

第一,大学生的校园生活满意度较高。笔者在调查研究过程中,还考察了大学生对自己校园生活的四种可能的看法,结果为:认为校园生活"充实丰富"的比例占到最多,为39.7%;其次是"轻松自由"、"紧张无序",比例分别为20.7%、20.5%;认为"迷茫空虚"的比例最少,为19.0%。有60.4%的大学生认为自己的大学校园生活是"充实丰富"或"轻松自由"的。可见,大学生对自己的校园生活满意的比例占到大多数。当前,高校为学生提供了丰富的学习资源以及多元的社交活动的平台,只要大学生好好利用,合理支配自己的时间,认真完成自己的学业,主动参与丰富的课余生活,他们的大学校园生活自然是会丰富多彩、轻松愉快的。而且大学生对未来发展有所期待,同时能够选择自己想要从事的生活。这些都是农民工所没有的,农民工更多的是为营生而辛劳奋斗。因此,新生代农民工自尊水平更低。

第二,总体来说,社会对大学生的期望相对更高。他们有较高的学历,是国家重点培养的人才,而新生代农民工长久以来处于社会底层,学历普遍偏低,职业技能或技术水平不高,接受再教育或培训的机会少。除此之外,他们还要承受城市人对他们的各种负面舆论或贴污名性标签的压力,这些现实问题也为新生代农民工自尊水平带来负面影响。因此,其自尊水平不如大学生的高。

第三,新生代农民工的社会地位感普遍比大学生的低。新生代农民工群体中只有29.9%认为自己属于社会中层,25.5%认为自己属于社会的下层,而大学生群体中2.4%认为自己属于社会的中层,只有3.3%认为自己属于社会的下层。无论大学生还是新生代农民工,他们的地位感均会对自尊产生显著的影响作用,随着地位感的上升,其自尊水平会有所提高。新生代农民工的社会地位感普遍低于大学生,因此其自尊水平也普遍低于大学生。

第四,新生代农民工对个人未来生活预期普遍比大学生的预期低。虽然新生代农民工与大学生认为未来生活"好很多"的比例在本群体中均是最高的,但是,大学生所占的比例要比新生代农民工的高出10个百分点。大学生对个人未来生活持积极态度的比例达72.9%(包括认为"好一点"以及"好很多"的群体),而新生代农民工相同内容上的比例仅为54.3%。前文已指出,无论大学生还是新生代农民工,他们对未来生活的预期是否积极均会对自尊产生显著的影响作用,随着未来生活预期的上升,其自尊水平会有所提高。可见,与大学生相比,新生代农民工普遍较低的未来生活预期对自尊产生负面影响作用。

（五）新生代农民自尊与领悟社会支持关系更为复杂

如前所述，新生代农民工与大学生的领悟社会支持均对自尊有预测力。随着领悟社会支持水平的提高，其自尊水平也会上升。但两群体的领悟社会支持对自尊的预测力有一些差别，大学生的领悟社会支持对自尊的预测力达到 9.2%，而农民工群体的预测力只达到 4.0%，其中，只有新生代农民工群体的家庭和领悟社会支持共同解释自尊的自我肯定，而对自我否定没有预测力。这说明，与大学生相比，新生代农民工的领悟社会支持与自尊之间的关系更复杂，并没有大学生的那么密切。

罗森伯格认为自尊是个人对自我价值的评价，是社会支持的结果。① 但是，新生代农民工领悟社会支持会受到诸多因素的影响，如工作环境比较艰苦，经常遭遇不公平的待遇，社区安全感缺乏，等等，这些因素并不是由他们的主观意志造成的，因此即便出现领悟社会支持水平较低，他们会归因于外部的客观条件，如时间比较紧，与朋友的作息时间不同等，这些并不会对自我价值的评价造成太多的负面影响。

综上所述，我们认为开展新市民教育，是提高新生代农民心理素质的必要手段。政府及相关部门需尽快开展与实施"新市民教育"等新生代农民工关怀与援助项目，提高农民工市民身份认同，进而提高新生代农民工的心理健康水平、生活满意度及其他积极社会心理状态。新生代农民工向往城市生活、渴望融入城市，并希望能够参与城市公共服务体系，因此应整合政府、单位、社区、非政府组织等多层面的主体力量，宣传新生代农民工的贡献，开展多层次、多领域的培训活动与心理辅导，促进新生代农民工对城市的认同，使他们逐渐融入城市。

参考文献

[1] [西]威廉·詹姆斯. 心理学原理. 田平，译. 北京：中国城市出版社，2010:151.

[2] 林崇德，杨治良，黄希庭主编. 心理学大辞典. 上海：上海教育出版社，2003:1395.

[3] 曹运华，牛振海，张丽宏. 农民工心理健康与自尊、自我效能的相关研

---

① M. Rosenberg, C. Schooler, C. Schoenbach, et al. Global Self-esteem and Specific self-esteem: Different concepts, different outcomes. *American Sociological Review*, 1995,60:142-156.

究.齐齐哈尔医学院学报,2010(12):1933-1935.

[4] 陈克娥,陈丹.大学生领悟社会支持的现状调查.湖北理工学院学报(人文社会科学版),2012(5):48-52.

[5] 陈丽娜,张建新.大学生一般生活满意度及其与自尊的关系.中国心理卫生杂志,2004(4):222-224.

[6] 崔澜骞,姚本先.新生代农民工社会支持与生活满意度研究.湖南农业大学学报(社会科学版),2012(4):41-44.

[7] 胡美娟,彭文波,杨允等.当代农民工感知社会支持、自尊和主观幸福感的关系.心理科学,2011(6):1414-1421.

[8] 黄丽娜,赵德军,王建中等.大学生心理健康现状研究综述.高校心理健康教育新进展——全国第十届高校心理健康教育与心理咨询学术交流会论文,2007:213-214.

[9] 李国珍,雷洪.互动论视角下的农民工生活满意度研究.南方人口,2011(3):25-34.

[10] 李国珍.武汉市农民工生活满意度调查.南京人口管理干部学院学报,2009(1):47-50.

[11] 李虹.大学生自尊状况的调查研究.心理与行为研究,2003(2):133-136.

[12] 李强.社会支持与个体心理健康.天津社会科学,1998(1):1.

[13] 李正根,冯建新,刘亚朱等.大学生社会支持与幸福感的关系:自尊的中介作用.中国健康心理学杂志,2012(11):1748-1750.

[14] 刘丹.大学生生活满意度调查研究——以四川师范大学为例.赤峰学院学报(自然科学版),2012(9):118-120.

[15] 刘焕青.大学生领悟社会支持与负性情绪的研究.社会心理科学,2012(11):39-42.

[16] 刘礼艳,刘电芝,任璐等.农民工社会支持感知概念的提出及其情境问卷的编制.中国临床心理学杂志,2011(5):615-618.

[17] 刘娜,钱波,章文川等.杭州下沙新生代农民工生活满意度调查——基于有序 Probit 模型的实证研究.经济研究导刊,2012(6):124-139.

[18] 龙忆,吴明蔚,龙建.大学生志愿行为和领悟社会支持的关系研究.中国健康心理学杂志,2012(2):286-288.

[19] 马惠霞,韩向明,张克让.大学生的个性因素与心理健康状况的相关性分析.中国临床心理学杂志,1995(2):116-117.

［20］魏运华.自尊的概念、结构及其测评.社会心理学,1997(3):55.

［21］武燕,疏德明,刘电芝.农民工感知社会支持与宜人性外向性关系.苏州科技学院学报(社会科学版),2012(2):74-78.

［22］新生代农民工基本情况研究课题组.新生代农民工的数量、结构和特点.数据,2011(4):68-70.

［23］严标宾,郑雪.大学生社会支持、自尊和主观幸福感的关系研究.心理发展与教育,2006(3):60-64.

［24］杨青,崔捷,梁晓新.生代农民工孤独感与其自尊、自我效能感的关系.中国健康心理学杂志,2011(10):1229-1231.

［25］姚晓琳,刘洪,郭成.大学生领悟社会支持与社交自尊的关系.中国学校卫生,2010(11):1332-1334.

［26］张波,杨静,杨阳.中国农民工心理健康状况元分析.大理学院学报(综合版),2012(2):27-30.

［27］张迪然,郑勇.贵州省少数民族和汉族大学生的心理健康及其个性因素分析.中华精神科杂志,1997(2):103-106.

［28］郑飞,赵春鱼,张健.杭州下沙高教园区大学生消费状况调查研究.教育界:高等教育研究,2011(2):20-21.

［29］中华人民共和国国家统计局.中华人民共和国 2010 年国民经济和社会发展统计公报.中国统计,2011(3):4-12.

［30］安明龙.新生代农民工服刑劳教人员自尊、应对方式与攻击的关系研究.哈尔滨工程大学硕士学位论文,2011:11-66.

［31］曹珊珊.某高校大学生心理健康状况及其影响因素研究.山东大学硕士学位论文,2010:21-55.

［32］张海燕.师范院校大学生自尊发展与其社会支持、主观幸福感的关系研究.辽宁师范大学硕士学位论文,2011:11-46.

［33］丛晓波.自尊的本质研究.东北师范大学硕士学位论文,2006:22-120.

［34］张静.家庭因素对大学生自尊及人际信任的影响研究.华东师范大学硕士学位论文,2010:10-52.

［35］张颖倩.大学生职业价值观与自尊、成就动机的相关研究.吉林大学硕士学位论文,2007:11-66.

［36］杭州网.六成 90 后大学生月消费 1200 元.今日看点,2010(1). http://www.hangzhou.com.cn/hzwtv/tvjrkd/2010-01/20/content_3017095.htm, 2013-

4-20.

[37] 中华人民共和国国家统计局. 中国统计年鉴. http://www. stats. gov. cntjsjndsj/, 2013-4-20.

[38] Bishop, G. D. *Health Psychology: Integrating mind and body*. Allyn & Bacon Press, 1994:498.

[39] Feeney, B. C. Asecure Base: Responsive support of goal strivings and exploration in adult intimate relationships. *Personality and Social Psychology*, 2004,87:631-648.

[40] Gallo, L. C. , Bogart, L. M. , Vranceanu, A. M. Socioeconomic Status, Resources, Psychological Experiences, and Emotional Responses: A test of the reserve capacity model. *Journal of Personality*, 2005,88:38-39.

[41] Jean M. Twenge, W. Keith Campbell. Age and Birth Cohort Differences in Self-Esteem: A cross-temporal meta-analysis. *Personality and Social Psychology Review*, 2001,5:321-344.

[42] Kenneth G. Rice, Frederick G. Lopez. Maladaptive Perfectionism, Adult Attachment, and Self-Esteem in College Students. *Journal of College Counseling*, 2004,11:118-128.

[43] Melissa A. Lewis, Jerome Phillippi, Clayton Neighbors. Morally Based Self-Esteem, Drinking Motives, and Alcohol Use among College Students. *Psychology of Addictive Behaviors*, 2007,21:398-403.

[44] Rosenberg, M. , Schooler, C. , Schoenbach, C. , et al. Global Self-esteem and Specific Self-esteem: Different concepts, different outcomes. *American Sociological Review*, 1995,60:142-156.

图书在版编目（CIP）数据

新生代农民工社会心态调研报告/石向实等著. —
杭州：浙江大学出版社，2015. 6
ISBN 978-7-308-14179-6

Ⅰ.①新… Ⅱ.①石… Ⅲ.①民工—社会心理—调查
报告—中国 Ⅳ.①D669.2

中国版本图书馆 CIP 数据核字（2014）第 295884 号

新生代农民工社会心态调研报告

石向实 等著

责任编辑	蔡圆圆
封面设计	续设计
出版发行	浙江大学出版社
	（杭州市天目山路 148 号 邮政编码 310007）
	（网址：http://www.zjupress.com）
排　　版	杭州金旭广告有限公司
印　　刷	杭州日报报业集团盛元印务有限公司
开　　本	710mm×1000mm 1/16
印　　张	17.25
字　　数	301 千
版 印 次	2015 年 6 月第 1 版　2015 年 6 月第 1 次印刷
书　　号	ISBN 978-7-308-14179-6
定　　价	48.00 元